Diogenes Taschenbuch 21320

de
te
be

GIORGIO VASARI PITTORE ET ARCHITETTO ARETINO.

Lebensgeschichten der berühmtesten Maler, Bildhauer und Architekten der Renaissance

Nach Dokumenten
und mündlichen Berichten
dargestellt von
Giorgio Vasari

Mit 27 ganzseitigen Porträts

Herausgegeben von
Ernst Jaffé
Mit einem Nachwort von
Marianne Bernhard

Diogenes

Die vorliegende Auswahl folgt der zweiten, 1568 erschienenen Ausgabe der ›Vite de' più eccellenti pittori, scultori e architetti‹, der auch die verwendeten Holzstiche entnommen sind. Fotomechanischer Nachdruck der 1910 im Verlag Julius Bard erschienenen Ausgabe.

Das Nachwort von Marianne Bernhard wurde eigens für diese Ausgabe geschrieben.

Frontispiz:
Giorgio Vasari, Holzstich der Ausgabe 1568

Diogenes Verlag AG Zürich
40/90/29/2
ISBN 3 257 21320 4

GIOVANNI CIMABUE

Geboren um 1240 in Florenz
Gestorben nach 1302 daselbst

Durch die endlosen Verheerungen, welche im Mittelalter das unglückliche Italien zugrunde gerichtet hatten, waren nicht nur alle Kunstdenkmäler zerstört, sondern, was noch schlimmer war, es gab auch gar keine Künstler. Da ward im Jahre 1240, in der edlen Familie der Cimabue, Giovanni Cimabue geboren, der nach dem Willen Gottes das erste Licht in der Kunst der Malerei wiedererwecken sollte. Giovanni schien einen richtigen und klaren Verstand zu haben, deshalb sollte er die Wissenschaften erlernen und wurde, als er mehr heranwuchs, von seinem Vater nach Santa Maria Novella zu einem Verwandten geschickt, welcher in jenem Kloster die Grammatik lehrte. Indes, anstatt sich in den Wissenschaften zu üben, brachte Cimabue den ganzen Tag damit hin, auf Bücher und Blätter Menschen, Pferde, Häuser und allerlei Phantasien zu zeichnen, und diesen Trieb seines Herzens begünstigte das Glück. Die damaligen Befehlshaber der Stadt beriefen nämlich einige griechische Maler nach Florenz, welche die verlorene Kunst wieder herstellen sollten, und diese malten unter anderem auch die Capella de' Gondi, die in Santa Maria Novella neben der Hauptkapelle gelegen ist und deren Gewölbe und Wände nun fast ganz von der Zeit zerstört sind. Nachdem Cimabue den ersten Anfang in der Kunst gemacht hatte, wuchs seine Lust immer mehr; er entlief oft der Schule und sah den ganzen Tag diesen Malern zu, weshalb sie und sein Vater endlich meinten, er sei zur Malerei geschickt, und man könne, wenn er sich ihr widme, ein ehrenvoll Gelingen hoffen. Daher ward er zu seiner großen Freude zu diesen Künstlern in die Lehre gegeben und brachte es, durch unablässige Übung und sein Talent unterstützt, bald dahin, daß er in Zeichnung und Farbe seine Lehrmeister weit übertraf, die nicht nach der schönen antiken griechischen Manier, sondern wie man dies noch heute an ihren Werken sieht, in der groben und harten Weise jener Zeit malten, ohne daß sie ein Streben gefühlt hätten, zu lernen und weiter zu schreiten. Cimabue ahmte zwar seine Lehrmeister nach, vervollkommnete aber die Kunst, indem er ihr einen großen Teil jener rohen Manier benahm, so daß sein Name und seine Werke seinem Vaterlande Ehre brachten. Hiervon zeugen viele Bilder, die er in Florenz malte, wie das Gemälde an der Vorderseite des Altars in Santa Cecilia und ein Bild der Mutter Gottes in Santa Croce, welches noch heute an einem Pfeiler rechter Hand nahe bei dem Chore zu sehen ist. Hierauf malte er auf Goldgrund einen heil. Franziskus, so gut er es konnte nach der

Natur, was in jenen Zeiten etwas Neues war und ringsumher Geschichten aus seinem Leben in zwanzig Bilderchen voll kleiner Figuren auf Goldgrund.

Durch diese und andere Arbeiten wurde der Name des Cimabue immer berühmter, und man berief ihn nach Assisi, einer Stadt in Umbrien, wo er in Gesellschaft einiger griechischer Maler in der unteren Kirche des heil. Franziskus einen Teil des Gewölbes malte und auf den Wänden die Geschichte Christi und des heil. Franziskus, bei welcher Arbeit er jene griechischen Maler weit übertraf. Dadurch stieg ihm der Mut; er fing an, die obere Kirche allein in Fresko zu malen und stellte in der Haupttribune, über dem Chore, in vier Feldern einiges aus der Geschichte der Mutter Gottes dar, nämlich ihren Tod, dann wie Christus ihre Seele auf einem Thron von Wolken zum Himmel trägt und endlich wie er sie inmitten einer Schar von Engeln krönt, wobei zu ihren Füßen eine Menge von Heiligen stehen, die jetzt von der Zeit und vom Staube fast ganz verdorben sind. Auch in den fünf Kreuzgewölben derselben Kirche malte er viele Geschichten.

Als das Gewölbe vollendet war, zierte er auf der linken Seite der Kirche den ganzen oberen Teil der Wände in Fresko aus. Dieses große, in Wahrheit reiche und schön ausgeführte Werk muß meines Erachtens die Welt in Erstaunen gesetzt haben, zu jener Zeit, in welcher die Kunst so lange in Blindheit gelegen hatte; mir, der ich es im Jahre 1563 sah, schien es außerordentlich schön, zumal da ich bedachte, was es heißt, daß Cimabue in solcher Finsternis solches Licht sah.

Nach Florenz zurückgekehrt, malte Cimabue im Klostergang von Santo Spirito, woselbst von anderen Meistern die ganze Seite nach der Kirche zu auf griechische Weise verziert ist, drei Bogen, Begebenheiten aus der Geschichte Christi, unstreitig mit sehr schöner Zeichnung. Darauf machte Cimabue für die Kirche Santa Maria Novella das Bild der Mutter Gottes, welches zwischen der Kapelle Ruccellai und der de' Bardi da Vernio in der Höhe angebracht ist. Dies Werk ist in größerem Maßstabe, als bis zu jener Zeit irgendeine Figur ausgeführt worden war und einige Engel, welche die Madonna umgeben, zeigen, wie er zwar noch in griechischer Manier arbeitete, sich in Umrissen und Methode doch etwas den neueren näherte. Man hatte bis dahin nichts besseres gesehen und es erweckte daher dies Gemälde solche Bewunderung, daß es mit vieler Pracht und Trompeten in feierlicher Prozession vom Hause des Cimabue nach der Kirche getragen und er dafür höchlich belohnt und geehrt wurde. Auch erzählte man und liest in einigen Nachrichten von alten Malern, daß, während Cimabue in einem Garten bei dem Tore vor St. Peter dieses Bild malte, der König Karl der Ältere von Anjou durch Florenz kam und die Herren der Stadt, die ihm viel Höflichkeit erzeigten, unter anderem ihn auch das Gemälde des Cimabue in Augenschein nehmen ließen. Niemand hatte es noch bis dahin gesehen; als es daher dem König gezeigt wurde, eilten alle Damen und Herren von Florenz in größtem Putz und Gedränge dorthin, was den Nachbarn soviel Vergnügen brachte, daß sie jene Vorstadt Borgo allegri, das ist: die fröhliche Vorstadt, nannten,

GIOVANNI CIMABVE PITTO-
RE FIORENTINO.

welchen Namen sie auch dann noch behielt, als sie später mit zum Bezirke der Stadt genommen wurde.
Da nun alle diese Werke Cimabue zu seinem großen Nutzen einen berühmten Namen gemacht hatten, ward er zugleich mit Arnolfo Lapi, welcher damals in der Baukunst sehr berühmt war, zum Baumeister von Santa Maria del Fiore in Florenz ernannt. Endlich aber, als er sechzig Jahre alt geworden war, ging er im Jahre 1300 zu einem anderen Leben hinüber, nachdem er die Kunst, fast kann man sagen, vom Tode erweckt hatte. Er hinterließ viele Schüler, unter anderen Giotto, der später ein vortrefflicher Maler wurde und der nach dem Tode des Cimabue in dem Hause seines Meisters in der Via del Cocomero wohnte.

NICCOLO UND GIOVANNI AUS PISA

Niccolo geboren um 1206 in Apulia bei Pisa oder in Süditalien, gestorben 1280 in Pisa
Giovanni geboren um 1250 zu Pisa, gestorben um 1328 daselbst

Haben wir bei der Lebensbeschreibung des Cimabue von der Zeichen- und Malerkunst geredet, so wollen wir hier bei den Pisanern Niccolo und Giovanni einiges von der Bildhauerkunst und von den bedeutenden Gebäuden sagen, welche jene beiden errichteten. Ihre Skulpturen und Bauwerke verdienen sicher nicht nur als groß und prächtig, sondern auch als sehr wohlgeordnet gerühmt zu werden, da sie bei ihren Marmorarbeiten und Bauten zum großen Teil jene plumpe und verhältnislose griechische Manier beseitigten, mehr Erfindung in den Kompositionen zeigten, und den Figuren bessere Stellungen gaben.

Der Pisaner Niccolo arbeitete unter einigen griechischen Bildhauern, welche die Figuren und Ornamente des Domes von Pisa und der Kapelle S. Giovanni verfertigten. Nun waren unter den vielen antiken Marmortrümmern, welche das Kriegsheer der Pisaner erbeutet hatte, einige Marmorsärge, die noch jetzt im Campo Santo jener Stadt sind, darunter einer vor allen köstlich, an welchem man die Jagd des Meleager auf den calydonischen Eber in sehr schöner Weise ausgehauen sah; denn Zeichnung und Ausführung der nackten Gestalten sowohl, als der bekleideten, waren daran aufs vollkommenste und mit großer Kunstfertigkeit gearbeitet.

Niccolo beachtete die Schönheit dieses Werkes, und da es ihm vor allen wohlgefiel, wandte er großes Studium und viel Fleiß auf, diese und einige andere gute Skulpturen jener antiken Marmorsärge nachzuahmen, wodurch er bald als der beste Bildhauer seiner Zeit gerühmt wurde. Denn seit dem Tode Arnolfos hatte in Toskana kein Bildhauer in Ansehen gestanden. Niccolo jedoch ward im Jahre 1225 nach Bologna berufen, als der heilige Dominikus von Calaruega, der Stifter des Ordens der Prädikantenmönche, gestorben war, um das Grabmal jenes Heiligen in Marmor zu arbeiten. Er kam mit denen überein, welche es errichten ließen, brachte viele Figuren dabei an, wie man dies noch heute sieht, und vollendete es im Jahre 1231 zu seinem großen Ruhme, denn es galt für etwas sehr Seltenes und für die beste Bildhauerarbeit, welche bis dahin ausgeführt worden war. Außerdem verfertigte Niccolo das Modell jener Kirche und eines großen Teiles des Klosters. Als er aber nach Toskana zurückgekehrt war, vernahm er, Fuccio habe Florenz verlassen, sei in den Tagen, in welchen Honorius den Kaiser Friedrich zu Rom krönte, nach dieser Stadt gegangen, und endlich von Rom mit Friedrich nach Neapel gezogen, wo er das Kastell Capoano vollendete, welches jetzt die

Vicaria genannt wird und für sämtliche Tribunale des Reiches eingerichtet ist. Ebenso brachte Fuccio den Bau von Kastell dell' Uovo zu Ende, gründete die Türme und erbaute die Tore über den Fluß Volturno für die Stadt Capua, richtete bei Gravina einen Tiergarten, mit einer Mauer umschlossen, zum Vogelfang ein, zu Melfi einen anderen für die Winterjagd und arbeitete außerdem noch viele Dinge, welche der Kürze wegen nicht aufgezählt werden können. Niccolo, der sich während dieser Zeit in Florenz aufhielt, übte sich nicht nur in der Bildhauerkunst, sondern er studierte auch die Baukunst immer mehr an den Gebäuden, welche damals mit erträglich guter Zeichnung in ganz Italien, und vornehmlich in Toskana, aufgeführt wurden. Er verfertigte an der Vorderwand der Kirche S. Martino zu Lucca unter dem Porticus, über der kleinen Türe, linker Hand, wenn man in die Kirche kommt, einen Christus, der vom Kreuz genommen ist, in halberhabener Arbeit aus Marmor. An diesem Werke voll Figuren, die mit vielem Fleiß gearbeitet sind, durchbrach er den Marmor und vollendete das Ganze in solcher Weise, daß er denen, welche früher diese Kunst mit großer Mühseligkeit getrieben hatten, Hoffnung gab, es werde bald ein Künstler kommen, der bei größerer Fertigkeit sie noch mehr fördern würde. Im Jahre 1240 entwarf Niccolo den Plan zu der Kirche S. Jacopo zu Pistoja, und ließ dort einige toskanische Meister den Bogen der Nische in Mosaik arbeiten, der, obschon er damals für etwas sehr Mühseliges und Kostbares galt, bei uns heutigentags doch eher Lachen und Mitleid, als Bewunderung erweckt, um so mehr, als ein solches Durcheinander, welches vom Mangel der Zeichenkunst herrührte, nicht nur in Toskana, sondern in ganz Italien gewöhnlich war, wo viele Gebäude und andere Dinge, die ohne Geschick und ohne Zeichnung ausgeführt worden sind, einen Beweis von der Geistesarmut und zugleich von dem ungeheueren Reichtum der Menschen jenes Zeitalters geben, die ihr Geld schlecht verwendeten, weil kein Meister lebte, der irgend etwas wohlzumachen verstand.

Zur Zeit Niccolos hatten die Florentiner angefangen, viele Türme niederzureißen, die vordem nach barbarischer Weise in der ganzen Stadt erbaut worden waren, damit das Volk weniger von den Streitigkeiten und Händeln leiden möchte, die zwischen Guelfen und Ghibellinen häufig vorkamen, oder auch zu größerer öffentlicher Sicherheit; und es schien ihnen, als müsse es sehr schwer sein, den Turm Guardamorto, der auf dem Platze S. Giovanni stand, zu zerstören, weil bei seiner großen Höhe die Mauern zu großes Gewicht hatten, als daß man ihn hätte mit Spitzhauen abbrechen können. Niccolo jedoch ließ den Turm auf einer Seite am Fuße durchschneiden und mit Balken stützen, die eine und eine halbe Elle lang waren; diese Balken wurden angezündet, und als das Feuer sie zerstört hatte, stürzte der Turm fast ganz in sich selbst zusammen; ein Mittel, welches als sehr sinnreich und nützlich erkannt wurde und später also in Gebrauch gekommen ist, daß, wenn es nottut, dadurch jedes Gebäude in kurzer Zeit leicht eingerissen wird.

Unterdessen beriefen die Volteraner, die den Florentinern untertan geworden waren, im Jahre 1254 den Niccolo, um ihren Dom zu vergrößern, der sehr klein war, und trotz der Unregelmäßigkeit des Gebäudes gab er ihm doch eine bessere Gestalt und reichere Verzierungen, als es zuvor gehabt hatte. Darauf aber kehrte er nach Pisa zurück, und arbeitete dort die Kanzel von S. Giovanni in Marmor, wobei er großen Fleiß aufwandte, um seinem Vaterlande ein ehrenvolles Gedächtnis von sich zu hinterlassen. Unter anderem stellte er darauf das Weltgericht dar, und brachte dabei eine Menge Figuren an, die, wenn auch in der Zeichnung nicht vollkommen, doch, wie man sehen kann, mit unendlichem Fleiße und großer Geduld ausgeführt sind. Und weil ihm mit Recht schien, als habe er ein lobenswertes Werk vollbracht, grub er unten die folgenden Worte ein:

Anno milleno bis centum bisque trideno
Hoc opus insigne sculpsit Niccola Pisanus.

Diese Arbeit, welche nicht nur den Pisanern, sondern allen, die sie sahen, sehr wohl gefiel, gab Veranlassung, daß die Sieneser zur Zeit, in welcher Guglielmo Mariscotti Prätor war, dem Niccolo die Fertigung einer Kanzel ihres Domes übertrugen, von welcher das Evangelium gesungen wird. Niccolo stellte darauf vieles aus dem Leben Christi dar, und brachte dabei eine Menge Figuren an, die er mit großer Schwierigkeit ringsum vom Marmor freistehend arbeitete, wodurch er sich vielen Ruhm erwarb.

Niccolo hatte unter anderen Kindern auch einen Sohn, welcher Giovanni hieß. Dieser lernte von seinem Vater, da er immer um ihn war, die Bildhauer- und Baukunst und ward so nach wenigen Jahren nicht nur dem Vater gleich, sondern übertraf ihn noch in manchen Dingen, weshalb Niccolo, der schon alt war, sich nach Pisa zurückzog, daselbst ruhig lebte und die Aufsicht über alle Arbeiten dem Sohne überließ.

Als daher Papst Urban IV. zu Perugia starb, sandte man nach Giovanni, der dorthin ging und das Grabmal jenes Papstes in Marmor arbeitete, welches später als die Perugianer ihre bischöfliche Kirche vergrößerten, zugleich mit dem Grabmal von Papst Martin IV. so zerstört ward, daß man nur noch einige Überreste davon in der Kirche zerstreut sieht. Giovanni gedachte, als dieses Werk vollendet war, nach Pisa zurückzukehren, weil er sich nach seinem Vater sehnte, der alt und überdem noch krank war; als er aber durch Florenz kam, mußte er sich dort aufhalten, um beim Bauen der Mühlen am Flusse Arno zu helfen, welche bei S. Gregorio neben der Piazza de' Mozzi eingerichtet wurden. Da erhielt er die Nachricht, sein Vater sei gestorben, und ging nach Pisa, wo er um seiner Vorzüge willen von der ganzen Stadt ehrenvoll empfangen ward. Ein jeder freute sich, daß Niccolo in seinem Sohne Giovanni einen Erben seines Talentes und seiner Geschicklichkeit hinterlassen hatte; und als sich bald Gelegenheit fand, diese zu erproben, zeigte sich, daß man eine richtige Meinung von ihm gefaßt hatte; denn als ihm in der kleinen, aber sehr reich geschmückten Kirche Santa Maria della Spina einiges übertragen wurde, legte er Hand an dieses Werk, indem er einige von seinen Schülern zur Hilfe nahm, und brachte die Auszierung dieser Kapelle zu der Vollkommenheit, wie man sie jetzt noch sieht. Eine Arbeit, welche damals für sehr wunder-

NICOLA PISANO SCVLTORE
ET ARCHITETTO.

bar gehalten werden mußte, um so mehr, als er in einer der Figuren das Bildnis seines Vaters angebracht hatte, so gut er es auszuführen vermochte. Als dieses die Pisaner sahen, welche schon lange vorher gedacht und auch beredet hatten, für alle Bewohner der Stadt, für die Vornehmen sowohl, als für die Geringen, einen allgemeinen Begräbnisplatz einzurichten, damit nicht zu viele im Dom beigesetzt werden möchten, oder aus sonst einem Grunde, übertrugen sie Giovanni die Erbauung des Campo Santo, welcher auf dem Domplatz, gegen die Mauer zu, steht. Er verfertigte eine gute Zeichnung, und führte es nach dieser mit vieler Einsicht in der Weise und Größe und mit den Marmorverzierungen aus, wie man es noch heutigentags sieht.

Im Jahre 1303 war der Kardinal Niccolo von Prato als Gesandter des Papstes in Florenz, um die Zwistigkeiten der Florentiner auszugleichen. Dieser trug ihm auf, in Prato ein Nonnenkloster zu bauen, welches nach seinem Namen S. Niccolo genannt wurde, und ließ ihn ebendaselbst das Kloster San Domenico, sowie das Kloster gleichen Namens in Pistoja herstellen, in welchen beiden man noch das Wappen jenes Kardinals sieht. Die Einwohner von Pistoja aber, welche das Andenken Niccolos Giovannis Vater, sehr verehrten, um der vielen schönen Arbeiten willen, die er zur Zierde ihrer Stadt verfertigt hatte, gaben Giovanni den Auftrag, für die Kirche S. Andrea eine Kanzel in Marmor zu arbeiten, der ähnlich, welche jener im Dome von Siena gebaut hatte, und wetteifernd mit einer anderen, die kurz zuvor in der Kirche des heil. Johannes, des Evangelisten, von einem Deutschen mit vielem Ruhme verfertigt worden war. Giovanni vollendete in vier Jahren dies Werk, bei welchem er in fünf Abteilungen Begebenheiten aus dem Leben Jesu darstellte, und ein Weltgericht anbrachte, welches er mit allem Fleiße arbeitete, um es so gut oder wohl noch besser zu machen, als jenes damals weit berühmte zu Orvieto. Zur selben Zeit arbeitete Giovanni in der nämlichen Stadt für die Kirche des heil. Johannes, des Evangelisten, ein Weihwasserbecken in Marmor. Dieses wird von drei Figuren, der Mäßigkeit, der Klugheit und der Gerechtigkeit, getragen, und man stellte es als ein Werk von seltener Schönheit in der Mitte jener Kirche auf. Er kehrte dann nach Pisa zurück, und dort ließ ihn der Kirchenvorsteher Nello di Giovanni Falconi im Dome die große Kanzel bauen, die, wenn man nach dem Hauptaltare zugeht, rechter Hand am Chore befestigt ist. Er fing dies Werk an, arbeitete viele runde Figuren drei Ellen hoch, welche sie zu tragen bestimmt waren, und gab dem Ganzen nach und nach seine nunmehrige Gestalt, indem er es zum Teil auf jene Figuren, zum Teil auf einige Säulen stützte, welche auf Löwen ruhen. Auf den Wänden stellte er einiges aus dem Leben Jesu dar. Es ist fürwahr zu beklagen, daß so vielen Kosten, Mühe und Fleiß nicht eine gute Zeichnung zu Hilfe kam, daß weder Erfindung, noch Anmut, noch eine irgend gute Manier dieses Werk zieren und ihm jene Vollkommenheit geben, welche in unseren Tagen, bei weit geringerem Aufwand von Geld und Mühe, jede Arbeit erreichen würde. Dessenungeachtet mußte dieses Werk den Menschen jener Zeit, welche gewohnt waren, nur grobe Ar-

beiten zu sehen, als ein nicht geringes Wunder erscheinen. Es wurde im Jahre 1320 vollendet.
In der alten Dechanei von Prato hatte man eine lange Reihe von Jahren unter dem Altar der Hauptkapelle den Gürtel der Mutter Gottes verwahrt, den Michael aus Prato im Jahre 1141, als er vom Heiligen Lande zurückkehrte, seinem Vaterlande geschenkt, und dem Umberto, Propste jener Dechanei, übergeben hatte, wo man ihn immer mehr in Ehren hielt. Diesen Gürtel wollte im Jahre 1312 ein Prateser, ein nichtswürdiger Mensch, der fast ein zweiter Ser Ciappelletto war, entwenden; er wurde auf der Tat ertappt und von den Gerichten als Kirchenräuber zum Tode verdammt; die Prateser aber beschlossen auf diese Veranlassung hin den Gürtel an einem sicheren Orte besser zu verwahren. Deshalb ließen sie Giovanni kommen, der schon sehr alt war, und erbauten nach seinem Rat in der Hauptkirche eine Kapelle, in welcher nun der Gürtel der Madonna aufgehoben wird. Auch vergrößerten sie nach seiner Angabe die Kirche um vieles, und verkleideten Kirche und Turm außen mit weißem und schwarzem Marmor, wie man dieses noch jetzt sehen kann. Endlich im Jahre 1320 starb Giovanni in hohem Alter, nachdem er außer den schon genannten noch eine Menge Skulpturen und Bauwerke ausgeführt hatte; und in Wahrheit verdanken wir ihm und seinem Vater Niccolo sehr vieles, da sie zu einer Zeit, in welcher gute Zeichnung nirgend zu finden war, nicht wenig beitrugen, die Kunst zu vervollkommnen, in der sie nach dem damaligen Stande der Dinge sehr ausgezeichnet und vorzüglich waren. Giovanni wurde

im Campo Santo in derselben Gruft, in welcher sein Vater beigesetzt war, ehrenvoll begraben.

Niemand darf es verwundern, daß Niccolo und Giovanni so viele Werke zustande brachten, denn sie erreichten nicht nur ein sehr hohes Alter, sondern wurden auch als die ersten Meister in ganz Europa bei jedem Unternehmen von Wichtigkeit zugezogen.

GIOTTO

Geboren 1266 in Colle bei Florenz
Gestorben am 8. Januar 1337 zu Florenz

Schulden die Meister der Malerkunst der Natur dafür Dank, daß sie immer für diejenigen zum Vorbild dient, die das Gute aus ihren besten und schönsten Teilen auszuwählen wissen und sich unausgesetzt bemühen, sie nachzuahmen, so gebührt derselbe Dank, wie mir scheint, dem florentinischen Maler Giotto. Denn nachdem gute Malerei und Zeichnung durch die Verheerung der Kriege lange Jahre ganz zugrunde gegangen waren, war er es durch die Gnade des Himmels allein, der, obwohl unter noch ungeschickten Meistern geboren, die fast erstorbene Kunst wieder erweckte und so erhob, daß sie vorzüglich genannt werden konnte. In Wahrheit erscheint es als ein seltenes Wunder, wie jenes plumpe und ungeschickte Zeitalter in Giotto so viel hervorrufen konnte, daß die Zeichenkunst, von welcher die Menschen damals wenig oder gar keine Kenntnis hatten, durch ihn wieder ins Leben trat. Denn schon im Jahre 1266 wurde dieser große Mann in dem Dorfe Vespignano geboren, welches in der

Umgegend von Florenz, vierzehn Meilen von der Stadt, gelegen ist. Sein Vater hieß Bondone, und war ein schlichter und einfacher Landmann, der seinen Sohn, mit Namen Giotto, nach seinem Vermögen in guten Sitten erzog. Von klein auf zeigte dieser in allem, was er tat, viele Lebhaftigkeit und einen ungewöhnlich treffenden Verstand, weshalb er nicht nur seinem Vater, sondern allen, die ihn kannten, im Dorfe sowohl, wie in der Umgegend, sehr lieb war. Als er zehn Jahre alt wurde, gab ihm Bondone einige Schafe zu hüten, die er auf seinem Grundbesitze da und dort weiden ließ, und weil ihn die Neigung seines Herzens zur Zeichenkunst trieb, vergnügte er sich dabei, auf Steine, Erde und Sand immer etwas nach der Natur, oder was ihm sonst in den Sinn kam, zu zeichnen. Da ging eines Tages Cimabue eines Geschäftes halber von Florenz nach Vespignano, und fand Giotto, der, während seine Schafe weideten, auf einer ebenen Steinplatte mit einem etwas zugespitzten Steine ein Schaf nach dem Leben zeichnete, was ihn niemand gelehrt, sondern was er nur von der Natur gelernt hatte. Cimabue blieb stehen, verwunderte sich sehr und fragte ihn, ob er mit ihm kommen und bei ihm bleiben wolle, worauf der Knabe antwortete: wenn sein Vater damit zufrieden sei, so würde er es gern tun. Cimabue verlangte ihn demnach von Bondone, und dieser willigte gern darein, daß er ihn mit sich nach Florenz führe, woselbst der Knabe, von Cimabue unterrichtet und von der Natur unterstützt, nach kurzer Zeit nicht nur die Manier seines Lehrers erlernte, sondern auch die Natur so treu nachahmte, daß er die plumpe griechische Methode ganz verbannte und die neue und richtigere Weise der Malerei hervorrief, indem er die Bahn brach, lebende Personen gut nach der Natur zu zeichnen, was mehr als zweihundert Jahre nicht geschehen war, oder wenn es auch, wie wir oben sagten, zuweilen von einigen versucht wurde, keinem so schnell und glücklich gelang, wie Giotto, der unter anderem in der Kapelle im Palaste des Podesta zu Florenz, woselbst man es noch heute sieht, ein Bildnis seines Zeitgenossen und sehr lieben Freundes, Dante Alighieri verfertigte, eines ebenso gefeierten Dichters, wie Giotto zu gleicher Zeit ein berühmter Maler war, weshalb auch Boccaccio ihn in der Einleitung zu der Novelle verherrlicht hat, die er von ihm und Herrn Forese da Rabatta erzählt. In der selben Kapelle ist, vom nämlichen Meister gearbeitet, das Bildnis des Ser Brunetto Latini, Lehrers des Dante, und des Herrn Corso Donati, eines wichtigen Mannes jener Zeit. Seine ersten Arbeiten vollführte Giotto in der Kapelle des Hauptaltares der Badia von Florenz, in welcher er vieles arbeitete, was für schön galt, besonders eine Verkündigung Mariä, wobei er den Schrecken und die Furcht der Jungfrau beim Erscheinen des Engels Gabriel aufs lebendigste darstellte, indem sie von Angst ergriffen beinahe fliehen zu wollen scheint. Von Giotto gemalt ist auch das Bild auf dem Hauptaltar jener Kapelle, welches noch heute dortsteht, mehr aus Ehrfurcht vor dem Werke eines solchen Mannes, als aus sonst einem Grunde. In Santa Croce sind vier Kapellen von ihm gemalt, drei zwischen der Sakristei und der großen Kapelle und eine auf der anderen Seite.

Als diese Arbeiten beendet waren, ging er nach Assisi, einer Stadt in Umbrien, wohin ihm Fra Giovanni von Muro in der Mark, damaliger General der Ordensbrüder des heil. Franziskus, berufen hatte, und malte dort in der oberen Kirche unter dem Korridor, welcher die Fenster durchkreuzt, auf beiden Seiten der Kirche zweiunddreißig historische Darstellungen aus dem Leben und den Werken des heil. Franziskus, sechzehn auf jeder Wand, und zwar mit solcher Vollkommenheit, daß er dadurch großen Ruhm erlangte; und in Wahrheit ist bei diesem Werke nicht nur eine große Mannigfaltigkeit in den Bewegungen jeder Figur, sondern auch in der Zusammenstellung aller Begebenheiten, während man außerdem sehr schön die Verschiedenheit der Kleidungen jener Zeit, und manche Nachahmungen und Abbildungen von Naturgegenständen sieht. Unter anderem zeichnet sich ein Bild aus, in welchem ein Durstiger, zur Erde gebeugt, mit großem, wirklich bewunderungswert deutlichem Verlangen aus einer Quelle trinkt, so daß er fast eine lebende Gestalt scheint.

Als die obengenannten Bilder vollendet waren, malte er an dem selben Orte in der unteren Kirche die oberen Wände zu Seiten des Hauptaltares und die vier Zwickel des Gewölbes, unter welchem der Leichnam des heil. Franziskus ruht, die er alle mit seltsamen und schönen Erfindungen zierte.

Endlich, nachdem er jene Bilder vollendet hatte, kehrte er nach Florenz zurück, woselbst er für Pisa einen heil. Franziskus auf dem furchtbaren Felsen der Vernia mit seltenem Fleiße ausführte; dabei malte er eine Landschaft mit vielen Bäumen und Felsen, was in jenen Zeiten etwas Neues war, und zeigte in der Stellung des heil. Franziskus, der auf die Knie niedergestürzt die Wundenmale empfängt, ein glühendes Verlangen, sie hinzunehmen und eine unendliche Liebe zu Jesus Christus, der von Seraphim umgeben in der Luft schwebt, und sie ihm so liebreich verwilligt, daß man es in der Tat nicht besser erfinden könnte. Unter diesem Bilde sind drei sehr schöne Darstellungen aus dem Leben des selben Heiligen. Dieses Gemälde, welches jetzt in S. Francesco zu Pisa an einem Pfeiler neben dem Hauptaltar hängt, wo man es als Andenken eines solchen Mannes sehr in Ehren hält, ward Veranlassung, daß die Pisaner Giotto einen Teil der inneren Wände des Campo Santo malen ließen, dessen Bau nach einer Zeichnung des Pisaners Giovanni, Sohn des Niccolo, wie oben gesagt wurde, eben vollendet war. Jenes Gebäude war außen ganz mit Marmor verkleidet und mit vielen Kosten durch erhabene Arbeiten geziert, hatte ein Dach von Blei, innen viele antike Fragmente und heidnische Grabmäler, die von verschiedenen Gegenden der Welt in jene Stadt gebracht waren, und sollte nun auch an den Wänden durch herrliche Malereien geschmückt werden. Als daher Giotto nach Pisa kam, malte er zu Anfang der einen Wand dieses Gottesackers in sechs großen Freskobildern die Leiden des Hiob. Und weil er mit richtigem Urteil beachtete, daß auf der Seite des Gebäudes, auf welcher er zu arbeiten hatte, der Marmor gegen das Meer gekehrt war, und durch die Südostwinde immer feucht sein mußte, wodurch sich, was bei den Backsteinen zu Pisa meist der Fall ist, eine

Art Salzfeuchtigkeit entwickelt, welche die Farben und Bilder verwischt und aufzehrt: ließ er, damit sein Werk sich so gut als möglich erhalten möchte, überall, wo er Fresko malen wollte, die Wand mit einer Verkleidung oder einem Bewurf von Kalk, Gips und Backsteinen, alles gut zerrieben und gemischt, versehen, so daß die Malereien sich bis auf diesen Tag erhalten haben und noch besser sein würden, wenn nicht die Unachtsamkeit derer, welche Sorge dafür tragen mußten, sie von der Nässe hätte beschädigen lassen. Da man hierfür nichts vorgesehen hatte, wie man doch leicht hätte tun können, so sind einige Stellen der Malereien von der Feuchtigkeit verdorben, die Gesichtsfarben schwarz geworden, und der Kalk abgeblättert, während Gips mit Kalk gemischt ohnehin mit der Zeit verwittert und verdirbt, so daß er dann mit Gewalt die Farben verwüstet, wenngleich es anfangs scheint, als ob er sie sehr fest verbinde. In diesen Bildern sieht man außer dem Bildnis des Farinata degli Uberti viele schöne Gestalten, vornehmlich Landleute, welche dem Hiob die traurige Kunde bringen, und die nicht deutlicher und besser den Kummer zeigen könnten, den sie über die verlorenen Herden und andere Unfälle empfinden. Ebenso ist von wunderbarer Anmut die Figur eines Dieners, der mit einem Fächer neben dem wundenkranken und von allen verlassenen Hiob steht. Denn gleichwie er in allen Teilen schön ist, ist auch die Stellung bewunderungswert, in der er mit der einen Hand von dem aussätzigen und übelriechenden Herrn die Fliegen scheucht, und mit der anderen sich vorsichtig die Nase zuhält, um den Gestank nicht zu riechen. Auch die anderen Gestalten jener Bilder, die männlichen Köpfe sowohl, wie die weiblichen, sind sehr schön, und die Gewänder ungemein zart gemalt. Deshalb darf es nicht in Verwunderung setzen, daß dieses Werk ihm in jener Stadt und an anderen Orten einen sehr großen Namen machte, wodurch Papst Benediktus IX. von Treviso, der einiges in St. Peter wollte malen lassen, veranlaßt ward, einen seiner Hofleute nach Toskana zu schicken, der sehen sollte, was für ein Mann Giotto sei und wie seine Arbeiten wären. Als dieser Hofmann Giotto kennen lernen und hören wollte, welch andere Meister noch zu Florenz in der Malerei und im Mosaik vorzüglich wären, sprach er zu Siena mit vielen Künstlern, und ging, nachdem er Zeichnungen von ihnen erhalten hatte, nach Florenz. Dort trat er eines Morgens in die Werkstatt Giottos, welcher eben an der Arbeit saß, und eröffnete ihm den Willen des Papstes, sagte, in welcher Weise derselbe sich seiner Kunst bedienen wolle, und bat endlich, ihm etwas zu zeichnen, was er Seiner Heiligkeit schicken könne. Giotto, der sehr höflich war, nahm ein Blatt und einen Pinsel mit roter Farbe, legte den Arm fest in die Seite, damit er ihm als Zirkel diene, und zog, indem er nur die Hand bewegte, einen Kreis so scharf und genau, daß es in Erstaunen setzen mußte, verbeugte sich gegen den Hofmann und sagte: „Da habt Ihr die Zeichnung." — Sehr erschreckt fragte dieser: „Soll ich keine andere, als diese bekommen?" — „Es ist genug und nur zuviel", antwortete Giotto, „schickt sie mit den übrigen hin, und ihr sollt sehen, ob sie erkannt wird." — Der Abgesandte, welcher wohl sah, daß er

GIOTTO PITTORE, SCVLTORE
ET ARCHITETTO FIOR.

sonst nichts erhalten könne, ging sehr mißvergnügt fort und zweifelte nicht, daß er gefoppt sei, dennoch aber, als er dem Papste die Zeichnungen und die Namen derer sandte, welche sie verfertigt hatten, schickte er auch die von Giotto, und erzählte, in welcher Weise er den Kreis gezogen hatte, ohne den Arm zu bewegen und ohne Zirkel; hieran erkannten der Papst und viele sachkundige Hofleute, wie weit Giotto die Maler seiner Zeit übertraf. Als diese Sache bekannt wurde, entstand das Sprichwort: „Du bist runder, als das O des Giotto", welches noch heute auf Menschen von grobem Schrote angewandt wird, und nicht nur der Begebenheit wegen schön ist, der es seine Entstehung verdankt, sondern noch mehr um seiner Bedeutung willen, die im Doppelsinne des Wortes tondo liegt, welches im Toskanischen einen genauen Kreis bezeichnet, und zugleich für Langsamkeit und Plumpheit des Geistes gebraucht wird.

Der obengenannte Papst also ließ Giotto nach Rom kommen, erzeigte ihm viele Ehre, und ließ ihn, weil er seine Geschicklichkeit anerkannte, in der Tribune von St. Peter fünf Darstellungen aus dem Leben Christi und das Hauptbild in der Sakristei malen, was Giotto alles mit solchem Fleiß ausführte, daß nie eine besser vollendete Temperamalerei aus seinen Händen kam; auch gab ihm der Papst, der sich wohl bedient sah, zur Belohnung sechshundert Dukaten und erwies ihm so viele Gunstbezeugungen, daß in ganz Italien davon die Rede war.

Giotto war nun nach Florenz zurückgekommen, da schrieb Robert, König von Neapel, an König Karl von Kalabrien, seinen Erstgeborenen, der sich zu Florenz aufhielt, er solle ihm um jeden Preis Giotto nach Neapel schicken, er habe den Bau des Nonnenklosters und der Kirche Sta Chiara beendet, und wolle nun, daß jener sie mit schönen Malereien verziere. Giotto, der sich von einem so berühmten und gepriesenen Könige berufen sah, begab sich gern in seine Dienste, und dort angelangt, malte er in einigen Kapellen jenes Klosters viele Darstellungen aus dem Alten und dem Neuen Testament. Die Bilder aus der Offenbarung Johannis, welche er in einer jener Kapellen ausführte, waren, wie man sagt, Erfindungen von Dante, was auch bei seinen berühmten Malereien in Assisi der Fall war, von denen wir oben genugsam geredet haben; und obschon Dante zu jener Zeit nicht mehr lebte, ist doch leicht möglich, daß sie davon gesprochen haben, wie dieses häufig unter Freunden geschieht. Doch wir wollen nach Neapel zurückkehren, woselbst Giotto im Kastell dell' Uovo und vornehmlich in der Kapelle vieles malte, was dem Könige gar wohl gefiel, der ihn sehr liebte und oft, wenn Giotto malte, sich mit ihm unterhielt, indem es ihm Freude machte, jenen arbeiten zu sehen und seiner Rede zuzuhören. Giotto, der immer ein Sprichwort oder eine treffliche Antwort in Bereitschaft hatte, verschaffte ihm doppelte Unterhaltung, indem er mit der Hand malte und zugleich anmutige Gespräche führte. – „Ich will dich zum ersten Manne in Neapel machen," sagte Robert einst zu ihm, worauf Giotto antwortete: „Um der erste in Neapel zu sein, wohne ich an der Porta reale." Ein andermal sagte der König: „Wäre ich du, ich würde jetzt nicht arbeiten, da es so heiß ist." – „Ich gewiß nicht," entgegnete Giotto,

„wenn ich Ihr wäre." – Da nun Giotto dem Könige sehr lieb war, ließ er ihn in einem Saale (den König Alfons der Erste zerstörte, um das Kastell zu bauen), und in der Incoronata eine große Menge Malereien verfertigen. Unter anderem sah man auch dort die Bilder vieler berühmter Männer, und darunter das eigene Bildnis Giottos. Einst verlangte der König im Scherze, er solle ihm sein Königreich in einem Gemälde darstellen, worauf Giotto, wie man sagt, einen Esel malte, der einen Sattel aufliegen hatte, und zu dessen Füßen ein anderer Sattel lag, den er beschnupperte und sich zu wünschen schien, auf beiden Saumzeugen aber waren Krone und Zepter. „Deute mir dieses," sagte der König. – „So ist dein Volk," antwortete Giotto, „sie wünschen alle Tage einen anderen Herrscher." Nachdem Giotto diese und viele andere Arbeiten in Neapel, Rom, Florenz und an anderen Orten vollendet hatte, begann er am 9. Juli 1334 zu Florenz den Bau des Glockenturmes von Santa Maria del Fiore, bei dessen Grundlegung 20 Ellen tief gegraben, und an der Stelle, an welcher man Wasser ausgeschöpft und Kies ausgegraben hatte, ein Fundament von massiven Steinen gelegt wurde. Über dieses kam zwölf Ellen hoch ein starkes Gußwerk, und in der noch übrigen Höhe von acht Ellen ließ er ein gemauertes Werk aufführen. Als der Anfang zu diesem Fundament gemacht ward, kam, mit der ganzen Klerisei und mit dem Magistrate, der Bischof der Stadt und legte feierlich den Grundstein. Man setzte den Bau nach dem genannten Modelle fort, welches in dem damals gewöhnlichen deutschen Geschmacke war, und Giotto zeichnete alle historischen

Darstellungen, die zu der Verzierung gehörten, wobei er sorgfältig mit weißer, schwarzer und roter Farbe an dem Modelle alle Stellen bezeichnete, wohin Steine und Friese kommen sollten. Der untere Umfang des Turmes ist hundert Ellen, das heißt fünfundzwanzig auf jeder Seite, die Höhe beträgt hundertundvierundvierzig Ellen, und wenn, wie ich gewiß glaube, Lorenzo di Cione Ghiberti richtig sagt, so verfertigte Giotto nicht nur das Modell zu jenem Turme, sondern auch unter den Bildwerken und Reliefs einen Teil jener Darstellungen, welche die Anfänge aller Künste zeigen. Der genannte Lorenzo versichert, Modelle von Giotto zu erhobenen Arbeiten gesehen zu haben, und namentlich die, welche zu dem genannten Werke gehörten, was man leicht glauben kann, indem die Zeichenkunst die Erfinderin, und Vater und Mutter nicht nur von einer, sondern von allen jenen Künsten ist.

Nach dem Modelle Giottos sollte dieser Turm noch eine vierzig Ellen hohe Spitze oder Pyramide erhalten; weil dies aber nach dem veralteten deutschen Geschmacke war, haben die neueren Baumeister immer geraten, sie wegzulassen; es schien ihnen, der Turm sei ohne dieselbe schöner. Für alle diese Dinge ward Giotto nicht nur zum Bürger von Florenz ernannt, sondern erhielt auch von der Gemeinde zu Florenz jährlich hundert Goldgulden Besoldung, was für jene Zeit etwas Großes war. Jener Bau, über welchen er die Aufsicht führte, wurde nach ihm von Taddeo Gaddi fortgesetzt, indem Giotto nicht lange genug lebte, um ihn beendet zu sehen. – Auch in Mailand verfertigte er noch einige Malereien,

die in jener Stadt verstreut sind, wo sie bis auf den heutigen Tag sehr hoch geschätzt werden, und kurze Zeit, nachdem er von dort zurückgekehrt war, das heißt im Jahre 1336, starb er nach Vollführung seiner vielen Meisterwerke, zum wahren Kummer seiner Mitbürger und aller, die ihn kannten, ja, die ihn nur hatten nennen hören, denn er war nicht nur ein ausgezeichneter Maler, sondern auch ein nicht minder guter Christ gewesen. Nach Verdienst wurde er im Tode durch ein feierliches Leichenbegängnis geehrt, wie er im Leben von jedermann geliebt gewesen war, und dieses vornehmlich von ausgezeichneten Menschen jedes Standes, unter denen außer Dante, von dem wir oben geredet haben, noch Petrarca zu nennen ist, der Giotto und seine Kunst hoch verehrte, denn in dem Testament, welches dieser Dichter für den Herrn Francesco da Carrara, Herrn von Padua, hinterließ, findet man unter anderen Dingen, die er wert hielt, ein Muttergottesbild von Giotto, als etwas sehr Seltenes und ihm sehr Liebes verzeichnet.
Giotto wurde in Santa Maria del Fiore begraben, woselbst auf der linken Seite, wenn man in die Kirche tritt, ein weißer Marmorstein zum Gedächtnisse dieses großen Mannes gesetzt ist. Der in der Lebensbeschreibung Cimabues schon angeführte Kommentator Dantes, der zur Zeit Giottos lebte, sagt: Giotto war und ist der erste unter den Malern der Stadt Florenz, dieses bezeugen seine Arbeiten in Rom, Neapel, Avignon, Florenz, Padua und an vielen anderen Orten der Welt.
Giotto war, wie wir schon oben sagten, sehr fröhlich und führte gern witzige und scharfe Reden, die in Florenz

in lebhaftem Andenken stehen; deshalb schrieb nicht nur Hr. Giovanni Boccaccio darüber, sondern auch Franco Sachetti erzählt in seinen dreihundert Novellen viel Unterhaltendes von diesem Künstler, und ich will einige dieser Novellen mit den eigenen Worten Francos hier beifügen, damit man samt dem Inhalte der Novelle auch die Redeweise jener Zeit erkennen möge. Er sagt demnach in einer, um auch die Überschrift mit anzuführen: „Giotto dem großen Maler wird von einem sehr unbedeutenden Manne ein Schild gebracht, um ihn zu malen, er treibt Scherz, malt ihn nach Vorschrift, doch so, daß jener in Verwirrung gerät."

Novelle 63. Ein jeder weiß wohl, wer Giotto gewesen ist, und wie er ein vorzüglich großer Maler war. Ein alberner Mensch hörte, wie berühmt er sei, und da er sich einen Schild wollte malen lassen, vielleicht um auf eine Burgvogtei zu gehen, begab er sich ohne weiteres in die Werkstatt Giottos; jemand, der ihm den Schild trug, folgte nach, und bei dem Künstler angelangt, sprach er also: „Gott grüße dich, Meister, ich wünsche, daß du mir auf diesen meinen Schild mein Wappen malst." Giotto betrachtete den Mann und erstaunte über sein Benehmen, erwiderte aber dennoch: „Bis wann begehrst du ihn fertig?" – Jener bestimmte die Zeit, und der Maler sagte: „Laß mich nur machen", worauf der andere fortging. Als Giotto allein war, dachte er: was mag dies bedeuten, hat mir jemand diesen Mann zum Scherz gesandt? Sei es, wie ihm wolle, niemand hat mir noch einen Schild zum Malen gegeben, und dieser einfältige Wicht bringt ihn mir, und verlangt, ich soll ihm sein

Wappen malen, als ob er der König von Frankreich wäre; sicherlich muß ich ihm ein neues Wappen ersinnen. Also sprach er zu sich selbst, nahm den gedachten Schild vor sich, zeichnete darauf, was ihm gut schien, und trug einem seiner Schüler auf, die Malerei zu vollenden. Das Bild bestand aus einer Blechhaube, einem Ringkragen, ein Paar Armschienen, ein Paar eisernen Handschuhen, einem Küraß, Schenkelharnischen und Beinschienen, einem Schwert, einem Dolch und einer Lanze. Als nun der kluge Mann kam, von dem man nicht wußte, wer er sei, trat er herzu und sprach: „Meister, ist der Schild gemalt?“ – „Sicherlich,“ antwortete Giotte, „gebt ihn her.“ Der Schild ward gebracht, der weise Mann betrachtete ihn und rief: „O, welch' eine Sudelei ist dieses, was hast du mir gemalt?“ – „Ei,“ entgegnete Giotto, „du nennst es wohl eine Sudelei um des Bezahlens willen?“ – „Nicht vier Kreuzer gebe ich dafür,“ antwortete der andere. – „Und was sagtest du mir, was ich malen sollte?« fragte Giotto. – „Mein Wappen,“ antwortet jener. – „Nun wohl,“ erwiderte Giotto, „bist du nicht hier gewappnet, fehlt ein einziges Stück?“ – „Schon gut!“ sprach der andere. – „Im Gegenteil,“ rief Giotto, „schlimm ist's, der Himmel stehe dir bei, du mußt ein arger Dummkopf sein: wenn jemand dich fragte, wer du seiest, würdest du es kaum zu sagen wissen, und kommst nun hierher und sprichst: „Male mir mein Wappen!“ – Wenn du von den Bardi stammtest, wäre dies genug. Was für ein Wappen führst du, von wannen stammst du, wer sind deine Voreltern? In Wahrheit schämst du dich nicht, du bist erst auf die Welt gekommen, und sprichst von

Wappen, als ob du Dusnan von Bayern wärst. Ich habe eine ganze Rüstung auf deinen Schild gemalt; wenn ein Wappenstück fehlt, so sprich, und ich will es hinzufügen lassen." – „Du sagst mir Grobheiten," antwortete jener, „und hast mir einen Schild verdorben!" – ging fort und begab sich zur Obrigkeit, Giotto vorfordern zu lassen, der erschien, seinerseits aber den Kläger vorlud und zwei Gulden für die Malerei verlangte, während jener von ihm Schadenersatz forderte. Als die Beamten die Klage hörten, welche Giotti ihnen um vieles besser vorzutragen wußte, taten sie den Ausspruch, jener müsse den Schild nehmen und an Giotto sechs Lire zahlen, das Recht sei auf seiten des Künstlers, und so mußte der andere sich fügen und ward entlassen, indem ihm gemessen wurde, wie er sich gemessen hatte.

Man sagt auch, Giotto habe zur Zeit, in welcher er noch als Knabe bei Cimabue war, einer Figur seines Meisters eine Fliege so natürlich auf die Nase gemalt, daß Cimabue, als er sich bei seiner Rückkehr an die Arbeit setzte, sie als eine wirkliche Fliege mehrmals mit der Hand fortscheuchen wollte, ehe er des Irrtums inne ward. In dieser Art könnte ich noch manchen Scherz und manche witzige Antwort Giottos mitteilen, doch mögen hier diese beiden genügen, als solche, die in das Gebiet der Kunst gehören; das übrige lasse ich Franco und andere erzählen.

Giotto blieb nicht nur durch die Werke seiner Hände in lebhaftem Andenken, sondern auch durch die Werke der Schriftsteller jener Zeit, weil er es war, der die wahre Art zu malen wiedergefunden hatte, welche lange Jahre verloren gewesen war. Weshalb durch öffentliches Dekret und Verwendung des glorreichen Lorenzo des Älteren von Medizi, der mit besonderer Zuneigung die Kunst dieses großen Mannes verehrte, sein Bild in Santa Maria del Fiore aufgestellt ward. Dasselbe war von dem vortrefflichen Bildhauer Benedetto da Majano in Marmor gearbeitet, und mit einer Inschrift von dem herrlichen Angelo Poliziano versehen, um allen, die sich in irgendeinem Fache auszeichnen, Hoffnung zu geben, daß sie bei anderen Anerkennung finden werden, wie sie Giotto von Lorenzos Güte reichlich verdiente und empfing.

BUONAMICO BUFFALMACCO

Geboren um 1300 zu Florenz
Gestorben um 1351 daselbst

Ein Schüler des Andrea Tafi war der florentinische Maler Buonamico di Christofano, genannt Buffalmacco. Er wird schon von Boccaccio in seinem Decamerone als ein sehr spaßhafter Mann gerühmt; auch weiß man, daß er ein treuer Gefährte der Maler Bruno und Calandrino gewesen ist, die beide gleich ihm gern Scherz trieben. An seinen vielen Arbeiten, die in ganz Toskana zerstreut sind, erkennt man übrigens, daß er auch in seiner Malerkunst wohl erfahren war. Franco Sacchetti erzählt von ihm in seinen dreihundert Novellen, daß zur Zeit, als er noch bei seinem Lehrer Andrea wohnte, dieser die Gewohnheit hatte, im Winter, wenn die Nächte lang waren, vor Tag aufzustehen, seine Jungen zu wecken und sich an die Arbeit zu setzen. Dies war Buonamico sehr verdrießlich, und er sann auf ein Mittel, zu verhindern, daß er nicht so im besten Schlafe gestört werde; da fand er einst in einem schlecht gekehrten Gewölbe dreißig große Dreck- oder Mehlkäfer; jedem dieser Tiere befestigte er mit einer ganz feinen Nadel ein Licht auf dem Rücken, zündete es an, und schob zu der Stunde, zu welcher Andrea ihn zu wecken pflegte, durch eine Spalte in der Tür langsam einen Käfer nach dem anderen in das Zimmer seines Lehrers, der eben erwacht war und Buffalmacco rufen wollte. Als dieser die wandelnden Lichter sah, geriet er in große Furcht, fing an zu beten und sich Gott zu empfehlen, und anstatt Buonamico zu wecken, steckte er sich tief unter die Decke und blieb so immer zitternd vor Furcht bis zum Tagesanbruch liegen. Am Morgen fragte er Buonamico, ob er gleich ihm Tausende von Dämonen gesehen habe, worauf jener mit nein antwortete, er habe die Augen geschlossen gehabt, und wundere sich, daß er nicht gerufen worden sei. „Was, dich wecken?“ rief Tafo, „ich dachte an andere Dinge, als ans Malen, und bin entschlossen, in ein anderes Haus zu ziehen.“ In der folgenden Nacht ließ Buffalmacco nur drei Käfer hinein, und Tafo kam durch die Angst der vorhergegangenen Nacht und diese wenigen Teufelchen so um allen Schlaf, daß es nicht so bald Tag geworden war, als er das Haus verließ, in der Absicht, nie wieder dahin zurückzukehren. Man mußte ihm sehr zusprechen, bis er seine Meinung änderte; der Priester des Kirchspiels indessen, den Buonamico zu ihm brachte, beruhigte ihn, so gut er konnte, und als Tafo mit Buonamico über den Vorfall sprach, sagte dieser: „Ich habe immer sagen hören, die Dämonen seien die größten Feinde Gottes; so müssen sie auch arge Gegner der Maler sein, denn nicht nur, daß wir sie sehr häßlich darstellen, bemühen wir uns, was noch viel schlimmer ist, fortwährend auf Tafeln und Mauern Heilige zu malen, und dadurch zum Trotze der Dämonen die Menschen frommer und besser zu machen. Weil sie nun Zorn gegen uns hegen, und im Finstern mehr Macht haben, als am Tage, treiben sie solch ein Spiel mit uns, und werden es noch ärger machen, wenn wir nicht ganz aufhören wollten, zur Nacht zu arbeiten.“ Also redete er zu öftern Malen, der Priester stimmte ihm bei, Tafo stand nicht mehr in der Nacht auf, und die Teufel wanderten nicht mehr mit den Lichtern im Hause umher. Nach ein paar Monaten jedoch hatte Tafo alle Furcht wieder fast vergessen, und fing an, um des Gewinnes willen, wiederum bei Nacht aufzustehen und Buonamico zu wecken; alsbald aber zogen auch die Käfer wieder umher, so daß es not tat, das Frühaufstehen ganz zu unterlassen, wozu der Priester sehr riet, und als die Sache in der Stadt bekannt wurde, wagte eine lange Zeit weder Tafo, noch sonst ein Maler, bei Nacht zu arbeiten. Einige Zeit nach dieser Begebenheit, so erzählt derselbe Sacchetti, trennte sich Buonamico von seinem Lehrer Tafo, weil er selbst ein ziemlich guter Meister geworden war, und es fehlte ihm nie an Bestellungen. Er hatte zu seiner Wohnung und Arbeit ein Haus gemietet, neben welchem dichtan ein schon ziemlich begüterter Wollenarbeiter wohnte, der, weil er ein neuer Emporkömmling war, Gänsekopf genannt wurde; die Frau dieses Mannes stand jede Nacht so zeitig auf, daß Buonamico, der bis dahin gearbeitet hatte, sich erst zur Ruhe legte, wenn seine Nachbarin schon wieder munter war, und sich unglücklicherweise gerade an der Wand, wo Buffalmaccos

Bett stand, an ihr Rad setzte, wo sie so emsig Wolle spann, daß Buonamico vor dem Getöse nicht schlafen konnte. Er sann und sann, wie diesem Übel abzuhelfen sei, und bald bemerkte er, daß hinter einer Mauer von Backsteinen, die sein Haus und das des Gänsekopfes trennte, der Herd der schlimmen Nachbarin sei, so daß man durch eine Ritze sehen konnte, was sie am Feuer trieb. Da erdachte er eine neue List; er machte sich nämlich mit einem langen Bohrer ein Rohr, und indem er die Zeit abpaßte, wo Frau Gänsekopf nicht am Feuer stand, spritzte er damit soviel Salz in den Topf der Nachbarin, als ihm gut schien; kam nun der Gänsekopf zum Essen nach Hause, dann konnte er die meisten Male weder Fleisch noch Suppe essen, alles war versalzen und nicht zu genießen. Ein- oder zweimal hatte er Geduld und zankte nur ein wenig; als er aber sah, daß Worte nicht hinreichten, schlug er mehrmals die arme Frau, die verzweifeln wollte, weil sie wußte, daß sie beim Salzen des Essens die allergrößte Sorgfalt beobachtete. Als daher der Mann sie einst wieder schlug, wollte sie sich entschuldigen, dies versetzte aber den Gänsekopf in noch ärgeren Zorn, und er schlug sie von neuem, bis sie ein solches Geschrei erhob, daß die ganze Nachbarschaft zusammenlief. Darunter war auch Buffalmacco, und als er hörte, wie die Frau des Gänsekopfes ihren Mann anklagte und wie sie sich entschuldigte, sprach er zu diesem: „Wahrlich, Freund, hier gilt es billig sein, du beschwerst dich, daß das Essen mittags und abends versalzen ist, und ich wundere mich, daß deiner guten Frau irgend etwas wohl geraten kann, denn ich begreife nicht, wie sie bei Tag imstande ist, sich auf den Füßen zu erhalten, da sie die ganze Nacht an ihrem Spinnrade sitzt, und kaum, glaube ich, eine Stunde schläft. Dulde nicht, daß sie die halbe Nacht wache, und du wirst sehen, wenn sie genug schläft, wird sie am Tage ihre Sinne beisammen haben und nicht in so arge Fehler verfallen." Er wandte sich hierauf zu den anderen Nachbarn, und stellte ihnen die Sache so augenscheinlich vor, daß sie sagten, Buonamico habe recht, und sein Vorschlag müsse Gehör finden; dies überzeugte auch den Gänsekopf, er befahl, sie solle nicht bei Nacht arbeiten, und das Essen war fortan nicht versalzen, wenn es sich nicht einmal die Frau etwa einfallen ließ, in der Nacht aufzustehen, denn dann schritt Buffalmacco sogleich zu seinem Mittel, bis der Gänsekopf es endlich dahin brachte, daß sie es ganz unterließ.

Buonamico lieferte eine seiner ersten Arbeiten im Kloster der Nonnen von Faenza, welches auf dem Platze gelegen war, wo jetzt die Citadelle del Prato steht. Die ganze Kirche ist von seiner Hand ausgemalt, und unter vielen Darstellungen aus dem Leben Christi, die alle recht gut sind, war auch der Betlehmitische Kindermord abgebildet, wobei er die Leidenschaft der Mörder, wie der anderen Gestalten, sehr lebendig ausdrückte; einige Ammen und Mütter, welche die Kinder den Blutknechten entreißen, gebrauchen Hände, Nägel und Zähne, und alle Bewegungen ihres Körpers zeigen, wie sie von Zorn, Wut und Schmerz ergriffen sind.

Da jenes Kloster heutigen Tages zerstört ist, kann man von diesen Malereien nichts mehr sehen, als in meinem

Zeichenbuche ein koloriertes Blatt, worauf eben jedes Bild von Buonamico selbst entworfen ist. Während er in jenem Kloster arbeitete, schauten die Nonnen zuweilen durch die Leinwandverkleidung, welche er hatte ziehen lassen, um dahinter zu malen, und verwunderten sich sehr, den Buffalmacco, einen wunderlichen und in Kleidung und Lebensweise ganz willkürlichen Mann, immer ohne Mantel und Käppchen arbeiten zu sehen, was in jenen Zeiten allerdings etwas ganz Ungewöhnliches war. Sie sagten dem Hausmeister, es gefalle ihnen nicht, daß er immer nur in der Jacke gehe; dieser beruhigte sie darüber, und sie schwiegen einige Zeit still; endlich indessen, als sie ihn immer nicht anders gekleidet erblickten, fingen sie an zu zweifeln, ob es nicht vielleicht ein Junge sei, der nur Farben reibe, und ließen ihm durch die Äbtissin sagen, sie wünschten den Meister arbeiten zu sehen, und nicht immer den da. Obgleich nun Buonamico deutlich erfuhr, wie wenig Zutrauen sie zu ihm hatten, erwiderte er doch in seiner gefälligen Weise, sobald der Meister komme, wolle er es ihnen sagen lassen. Hierauf stellte er zwei Bänke aufeinander, setzte oben darauf einen Wasserkrug und ein Käppchen darüber, so daß es auf dem Henkel ruhte, verdeckte das übrige des Kruges mit einem langen Mantel, den er sorgfältig über die Bänke zog, steckte in den Schnabel, aus welchem man das Wasser gießt, geschickt einen Pinsel und ging fort. Bald nachher kamen die Nonnen, und schauten an einer Stelle, wo er die Leinwand weggezogen hatte, nach der Arbeit, da erblickten sie den falschen Meister in vollem Staate, und in der Meinung, daß er emsig arbeite, und wohl etwas anderes zustande bringen werde, als jener gemeine Junge, bekümmerten sie sich mehrere Tage weiter nicht darum. Endlich nach vierzehn Tagen, in welcher Zeit Buonamico nicht einmal dort gewesen war, wünschten sie zu sehen, was für schöne Dinge der Meister vollendet habe und eilten in der Nacht, als sie ihn fortgegangen glaubten, seine Malereien zu betrachten; wie verwirrt aber und beschämt blieben sie stehen, als sie, eine neugieriger als die andere, den feierlichen Meister entdeckten, der in vierzehn Tagen nichts gearbeitet hatte. Sie erkannten, daß Buonamico sie nach Verdienst bestraft hatte, und daß seine Arbeiten lobenswert waren, deshalb ließen sie ihn durch den Kastellan rufen, und Buffalmacco machte sich mit großem Gelächter und Vergnügen wieder an die Arbeit, indem er ihnen gezeigt hatte, welcher Unterschied zwischen einem Menschen und einem Krug sei, und daß man nicht immer von den Federn auf den Vogel schließen dürfe. In wenigen Tagen vollendete er hierauf ein Gemälde, mit welchem sie in allem sehr zufrieden waren, nur meinten sie, die Gesichter schienen etwas zu blaß. Dieses hörte Buonamico, und weil er wußte, daß die Äbtissin Vernaccia hatte, einen toskanischen Wein von der besten Sorte, den sie zum Meßopfer verwahrte, sagte er ihnen, um solchem Fehler abzuhelfen, gebe es nur ein Mittel, man müsse die Farben mit gutem Vernacciawein auflösen, dadurch würden die Wangen und die Hautfarben der Gestalten rot und lebendig. Die guten Schwestern, welche alles glaubten, versorgten ihn von nun an, solange er arbeitete, mit gutem Vernacciawein, und Buonamico freute sich dessen, genoß ihn und gab mit seinen gewöhnlichen Farben den Gestalten ein frisches und lebhafteres Kolorit.

Als er diese Arbeiten beendet hatte, malte er in der Abtei von Settimo einige Begebenheiten aus dem Leben des heil. Jakob in der Kapelle des Klosterganges, welche diesem Heiligen geweiht ist, und stellte in der Wölbung die vier Patriarchen und die vier Evangelisten dar, wobei merkwürdig ist, mit welcher Natürlichkeit der heil. Lukas in die Feder bläst, damit sie Tinte von sich gebe. Als er diese Arbeit vollbracht hatte, kam er auf seinem Wege durch Arezzo, und der Bischof Guido, der gehört hatte, Buonamico sei ein sehr fröhlicher Mann und geschickter Maler, verlangte, er solle einige Zeit in jener Stadt bleiben und im Dome die Kapelle malen, in welcher nunmehr der Taufstein ist. Buonamico fing das Werk an und hatte es schon ziemlich weit geführt, als ihm, wie Franco Sacchetti erzählt, der seltsamste Zufall von der Welt begegnete. Der Bischof hatte einen ganz außerordentlich spaßhaften und verschlagenen Affen. Dieses Tier stand einst auf dem Gerüste und sah zu, wie Buonamico malte, achtete auf alles, und verwendete keinen Blick von ihm, wenn er die Farben mischte, die Fläschchen in die Hand nahm, die Eier zum Temperieren aufschlug, kurz beobachtete alles, was er tat. Am Sonnabend spät ging Buonamico von der Arbeit, und am Sonntagmorgen darauf sprang der Affe trotz einer großen und schweren hölzernen Walze, welche ihn der Bischof tragen ließ, damit er nicht überall hinkönne, auf das Gerüst, wo Buonamico zu malen pflegte, nahm die

BVONAMICO BVFFALMACCO
PITTOR FIORENTINO.

Fläschchen in die Hand, schüttete eines in das andere, machte zehnerlei Mischungen, schlug alle Eier hinein, welche da waren, und fing an, mit dem Pinsel alle Figuren zu besudeln, womit er nicht eher aufhörte, als bis er das Ganze übermalt hatte; hierauf mischte er noch einmal die wenigen Farben, welche übrig geblieben waren, stieg vom Gerüste und ging fort. Der Montagmorgen kam, und Buonamico kehrte an seine Arbeit zurück; wie erstaunt aber und erschreckt blieb er stehen, als er sah, daß seine Malereien verdorben, seine Fläschchen ausgeschüttet, und alles zu oberst und zu unterst gekehrt war. Er hatte allerlei Gedanken, und meinte endlich, irgendein Aretiner habe es aus Neid oder aus sonst einem Grunde getan, eilte zum Bischofe und sagte ihm, was begegnet war und welchen Argwohn er hege. Der Bischof war darüber sehr bestürzt und aufgebracht, redete aber Buonamico zu, er solle sich noch einmal an die Arbeit machen, und weil er seinen Worten glaubte, gab er ihm sechs von seinen Kriegsknechten, die, wenn er nicht dort war, mit ihren Speeren Wache halten mußten, und Befehl hatten, jeden, der käme, ohne Erbarmen in Stücke zu hauen. Die Bilder waren nun zum zweiten Male gemalt; da, eines Tages, als die Kriegsknechte auf der Lauer standen, hörten sie ein Lärmen und Rollen in der Kirche, bald darauf sprang der Affe auf das Brettergerüst, und sie sahen, wie der neue Meister in einem Augenblicke die Farben mischte, und anfing, Buonamicos Heilige zu übermalen; schleunigst riefen sie diesen und zeigten ihm den Übeltäter, mußten aber alle, wie sie den Affen malen sahen, so lachen, daß sie fast erstickten, besonders Buonamico, dem es zwar leid geschah, der aber dennoch lachte, daß ihm die Tränen aus den Augen strömten. Endlich entließ er die Kriegsknechte mitsamt ihren Speeren und ging zum Bischofe, dem er sagte: „Hochwürdiger, Ihr wolltet nach einer Weise gemalt haben, Eurem Affen aber gefällt eine andere," und indem er ihm die Sache erzählte, fügte er hinzu: „Es tat nicht not, daß Ihr fremde Maler kommen ließet, da Ihr den Meister im Hause habt. Vielleicht aber verstand er nicht so gut, die Grundfarben zu mischen: jetzt wo er es weiß, kann er allein arbeiten; ich bin nicht mehr dazu nötig, und weil ich seine Verdienste erkannt habe, verlange ich für mein Werk nichts, als nach Florenz zurückkehren zu dürfen." Obgleich die Sache dem Bischofe sehr verdrießlich war, mußte er dennoch lachen, besonders darüber, daß ein Affe dem allerspaßhaftesten Manne einen Streich gespielt hatte, und nachdem sie sich an der tollen Begebenheit genugsam belustigt hatten, überredete der Bischof Buonamico, daß er zum dritten Male an die Arbeit ging und sie vollendete; der Affe aber wurde zur Strafe für sein Vergehen in einen großen hölzernen Käfig gesteckt und mußte zuschauen, wie Buonamico arbeitete, wobei es höchst possierlich anzusehen war, welche Unruhe der Affe zeigte, wie er Gesicht, Schnauze, Hände und den ganzen Körper bewegte, als er den anderen tätig sah und nicht dasselbe tun konnte. Als Buonamico die Malereien in der Kapelle vollendet hatte, befahl ihm der Bischof aus Scherz oder aus sonst einem Grunde, er solle ihm auf einer Wand seines Palastes einen Adler auf dem Rücken eines Löwen darstellen, den er getötet habe. Der schlaue Künstler, welcher versprochen hatte, alles zu malen, was der Bischof verlangte, ließ eine Bretterverkleidung ziehen, und sagte, bei einer solchen Arbeit wolle er nicht gesehen sein, verschloß sich dort ganz allein und stellte im Gegensatz zu dem, was der Bischof gewollt hatte, einen Löwen dar, der einen Adler zerreißt. – Als das Bild fertig war, verlangte er vom Bischof Erlaubnis, nach Florenz gehen zu dürfen, um Farben zu holen, die ihm fehlten, verschloß die Bretterverkleidung und eilte nach Florenz, in der Absicht, nicht wieder zum Bischof zurückzukehren. Als die Sache sich demnach in die Länge zog und der Maler nicht wiederkam, ließ dieser die Bretterwand öffnen und erkannte, daß Buonamico schlauer gewesen war als er; darüber ward er sehr zornig, und verbannte ihn lebenslänglich aus seinem Gebiete. Buonamico, der dieses hörte, ließ ihm sagen, er solle ihm das Schlimmste antun, was er könne, wogegen ihm der Bischof böslich drohte; endlich indes bedachte er, daß er gefoppt war, weil er hatte foppen wollen, vergab Buonamico die Beleidigung, und bezahlte ihn freigiebig für seine Arbeiten; ja, was noch mehr ist, er berief ihn bald nachher wieder nach Arezzo, ließ ihn im alten Dome viele Bilder malen, die jetzt zugrunde gegangen sind, und behandelte ihn immer wie einen Hausfreund und treuen Diener. Auch bemalte Buffalmacco zu Arezzo in der Kirche S. Giustino die Nische der Hauptkapelle.

Einige erzählen, Buonamico sei zu Florenz mit Freunden und Gefährten oft in der Bude von Maso del Saggio gewesen, und habe mit vielen anderen das Fest angeordnet, welches am ersten Mai die Bewohner der Vorstadt S. Friano in einigen Barken auf dem Arno gaben; sei aber, als die Brücke Carraja zusammenbrach, die damals von Holz und zu sehr mit Menschen besetzt war, welche herzuströmten, jenes Schauspiel zu sehen, nicht, wie andere behaupten, umgekommen, sondern gerade fortgewesen, einige Dinge zu kaufen, welche beim Feste fehlten; die Brücke stürzte in dem selben Augenblick ein, als auf den Kähnen die Hölle dargestellt wurde.

Bald nachher ward Buonamico nach Pisa berufen, und malte in der Abtei von S. Paolo am Arno, welche damals den Mönchen von Vallombrosa gehörte, im Kreuze der Kirche auf drei Seiten vom Dache bis zur Erde viele Darstellungen aus dem Alten Testament, von der Erschaffung des Menschen bis zur Erbauung des babylonischen Turmes. Dies Werk ist heutigen Tages zwar zum großen Teile verdorben, dennoch aber erkennt man Leben in den Gestalten, gute Behandlung und Frische der Farben in der Malerei, und überhaupt die Gabe, welche Buonamico besaß, mit der Hand wohl auszudrücken, was er sich im Geiste vorstellte, während er jedoch nicht viel Zeichnung hatte. Auf der Wand des rechten Kreuzesarmes, jener gegenüber, in welcher die Seitentüre ist, sieht man in mehreren Bildern der heil. Anastasia gar schöne altertümliche Gewänder und reizenden Hauptschmuck an einigen Frauen, welche dort in sehr anmutiger Weise dargestellt sind. Nicht weniger schön sind andere Figuren, die sich in wohl erfundenen Stellungen in einem Schiffe befinden, worunter Papst

Alexander IV. zu erkennen ist, dessen Bildnis Buonamico, wie man sagt, von seinem Meister Tafo erhielt, der jenen Papst in S. Peter in Mosaik abgebildet hatte; und im letzten Felde endlich, in welchem er die Marter jener Heiligen und noch anderer darstellte, zeigte er in den Gesichtern sehr gut die Furcht vor dem Tode und den Schmerz und Schreck derer, welche sie martern sehen, während die Heilige an einen Baum gebunden über dem Feuer schwebt.

Zur Zeit, in welcher Bruno diese Arbeit vollendete, verlangte ein Bauer, Buonamico solle ihm einen heil. Christoph malen; sie kamen in Florenz wegen der Bedingungen überein, und zwar so, daß die Figur zwölf Ellen groß werden müßte, und der Maler acht Gulden dafür bezahlt erhalten sollte. Buonamico ging nach der Kirche, in welcher er den heil. Christoph zu zeichnen hatte, fand aber, daß sie nur neun Ellen hoch und neun Ellen breit war, und konnte ihn deshalb weder innen noch außen wohl anbringen; da er sich nun nicht anders helfen konnte, entschloß er sich, ihn innerhalb liegend zu malen, und weil er auch so nicht völlig hineinging, mußte er bei den Knien auf die andere Wand umbiegen. Als der Bauer dies sah, wollte er durchaus nicht zahlen, sondern behauptete, er sei gefoppt; die Sache kam vor die Obrigkeit, und es hieß, Buonamico habe dem Kontrakte nach recht.

Es würde zu lange dauern, wenn ich alle Späße mitteilen, und alle Bilder aufzählen wollte, welche Buonamico Buffalmacco vollführte, besonders zu der Zeit, in welcher er häufig nach der Bude von Maso del Saggio ging, die ein Sammelplatz aller fröhlichen und mutwilligen Männer in Florenz gewesen ist; deshalb sei hier genug von diesem Manne geredet, der in seinem achtundsiebzigsten Lebensjahre in Santa Maria Nuova, dem Spitale von Florenz, starb, woselbst man ihm, als einem vorzüglichen Manne, in seiner Krankheit Beistand leistete, weil er sehr arm war und immer mehr ausgegeben hatte, als eingenommen. Er wurde im Jahre 1340 in der Ossa (so hieß ein eingeschlossener Teil des Klosters, oder eigentlich der Gottesacker des Spitales) unter den übrigen Armen begraben, und wie man seine Malereien schätzte, während er lebte, wurden sie später als Arbeiten jener Zeit immer gerühmt.

JACOPO DELLA QUERCIA

Geboren 1371 zu Quercia bei Siena. Gestorben 1438 zu Siena

Quercia, ein Ort in der Umgegend von Siena, ist die Vaterstadt des Bildhauers Jacopo di Maëstro Piero di Filippo. Er war nach dem Pisaner Andrea, nach Orgagna und den anderen oben genannten Meistern der erste, welcher anfing, in seiner Kunst mit mehr Studien und Fleiß zu arbeiten und zu zeigen, daß man sich dem Leben nähern könne; der erste, welcher andern den Mut und die Hoffnung der Möglichkeit gab, die Natur in gewissem Sinne zu erreichen. Sein frühestes Werk, welches der Beachtung wert ist, verfertigte er in seinem neunzehnten Jahre zu Siena bei folgender Veranlassung. Die Sieneser hatten ein Heer gegen die Florentiner im Felde, welches Gian Tedesco, ein Neffe von Saccone da Pietramala und Giovanni d'Azzo Ubaldini als Feldhauptleute befehligten; Giovanni d'Azzo jedoch wurde im Lager krank, deshalb brachte man ihn nach Siena, woselbst er starb, und die Sieneser, denen sein Tod sehr naheging, veranstalteten für ihn ein ehrenvolles Leichengepränge und ließen ihm ein hölzernes Gestell in Form einer Pyramide errichten, auf welches eine Statue von Jacopo kam, die Giovanni zu Pferd in mehr als Lebensgröße darstellte. Diese Figur war mit viel Einsicht und mit Erfindung gearbeitet, indem Jacopo eine Methode fand, die bis dahin noch nicht bekannt gewesen war. Die Knochen des Pferdes und der Gestalt wurden nämlich von Holzstücken und schmalen Bohlen verfertigt, die man aneinander fügte und dann mit Heu, Werg und Seilen umwickelte; alles wurde fest verbunden, und darüber kam eine Verkleidung von Erde, die Jacopo mit Scherwolle von Tuch, mit Teig und Leim vermischte; ein Verfahren, welches in Wahrheit für solcherlei Dinge das beste war und ist, weil Arbeiten der Art als massiv erscheinen, fertig und getrocknet aber sehr leicht sind, und mit Weiß überzogen, ein dem Marmor ähnliches und dem Auge sehr gefälliges Aussehen gewinnen, wie es bei dem genannten Werke Jacopos der Fall war. Zudem bekommen Statuen, welche mit diesen Mischungen gearbeitet sind, nicht Risse, wie geschehen würde, wenn sie bloß von Erde wären. Heutzutage verfertigt man die Modelle zu den Bildwerken in dieser Art, was den Künstlern zu großem Nutzen gereicht; denn dadurch haben sie immer ein Vorbild und das richtige Maß der Werke, die sie arbeiten, vor Augen. Jacopo aber, dem als Erfinder dieser Sache viel Dank gebührt, verfertigte nach Vollendung jener Statue zwei Tafeln von Lindenholz, und führte die Figuren, die Bärte und Haare mit solcher Geduld aus, daß es als etwas Bewundernswertes erscheint. Diese Tafeln wurden im Dom aufgestellt, und für die Fassade desselben Gebäudes verfertigte Jacopo von Marmor einige Propheten in nicht sehr großem Maßstabe, würde auch an jenem Bauwerk fortgearbeitet haben, wenn nicht Pest und Hungersnot und die Kämpfe der sienesischen Bürger nach vielfachem Aufruhr, jene Stadt in einen schlimmen Zustand versetzt und Orlando Malevolti vertrieben hätten, durch dessen Gunst Jacopo mit Ehren in seiner Vaterstadt beschäftigt worden war. Er verließ demnach Siena und begab sich unter Begünstigung einiger seiner Freunde nach Lucca, woselbst er im Auftrage von Paulo Guinigi, Gebieter jener Stadt, in der Kirche S. Martino ein Grabmal für dessen Gemahlin verfertigte, die kurz zuvor gestorben war. Auf dem Sockel dieses Werkes führte er einige Kinder, die ein Laubgeflechte hatten, so fein in Marmor aus, daß sie wie von Fleisch erschienen, stellte auf dem Sarge, den dieser Sockel trägt, mit unendlichem Fleiß die Gattin von Paulo Guinigi dar, welche darin beigesetzt wurde, und arbeitete aus demselben Stein, zu ihren Füßen ruhend, einen Hund, in erhabenem Relief, als Sinnbild der Treue gegen ihren Gatten.

Jacopo, der unterdes gehört hatte, die Zunft der Wollenweber zu Florenz wolle eine der Bronzetüren der Kirche S. Giovanni arbeiten lassen, war nach Florenz gegangen, damit er dort bekannt werden möchte, denn diese Arbeit sollte demjenigen übertragen werden, welcher bei Verfertigung einer Darstellung in Bronze von sich und seiner Geschicklichkeit den besten Beweis gegeben hätte. In Florenz angelangt, arbeitete er nicht nur das Modell, sondern führte auch das sehr gut entworfene Bild bis

IACOPO DALLA QVERCIA
SCVLTOR SANESE.

zur letzten Politur aus, und dasselbe gefiel so wohl, daß, hätte er nicht den trefflichen Donatello und Filippo Brunelleschi zu Mitbewerbern gehabt, die ihn in Wahrheit mit ihren Arbeiten übertrafen, jenes große Werk ihm übertragen worden sein würde.

Da indes die Sache anders ging, so begab er sich nach Bologna, woselbst ihm durch die Gunst Giovanni Bentivoglios von den Werkmeistern von S. Petronio der Auftrag gegeben ward, die Haupttüre jener Kirche in Marmor zu verzieren. Um nicht die Art, wie dieses Werk begonnen war, zu stören, setzte er nach deutschem Geschmacke die Arbeit fort, indem er über der Reihe von Pfeilern, welche die Gesimse und den Bogen tragen, die noch fehlenden Reliefs einfügte, die er mit unendlichem Fleiß im Verlauf von zwölf Jahren verfertigte. Die Bolognesen aber, welche geglaubt hatten, man könne kein besseres, ja selbst nicht ein gleich schönes Marmorwerk zustande bringen, wie jenes, welches die Sineser Agostino und Agnolo nach alter Manier in S. Francesco, ihrer Stadt, am Hauptaltar verfertigt hatten, sahen mit Verwundern, daß dies um vieles herrlicher war wie jenes. Jacopo wurde gebeten, nach Lucca zurückzukehren, und folgte gern dieser Aufforderung. Dort arbeitete er in S. Friano für Federigo di Maëstro Trenta del Veglia eine Tafel aus Marmor, worauf er die Jungfrau mit dem Sohne im Arm, die Heiligen Sebastian, Lucia, Hieronymus und Sigismund nach guter Methode und Zeichnung und mit Anmut darstellte. Auf der Staffel sah man unter jedem Heiligen eine Begebenheit aus dessen Leben in halbem Relief ausgeführt, welches alles sich sehr gut ausnahm und vielen Beifall erwarb, denn Jacopo hatte mit vieler Kunst die Figuren allmählich zurücktreten und nach dem Hintergrund zu flacher werden lassen. Auch stärkte er anderen den Mut, durch neue Erfindungen ihren Werken Reiz und Schönheit zu verleihen, indem er auf zwei großen Grabsteinen Federigo, für den er das ganze Werk vollführte, und dessen Gemahlin in Basrelief nach dem Leben abbildete. Auf diesen Steinen liest man die Worte: Hoc opus fecit Jacobus Magistri Petri de Senis 1422.

Von Lucca begab sich Jacopo nach Florenz, und die Werkmeister von Santa Maria del Fiore, die ihn sehr hatten rühmen hören, gaben ihm Auftrag, den Vorgiebel über der Türe nach der Annunziata in Marmor zu arbeiten. Dort stellte er in einem spitzen Oval (Mandorla) die Madonna dar, die von einem Chor singender und musizierender Engel zum Himmel getragen wird, welche alle schöne Stellungen und Bewegungen haben, und in ihrem Fluge Kraft und Gewandtheit zeigen, wie bis dahin noch niemals gesehen worden war.

Jacopo wünschte seine Vaterstadt wiederzusehen, und kehrte daher nach Siena zurück, woselbst ihm, seinem Verlangen gemäß, bald Gelegenheit gegeben ward, ein ehrenvolles Gedächtnis von sich zu stiften; denn die Signoria von Siena, entschlossen, eine reiche Marmorverzierung um die Quelle verfertigen zu lassen, welche die Sieneser Agostino und Agnolo im Jahre 1343 nach dem Hauptplatze geleitet hatten, übertrug Jacopo dieses Werk, für den Preis von zweitausendzweihundert Goldgulden. Er verfertigte ein Modell, ließ den Marmor kommen, und begann die Arbeit, die er zu größter Zufriedenheit seiner Mitbürger vollendete, welche ihn von nun an nicht mehr Jacopo della Quercia, sondern Jacopo della Fonte nannten. Inmitten dieses Werkes sieht man die glorreiche Jungfrau Maria, die vornehmste Schutzpatronin jener Stadt, etwas größer als die anderen Figuren, in anmutiger und ungewöhnlicher Weise dargestellt. Ringsumher sind die sieben theologischen und Kardinaltugenden, deren Köpfe Jacopo zart arbeitete und ihnen einen angenehmen Ausdruck gab, so daß man erkennt, er habe angefangen, das Gute und die Schwierigkeit der Kunst einzusehen und dem Marmor Reiz zu geben, indem er die alte Methode verbannte, welche bis dahin von den Bildhauern geübt worden war, die ihren Gestalten durchaus keine Anmut zu verleihen wußten, während Jacopo sie lieblich und voll darstellte, und den Marmor mit Geduld und Zartheit ausmeißelte. Zur Verzierung jenes Brunnens arbeitete er außerdem einige Begebenheiten aus dem Alten Testament, das heißt die Erschaffung der ersten Menschen, und wie sie den verbotenen Apfel genießen, wobei man in dem Angesicht Evas einen so schönen Ausdruck, und in der ehrfurchtsvollen Stellung, mit der sie Adam den Apfel hinreicht, einen solchen Liebreiz gewahrt, daß es scheint, als könne er nicht verweigern, ihn zu nehmen. Das übrige in jenem Werke ist nicht minder einsichtsvoll gearbeitet, und mit schönen Kindern und anderen Verzierungen, mit Löwen und Wölfen, welche zum Wappen der Stadt gehören, geschmückt, was Jacopo alles im Verlauf von zwölf Jahren mit sorgsamem Fleiß und vieler Übung ausführte. Durch diese Werke gelangte Jacopo zu immer mehr Ruhm in der Kunst, und durch sein tugendhaftes Leben ward er bekannt als ein Mann von edlen Sitten; deshalb ernannte die Signoria von Siena ihn zum Ritter und bald nachher zum Werkmeister des Doms. Dieses Amt übte er so, daß es weder vorher noch nachher besser versehen worden ist, und obgleich er nicht länger als drei Jahre lebte, nachdem es ihm übertragen war, hat er doch bei jenem Bau viele rühmliche und nützliche Verbesserungen bewirkt.

LUCA DELLA ROBBIA

Geboren 1399 zu Florenz
Gestorben 1482 daselbst

Luca della Robbia, der Bildhauer, wurde im Jahre 1388 zu Florenz im Hause seiner Voreltern geboren, welches unterhalb der Kirche S. Barnaba gelegen ist, und wurde daselbst in guten Sitten erzogen, bis er lesen und schreiben und, wie es bei den meisten Florentinern Herkommen war, so viel rechnen konnte, als ihm not tat. Hierauf gab ihn sein Vater, damit er die Goldschmiedekunst erlerne, zu Leonardo di Ser Giovanni in die Lehre, welcher damals für den besten Meister jener Kunst in Florenz gehalten wurde. Nachdem Luca es bei diesem so weit gebracht hatte, daß er zeichnen und in Wachs arbeiten konnte, stieg ihm der Mut, und er unternahm es, einiges in Marmor und Erz zu verfertigen, was ihm ziemlich wohl gelang und Veranlassung wurde, daß er das Gewerbe eines Goldschmiedes aufgab und sich der Bildhauerkunst widmete. Unausgesetzt arbeitete er bei Tage mit dem Meißel und zeichnete bei Nacht, ja er übte dies mit solchem Eifer, daß, wenn ihm des Nachts die Füße steif wurden, er sie oft, um nicht von der Arbeit zu gehen, zur Erwärmung in einen Korb mit Sägespänen steckte, worüber ich mich gar nicht verwundere, da nie ein Mensch in irgendeinem Dinge vollkommen geworden ist, der nicht sehr jung schon angefangen hätte, Hitze und Frost, Hunger, Durst und andere Mühseligkeiten zu ertragen. Die sind fürwahr im Irrtum, welche glauben, ohne Anstrengung und mit aller Bequemlichkeit der Welt könne man zu einem ehrenvollen Berufe gelangen; nicht schlafend, sondern wachend und bei unausgesetztem Studium erwirbt man. Luca war kaum fünfzehn Jahre, als er zugleich mit noch mehreren jungen Bildhauern nach Rimini berufen wurde, um daselbst einige Marmorverzierungen und Figuren für Sigismondo di Pandolfo Malatesti, dem Gebieter jener Stadt, zu verfertigen, welcher damals in der Kirche S. Francesco eine Kapelle errichten und für seine verstorbene Gemahlin ein Grabmal bauen ließ. Bei diesem Werke gab er durch einige Basreliefs, die noch jetzt daselbst zu sehen sind, einen ehrenvollen Beweis seiner Geschicklichkeit. Hierauf ward er von den Werkmeistern von Santa Maria del Fiore nach Florenz zurückberufen und verfertigte daselbst für den Glockenturm jener Kirche fünf Bildwerke von Marmor, welche auf der Seite angebracht wurden, die nach der Kirche gewandt ist, wo sie der Zeichnung gemäß, die Giotto verfertigt hatte, neben denen nötig waren, in welchen der Pisaner Andrea die Wissenschaften und Künste dargestellt hatte. In dem ersten Relief, welches Luca arbeitete, sieht man

Donatus, der die Grammatik lehrt, im zweiten Plato und Aristoteles als Philosophen, im dritten eine Gestalt, welche die Laute spielt, als Musik, im vierten Ptolemäus als Astrologen, im fünften Euclid als Geometer. Diese Bildwerke übertrafen an Zeichnung, Anmut der Erfindung und reinlicher Ausführung weit die beiden schon früher erwähnten, in welchen Giotto die Malerei unter dem Bilde des malenden Apelles und die Skulptur unter der Gestalt des mit dem Meißel arbeitenden Phidias dargestellt hatte. Die Werkmeister von Sta Maria del Fiore, welche an dieser Arbeit die Verdienste unseres Luca erkannten, folgten dem Rat des Herrn Vierie de Medici, eines damals sehr beliebten Mitbürgers, der den Luca sehr hoch hielt, und gaben im Jahre 1405 diesem Künstler den Auftrag, die Marmorverzierung für die Orgel zu verfertigen, welche der Kirchenvorstand sehr groß ausführen ließ, um sie über der Tür der Sakristei jener Kirche anzubringen. Luca stellte auf dem Sockel in einigen Bildern die Musikchöre dar, die auf verschiedene Weise singen, und wandte dabei viel Studium auf; auch gelang ihm diese Arbeit sehr wohl, und obgleich sie sechzehn Ellen aufwärts vom Boden entfernt ist, unterscheidet man dennoch das Schwellen des Halses bei den Singenden, erkennt, wie der, welcher die Musik leitet, auf den Schultern der Kleineren den Takt schlägt, kurz, sieht allerlei Klang und Saitenspiel, Gesänge, Tänze und andere Ergötzlichkeiten abgebildet, welche durch das Vergnügen der Musik bereitet werden. Auf dem Hauptgesims brachte Luca zwei vergoldete Metallfiguren an, zwei nackte Engel, die sehr fein ausgeführt sind, wie überhaupt das Ganze für eine seltene Sache galt, obgleich Donato, bei Verzierung der andern Orgel, dieser gegenüber, weit mehr Übung und Urteil zeigte, als Luca, indem er, wie an seinem Ort ausführlicher gesagt werden wird, das Werk fast nur aus dem Rohen arbeitete und es nicht fein ausmeißelte, damit es sich von ferne hervorheben möchte, wo es denn auch ein weit besseres Ansehen hat als das von Luca, welcher zwar nach guter Zeichnung und mit Fleiß vollführt ist, bei aller seiner zarten Vollendung aber in der Weite dem Auge undeutlich wird und sich nicht so gut unterscheiden läßt, wie jenes von Donato. Dieses ist eine Sache, auf welche Künstler sehr acht haben müssen, denn die Erfahrung lehrt, daß alle Dinge, die von ferne gesehen werden, seien es nun Maler- oder Bildhauerwerke oder andere ähnliche Sachen, mehr Kraft haben, wenn sie einem schönen Entwurfe gleichen, als wenn sie fein ausgeführt sind. Abgesehen davon, daß die Entfernung jene Wirkung tut, scheint es auch, als ob bei Entwürfen, die durch plötzliche Eingebung der Kunst entstehen, mit wenigen Strichen der Gedanke besser ausgedrückt werde, als Mühe und zu großer Fleiß es vermögen, durch welche diejenigen, welche nie fertig werden können, sich oftmals um alle Kraft und Wissenschaft bringen. Die Zeichenkunst, um nicht nur die Malerei zu nennen, ist der Poesie zu vergleichen, und wie Dichterwerke, welche der poetische Erguß eingibt, die wahren und guten sind, und vorzüglicher als die mühselig gearbeiteten, ebenso gelingen auch die Werke der trefflichen Meister der Zeichenkunst besser, wenn sie durch plötzliche Eingebung hervorgebracht werden, als wenn sie durch Hin- und Hersinnen nach und nach mit Anstrengung entstehen. Wer, wie es sein muß, das, was er vollführen will, von Anfang in der Idee erfaßt hat, schreitet immerdar leicht und sicher der Vollendung entgegen; da indes nicht alle Geister gleich sind, gibt es freilich auch einige wenige, die nur langsam Gutes zustande bringen. So sagt man z. B., der Maler gar nicht zu gedenken, der sehr ehrenwerte und gelehrte Dichter Bembo habe bisweilen viele Monate, ja vielleicht Jahre gebraucht, ehe er ein Sonett beende, wenn man anders denen glauben darf, die es versichern; demnach ist es eben nichts allzu Wunderbares, wenn solches den Meistern unseres Kunstberufes begegnet. Indessen gilt doch meist die Regel vom Gegenteil, wie oben gesagt ist, wenn auch eine gewisse äußerliche und anscheinende Zartheit, welche Fehler in den Hauptsachen durch Fleiß verbirgt, von der allgemeinen Stimme günstiger beurteilt wird, als was richtig und mit Einsicht gemacht, äußerlich aber nicht so fein ausgeführt und geglättet ist.

Doch wir wollen zu Luca zurückkehren. Nachdem er das genannte Werk vollendet hatte, welches sehr wohl gefiel, erhielt er Auftrag, die Bronzetüre für die Sakristei zu arbeiten, welche man über jener Marmorverzierung sieht.

Als er indes nach Beendigung der Arbeit berechnete, was er gewonnen und welche Zeit er aufgewandt hatte, erkannte er, daß ihm wenig blieb und seine Mühe groß gewesen war; deshalb beschloß er, keine Marmor- und Bronzewerke mehr zu verfertigen, sondern zu trachten,

LVCA DELLA ROBBIA SCVLT.

ob er nicht auf anderem Wege reichlicheren Lohn ernten könne. Er sah, daß in Erde zu arbeiten sehr leicht war und keine Anstrengung forderte; daß nur ein Mittel zu finden not tat, was dieser Art von Werken Dauer zu geben vermöchte; er sann daher unermüdlich nach, wie man sie gegen die Zerstörung der Zeit schützen könne, bis er durch vielfach angestellte Versuche entdeckte, ein glasierter Überzug von Zinn, Glätte, Antimonium und anderen Mineralien und Mischungen, in einem dazu geeigneten Schmelzofen zubereitet, erfülle diesen Zweck vollkommen und gebe den Tonarbeiten eine fast ewige Dauer. Dieses Verfahren, für welches er als Erfinder großes Lob erntete, gab ihm ein Recht auf den Dank aller kommenden Zeiten. Als Luca hierin seine Absicht erreicht sah, wollte er, sein erstes Werk der Art sollte die Verzierung des Bogens über der Bronzetüre sein, die er unter der Orgel in Santa Maria del Fiore für die Sakristei verfertigt hatte; deshalb stellte er dort eine Auferstehung Christi dar, für jene Zeit so schön, daß sie als etwas fürwahr Seltenes von jedermann bewundert wurde. Die Kirchenvorsteher, welche dies sahen, wünschten, der Bogen über der Türe der anderen Sakristei, woselbst Donatello die Verzierung um die Orgel gearbeitet hatte, möge von Luca in derselben Weise mit ähnlichen Figuren und Zierarten von gebrannter Erde ausgefüllt werden, und dieser arbeitete daselbst sehr schön die Himmelfahrt Christi. Weil ihm indessen diese seltene und nützliche Erfindung nicht genügte, die sich vornehmlich für solche Orte eignet, wo Wasser ist, oder um Feuchtigkeit und anderer Dinge willen Malereien nicht angebracht werden könne, trachtete er, weiter zu gehen und anstatt die genannten Tonwerke nur einfach weiß zu verfertigen, fand er Mittel, ihnen Farbe zu geben, zu großem Erstaunen und Vergnügen eines jeden. Der erste, welcher ihm Auftrag erteilte, etwas in bunter Erde zu arbeiten, war der glorreiche Piero di Cosimo von Medici, der in einem Schreibzimmer des Palastes, welchen sein Vater Cosimo erbaut hatte, die ganze Wölbung im Halbkreis und auch den Fußboden mit allerlei Phantasien verzieren ließ, eine ungewöhnliche und zur Sommerszeit sehr nützliche Sache. Fürwahr erscheint es als ein Wunder, daß obgleich dies Verfahren damals sehr schwierig war und viele Kenntnisse dazu gehörten, die Erden zu brennen, Luca dennoch jene Arbeiten in solcher Vollkommenheit ausführte, daß Wölbung und Fußboden nicht aus vielen, sondern aus einem einzigen Stück zu bestehen scheinen.

Der Ruf seiner Werke verbreitete sich bald durch Italien, ja durch ganz Europa, und es war ein solch' Begehren danach, daß die florentinischen Kaufleute, sehr zu seinem Vorteil, ihm immer neue Bestellungen gaben und diese Werke überall in der Welt umhersandten. — Luca, der allein nicht alles liefern konnte, veranlaßte seine beiden Brüder Ottaviano und Agostino, nicht mehr Bildhauerwerke, sondern Tonarbeiten zu unternehmen, wobei sie alle mehr gewannen, als sie bis dahin mit dem Meißel zu verdienen vermocht hatten.

Wäre diesem Künstler ein längeres Leben beschieden gewesen, so würde man noch weit größere Dinge aus seinen Händen haben hervorgehen sehen, denn kurz bevor er starb, fing er an Bilder zu malen, von denen ich in seinem Hause einige gesehen habe, und die mich glauben lassen, diese Arbeit würde ihm leicht gelungen sein, wenn nicht der Tod, der meist die vorzüglichsten Menschen in dem Augenblick hinrafft, wo sie der Welt am meisten Nutzen schaffen wollen, ihn allzu früh des Daseins beraubt hätte.

Luca ging von einer Art der Beschäftigung zur anderen über, von Marmor zur Bronze, von der Bronze zur Erde; dies geschah aber nicht aus Trägheit, noch aus einem unbeständigen, grillenhaften, mit seiner Kunst nicht zufriedenen Sinn, wie ihn wohl viele haben, sondern es drängte ihn die Natur zu neuen Erfindungen, und Not und Bedürfnisse zu einer Beschäftigung, welche seinem Sinne genehm war, geringere Mühe forderte und größeren Vorteil brachte. Dadurch ward die Welt und die Kunst durch eine neue, nützliche und schöne Sache bereichert, und er gelangte zu dauerndem Ruhm und unsterblichem Lob. – Luca zeichnete sehr gut und zierlich, wie man in meiner Sammlung von Handzeichnungen an einigen Blättern sehen kann, die mit weiß aufgehöht sind. Auf einem dieser Blätter ist sein Bildnis von ihm selbst mit vieler Sorgfalt gezeichnet, wie er sich in einem Spiegel sieht.

LORENZO GHIBERTI

Geboren zu Florenz 1378
Gestorben 1455 daselbst

Trägt jemand um irgend eines seltenen Vorzuges willen Ruhm unter den Menschen davon, so erlangt er dadurch nicht nur für sich Ehre und Lohn, sondern er ist meist auch ein heiliges Licht, welches vielen als Vorbild leuchtet, die nach ihm geboren werden und in dem selben Zeitalter leben; denn nichts erweckt die Geister der Menschen mehr und läßt ihnen die Mühseligkeiten des Studiums minder anstrengend erscheinen, als die Ehre und der Nutzen, welche nach saurer Arbeit durch Kunst und Geschicklichkeit gewonnen werden; sie machen einem jeden seine schwierige Unternehmung leicht, und seine Talente reifen schneller, wenn sie durch das Lob der Welt gesteigert werden. Ja unzählige, welche dies gewahr werden, wenden allen Fleiß auf, sich den Lohn zu verdienen den sie von einem ihrer Mitbürger errungen sehen. Vor alters wurden daher ausgezeichnete Menschen mit Reichtümern belohnt oder durch Triumphzüge und Gemälde geehrt. Weil es indessen nur selten ist, daß das Talent nicht vom Neide verfolgt wird, so muß man sich anstrengen, so viel wie möglich ihn durch größte Vortrefflichkeit zu besiegen, oder mindestens stark und tapfer genug zu werden, um seine Stürme zu ertragen. Dies vermochte durch Glück und Verdienst Lorenzo di Cione Ghiberti, auch di Bartoluccio genannt, der würdig war, von den trefflichen Meistern Donato und Filippo di Ser Brunelleschi an ihre Stelle gesetzt zu werden, indem sie erkannten, er sei ein besserer Meister in Gußarbeiten wie sie selbst, obwohl ihr Sinn vielleicht gern das Gegenteil gesagt hätte. Solche Würdigung gereicht fürwahr jenen zum Ruhm und vielen zur Beschämung, die sich groß dünken und den Platz einnehmen, welcher den Vorzügen anderer zukommt, auf welchem sie zudem keine Früchte ernten, sondern sich lange Jahre quälen, etwas zustande zu bringen, während sie den Kenntnissen anderer hinderlich sind, die sie aus Neid und bösem Willen unterdrücken.

Lorenzo war ein Sohn von Bartoluccio Ghiberti, einem vortrefflichen Goldschmied, und lernte bei ihm von frühester Jugend an jene Kunst, die er so übte, daß er viel besser arbeitete wie sein Vater; mehr Freude jedoch machte ihm die Bildhauer- und Zeichenkunst, deshalb bediente er sich bisweilen der Farben, bisweilen goß er kleine Bronzefiguren und vollendete sie mit Anmut. Auch vergnügte er sich, die Stempel der alten Münzen nachzuahmen und bildete viele seiner Freunde nach dem Leben ab. – Während er zu Florenz mit Bartoluccio, seinem Vater, durch Goldarbeiten Geld zu erwerben suchte, kam im Jahre 1400 die Pest heran, wie Lorenzo selbst in seinem Buche erzählt, das er über die Kunst geschrieben hat, und welches jetzt dem Herrn Cosimo Bartoli, einem florentinischen Edelmann, gehört. Und da außer der Pest noch einige bürgerliche Zwistigkeiten und sonstige Not in der Stadt herrschte, sah er sich gezwungen, in Gesellschaft eines andern Malers nach der Romagna zu gehen. Dort malten sie in Rimini für den Herrn Pandolfo Malatesti ein Zimmer und sonst noch mancherlei mit vielem Fleiß und zur Zufriedenheit jenes Herrn, der noch jung war und an den Werken der Zeichenkunst ein großes Gefallen fand. — Lorenzo unterließ nicht, sich während dieser Zeit im Zeichnen, Wachsbossieren, in der Stuckatur und ähnlichen Techniken zu üben, weil er sehr wohl wußte, daß diese Art von kleinen erhobenen Arbeiten die Zeichenübungen der Bildhauer sind, ohne welche sie nichts vollkommen zu Ende führen können.

Lorenzo war nicht lange von seiner Vaterstadt entfernt, als die Pest aufhörte und die Signoria von Florenz sowohl als die Zunft der Handelsleute beschlossen, da es zu jener Zeit viele vorzügliche Meister der Bildhauerei gab, fremde nicht minder wie florentinische, es sollten die beiden noch fehlenden Türen von S. Giovanni, der ältesten und vornehmsten Kirche der Stadt, verfertigt werden. Von diesem Unternehmen war früher schon die Rede gewesen, und man kam nunmehr überein, es solle den besten Meistern Italiens zu wissen getan werden, sie möchten nach Florenz kommen, und eine Probearbeit ausführen, eine Bildtafel von Bronze, denen ähnlich, welche Andrea bei der ersten Tür angebracht hatte. Bartoluccio gab von diesem Beschluß seinem Sohne Lorenzo Nachricht, der in Pesaro arbeitete, ermunterte ihn nach Florenz zurückzukommen und einen Beweis seiner Geschicklichkeit zu geben; dies sei eine Gelegenheit sich bekannt zu machen und seine Einsicht zu zeigen, auch könne er solch großen Vorteil daraus ziehen, daß sie beide nicht mehr nötig haben würden, Birnen zu arbeiten.

Diese Worte Bartoluccios setzten das Gemüt Lorenzos sehr in Bewegung, und wie viele Liebkosungen ihm auch von Pandolfo und dem Maler, ja vom ganzen Hof erzeigt wurden, verlangte er dennoch seine Entlassung; ungern und schwer wurde diese ihm zugestanden, da weder Versprechungen noch vermehrte Besoldung ihn zu halten vermochten; Lorenzo aber, dem jede Stunde eine Ewigkeit deuchte, ehe er Florenz erreicht hatte, zog glücklich von dannen und kehrte in seine Heimat zurück. Eine Menge fremder Künstler waren zu jener Zeit schon in Florenz angelangt und hatten sich bei den Obermeistern der Gewerbe gemeldet, welche von diesen allen sieben Meistern auswählten, drei Florentiner, die anderen Toskaner; man wies ihnen Geld an, und jeder sollte im Verlauf eines Jahres als Probestück ein Bronzebild in der Größe von denen an der ersten Tür vollenden und darin darstellen, wie Abraham seinen Sohn Isaak opfert, weil man glaubte, jene Meister könnten hierin sehr wohl die Schwierigkeiten der Kunst zeigen, könnten dabei Tiere und Landschaften, Gestalten mit und ohne Gewänder anbringen, die vordersten Figuren erhaben, die zweiten halb erhaben und die letzten flach arbeiten. Bewerber bei diesem Werke waren die Florentiner Filippo di Ser Brunellesco, Donato und Lorenzo di Bartoluccio; der Sieneser Jacopo della Quercia, dessen Schüler Niccolo aus Arezzo, Francesco di Valdambrina und Simone da Colle, de' Bronzi genannt. Diese alle versprachen den Obermeistern in der bestimmten Zeit das Bild zu vollenden; ein jeder begann das seinige mit großem Fleiß und Studium, und wandte alle Kraft und Kenntnisse auf, den andern zu übertreffen. Sie hielten dabei ihre Arbeiten ganz geheim, um nicht auf gleiche Gedanken zu geraten. – Nur Lorenzo, welcher Bartoluccio hatte, der ihn leitete, ihn keine Mühe scheuen und viele Modelle arbeiten ließ, ehe er sich entschlossen, eines auszuführen, veranlaßte immerdar die Bürger zu ihm zu kommen, um ihre Meinung zu hören, bisweilen auch Fremde, welche durchreisten, im Fall sie etwas von seinem Gewerbe verstanden, und mit Hilfe dieser Urteile brachte er ein sehr gelungenes ganz fehlerloses Modell zu Stande. Hierauf machte er die Form, goß sie in Bronze aus, was vortrefflich glückte, und ging daran, den Guß unter Beihilfe seines Vaters Bartoluccio mit großer Liebe und Geduld auszuputzen, so daß man es nicht besser hätte vollenden können. Unterdes war die Zeit gekommen, daß die Arbeiten in Vergleich gestellt werden sollten, und so wurde sein Werk mit denen aller übrigen Meister der Zunft der Handelsleute zur Beurteilung übergeben. Da nun die Obermeister und viele andere Bürger dieselben in Augenschein genommen hatten, zeigten sich alsbald verschiedene Meinungen. Eine Menge Fremder, teils Maler, teils Bildhauer und einige Goldarbeiter waren in Florenz zusammengeströmt, und diese wurden von den Obermeistern berufen, samt andern desselben Gewerbes, die in Florenz lebten, über jene Arbeiten ihr Urteil zu sprechen. Es war dies ein Gericht von vierunddreißig Personen, alle in ihrer Kunst wohlerfahren. Aber obwohl sie ungleiche Ansichten hatten, dem einen diese Manier, dem anderen jene gefiel, so kamen doch alle darin überein, daß Filippo di Ser Brunellesco und Lorenzo di Bartoluccio ihre Bilder schöner vollendet und besser und reicher mit Figuren ausgestattet hätten, als Donato, obwohl auch bei diesem die Zeichnung sehr vorzüglich war. In dem Werke von Jacopo della Quercia fehlte den Figuren Zartheit, obgleich sie auch sonst gut, nach richtigem Verhältnis und mit Fleiß gearbeitet waren. Bei Francesco di Valdambrina waren die Köpfe lobenswert, und es war wohl ausgefeilt, in der Zusammenstellung aber verworren. Simone da Colle zeichnete sich durch den schönen Guß seines Probestückes aus, was seine eigentliche Kunst war, in der Zeichnung jedoch erschien es mangelhaft, und jenes von Niccolo aus Arezzo war mit Übung zwar gearbeitet, hatte indes kurze Gestalten und war schlecht ausgeputzt. Nur das Bild von Lorenzo, welches man noch im Audienzsaale der Zunft der Handelsleute sieht, war in allen Teilen vollkommen, denn er hatte dies ganze Werk nach schöner Zeichnung und sehr wohl zusammengestellt; die Figuren waren schlank, hatten Anmut und schöne Stellungen, und das ganze war mit solchem Fleiß ausgeführt, daß es nicht gegossen und mit dem Eisen geputzt, sondern geblasen zu sein schien.

Als Donato und Filippo sahen, mit welcher Sorgfalt Lorenzo sein Werk vollendet hatte, traten sie zur Seite, besprachen sich und kamen überein, Lorenzo müsse die Bestellung übertragen werden; es schien ihnen, dem öffentlichen und privaten Wohl sei so am besten gedient, und Lorenzo, der noch sehr jung, noch nicht zwanzig Jahre alt war, werde bei Übung dieses Berufes die herrlichen Früchte ernten, die sein schönes Bild hoffen lasse, welches er nach ihrem Urteil vollkommener als die andern vollführt hatte; ja sie sagten es würde mehr eine Handlung des Neides sein, wenn sie es ihm nehmen wollten, als rühmlich, es ihm zu überlassen.

Lorenzo begann demnach das Werk für die Türe, nämlich für diejenige gegenüber der Kirchenverwaltung von S. Giovanni, und verfertigte für ein Feld derselben ein großes hölzernes Modell, genau wie es nachmals in Metall werden sollte, mit den Einfassungen und den Verzierungen der Köpfe auf den Vierungen um die mit Figuren ausgefüllten Bilder, zusamt den Friesen, welche ringsumher laufen. Hierauf arbeitete er mit allem Fleiß die Form, ließ sie trocknen, und mietete zu seinem Zweck eine Werkstätte Santa Maria Nuova gegenüber, wo heutigen Tages das Spital der Weber ist, und welche damals die Tenne genannt wurde. Dort baute er einen sehr großen Ofen, den ich mich erinnere noch gesehen zu haben, und goß jenes Stück in Metall. Das Schicksal wollte, daß es nicht wohl gelang. Lorenzo erkannte den Fehler und verfertigte, ohne zu erschrecken oder den Mut zu verlieren, schleunigst und ohne daß jemand davon wußte, eine neue Form, wiederholte den Guß, und sah ihn trefflich gelingen. In dieser Weise setzte er die Arbeit fort, indem er jedes Bild für sich allein goß und es dann geputzt und gereinigt an seine Stelle einfügte; die Verteilung der Bilder war der ähnlich, welche der Pisaner Andrea bei der ersten Türe nach einer von Giotto verfertigten Zeichnung beobachtet hatte. Hier stellte Lorenzo zwanzig Begebenheiten aus dem Neuen Testament dar und in acht ähnlichen Füllungen Gegenstände, welche mit denen in Verbindung standen. Zu unterst sieht man die vier Evangelisten, zwei auf jedem Türflügel, und weiter hinauf die vier Kirchenlehrer, welche in Stellung und Gewändern verschieden sind; einer liest, einer schreibt, die anderen denken nach, und indem jeder auf andere Weise sich zeigt, sind sie in ihrem Eifer und Nachdenken sehr wohl dargestellt. In den Friesen, welche die Bildfelder umgeben, brachte er Zieraten von Efeublättern und anderem Laubwerk an, dazwischen Simsglieder, und auf jeder Ecke einen männlichen oder weiblichen Kopf, ganz erhoben gearbeitet; sie stellen Propheten und Sibyllen vor, und geben durch ihre Schönheit und Mannigfaltigkeit den seltenen Geist Lorenzos kund. Dies ganze Werk ward mit dem größten Aufwande von Zeit und Kräften zu einer Vollendung geführt, wie sie einem Metallwerke nur irgend gegeben werden kann; die Glieder der nackten Gestalten sind in allen Teilen schön, und obwohl die Gewänder ein wenig nach der alten Methode des Giotto neigen, ist doch überall etwas darin, was sich der Manier der neueren nähert und den Figuren in dieser Größe zierliche Anmut gibt; ja alle diese Bilder sind so wohl geordnet und verteilt, daß Lorenzo das Lob, welches Filippo zu Anfang über ihn ausgesprochen hatte oder ein größeres wohl verdiente. – Von seinen Landsleuten deshalb ehrenvoll anerkannt, sah er sich von einheimischen und fremden Künstlern gleich sehr gerühmt. Dies ganze Werk zusamt den Türbekleidungen, die wiederum von Metall und mit erhobenen Fruchtgehängen und Tieren verschönt sind, kostet zweiundzwanzigtausend Gulden, die Metalltüren aber wogen vierunddreißigtausend Pfund. Als sie vollendet waren, hielten die Obermeister sich für sehr wohl bedient, und beschlossen Lorenzo, dem jedermann Lob zollte, den Auftrag zu geben, daß er an einem Pfeiler an der Außenseite von Or San Michele für eine der Nischen, die den Tuchscheerern gegenüber ist, eine Bronzestatue, vier und eine halbe Elle hoch, zu Ehren Johannes des Täufers arbeiten solle. Er fing dies Werk sogleich an, ging nicht davon, bis er es vollendet hatte, und brachte eine sehr gute, gerühmte Arbeit zu Stande. In den Mantel, der diese Figur umgibt, schnitt er seinen Namen ein.

Mit dieser Statue, welche 1414 aufgestellt wurde, begann die gute neuere Manier; dies erkennt man an dem Haupte, an dem Arme, der die Fülle der Natur hat und Fleisch zu sein scheint, an den Händen wie an allen Bewegungen der Gestalt, und Lorenzo war somit der erste, welcher anfing, die Werke der alten Römer nachzuahmen, die er eifrig studierte, wie ein jeder es muß, der Gutes zu vollbringen wünscht. Auf dem Vorgiebel jenes Tabernakels versuchte er auch in Mosaik zu arbeiten, und stellte daselbst in halber Figur einen Propheten dar. – Während die Arbeiten Lorenzos, der für unzählige Personen Werke in Bronze sowohl, als in Gold und Silber vollführte, seinem Namen immer mehr Ruhm erwarben, gelangte in die Hände Giovannis, des Sohnes von Cosimo de' Medici, ein ziemlich großer Carneol, worauf in vertiefter Arbeit dargestellt war, wie Apoll den Marsyas schinden läßt. Dieser Stein hatte, wie man sagt, schon dem Kaiser Nero als Petschaft gedient, und da er wegen der Größe des Carneols sowohl, als wegen des wunderbar schönen Schnittes eine seltene Sache war, gab Giovanni dem Meister Lorenzo den Auftrag, eine Verzierung von gegrabener Goldarbeit darum zu verfertigen. Dieser mühte sich daran viele Monate und vollendete mit dem Grabstichel eine Fassung, welche nicht minder schön genannt zu werden verdiente, als die gegrabene Arbeit in jenem Steine vollkommen war. Hierdurch wurde veranlaßt, daß Lorenzo noch viele andere Dinge in Gold und Silber ausführte, die sich heutigen Tages nicht mehr finden. Unter anderem verfertigte er für Papst Martin einen Knopf, den er am Chormantel trug, von Gold mit ganz erhobenen Figuren, dazwischen Edelsteine von großem Werte, ein sehr vortreffliches Werk. Für denselben Papst verfertigte er eine wunderbar schöne päpstliche Mitra, mit Laubwerk von durchbrochener Goldarbeit und vielen schönen, ganz erhobenen Figuren, wofür er nicht nur Ruhm erntete, sondern durch die Freigebigkeit des Papstes

LORENZO GHIBERTI PIT-
TOR FIORENT.

auch großen Vorteil erlangte. Durch die trefflichen Werke jenes sinnreichen Künstlers wurde der Stadt Florenz vieles Lob zuteil und die Obermeister der Zunft der Handelsleute beschlossen, die dritte Türe von S. Giovanni in Metall wiederum von Lorenzo arbeiten zu lassen. Bei der ersten war er ihrer Vorschrift gefolgt, und hatte sie samt der Verzierung, welche die Figuren einschließt, und dem Rahmen, welcher diese Türen umgibt, ähnlich der des Pisaners Andrea ausgeführt. Nun aber, da die Obermeister sahen, wie weit er jenen Künstler übertroffen hatte, beschlossen sie, es solle die von Andrea gearbeitete Türe, welche bisher als Mitteltüre gedient hatte, weggenommen und der Misericordia gegenüber angebracht werden, und die neue des Lorenzo solle nun an die Mitteltüre kommen; indem sie voraussetzten, er werde dabei keine Anstrengungen scheuen, deren er nur irgend in seiner Kunst fähig sei; deshalb legten sie auch die Arbeit ganz in seine Hände und sagten, sie gäben ihm Freiheit, sie auszuführen, wie er wolle, oder wie er glaube, sie so zierlich, vollkommen, reich und schön ausführen zu können, als nur zu denken möglich sei; er möge weder Zeit noch Kosten sparen, und wie von ihm alle Bildhauer übertroffen worden wären, die bis dahin gelebt hätten, so möge er in diesem Werk alle seine früheren Arbeiten zu übertreffen suchen.

Lorenzo begann das genannte Werk, indem er all sein Wissen anstrengte, es wohl auszuführen. Er teilte die Türe in zehn Bilder, das heißt jeden Flügel in fünf, so daß jeder dieser Räume eine und eine Drittelelle groß ist; ringsumher als Zierat des Rahmens, der die Bilder umschließt, sieht man überhöhte Nischen, zwanzig in allem, und in jeder derselben eine fast ganz rund gearbeitete Figur, alle sehr schön; unter anderen die nackende Gestalt eines Simson, der eine Kinnlade in der Hand, die Säule umfaßt und so vollkommen ausgeführt ist, als nur die Alten ihre Herkulesse in Bronze oder Marmor vollenden mochten. Dasselbe Zeugnis der Vollkommenheit gibt Josua, der in der Stellung eines Redners zum Heere zu sprechen scheint, und außerdem sind dort eine Menge Propheten und Sibyllen, alle in verschiedener Weise, mit Gewändern, Kopfputz, Haarschmuck und anderen Zierden verschönt. Zwölf Figuren in liegender Stellung brachte er in den Nischen an, welche sich in den Querleisten befinden, an den Ecken in kreisförmigen Vertiefungen vierunddreißig verschiedene Köpfe von Frauen, von jungen und alten Männern, darunter in der Mitte der Türe, nahe bei der Stelle, wo er seinen Namen eingeschnitten hat, einen alten Kopf, welcher Bartoluccio, seinen Vater, nach dem Leben darstellt, und einen jüngeren, welches Lorenzo selbst ist, der Meister des Werkes. Zwischen diesen allen Dingen wußte er eine Menge Laubwerk, Gesimse und sonstige Zieraten zu verteilen, die er meisterhaft ausführte. Die Felder dieser Türe enthalten Begebenheiten aus dem alten Testament. – Dies Werk läßt im einzelnen wie im ganzen erkennen, welch reiche Erfindung ein Bildhauer durch Kunst und Anstrengung im Zusammenstellen der Figuren zeigen könne, die zum Teil fast ganz, zum Teil halb erhoben, zum Teil flacher und endlich ganz flach gearbeitet sind; welche ungewöhnliche Mannigfaltigkeit er in den

Stellungen der männlichen und weiblichen Gestalten zu entwickeln vermöge, welche Abwechslung in den Gebäuden und Perspektivgegenständen; wie es ihm möglich sei, den Angesichtern der Figuren jedes Geschlechts einen angenehmen Ausdruck zu verleihen, überall Würde zu behaupten, den alten Leuten Ernst und den jungen Zierlichkeit und Anmut zu geben. Kurz, diese Arbeit ist in allen Dingen vollkommen, und ist das schönste Kunstwerk dieser Art, welches man bei den Alten und den Neuern gesehen hat; ja wie sehr Lorenzo gerühmt zu werden verdient, geht aus dem Urteil Michelagnolos Buonarroti hervor, der eines Tages, vor diesem Werke stehend, gefragt ward, was er davon halte und ob diese Türen schön wären, und zur Antwort gab: »Sie sind so schön, daß sie wohl an den Pforten des Paradieses stehen könnten," ein sicherlich eigentümliches Lob und von jemand ausgesprochen, der das Werk wohl zu beurteilen verstand. Lorenzo aber vermochte sie so schön zu vollenden, weil er von seinem zwanzigsten Jahre an, wo er sie begann, vierzig Jahre lang mit der größten Anstrengung daran arbeitete.

Lorenzo arbeitete nach diesem großartigen Werke die Bronzeverzierung um diejenige Pforte der selben Kirche, welche der Misericordia gegenüber steht, mit jenem wunderschönen Laubwerk, welches er nicht vollenden konnte, weil er unvermutet starb, als er eben Anordnungen traf, die Türe umzuarbeiten, welche vordem von dem Pisaner Andrea verfertigt worden war. Er hatte das Modell zu dieser Arbeit fast schon vollendet, und dies habe ich (sehr jung noch) in Borgo Allegri gesehen, ehe es in unsern Tagen durch Schuld der Nachkommen Lorenzos zugrunde ging. Lorenzo beschäftigte sich während seines Lebens mit mancherlei Dingen; unter andern auch zu malen und in Glas zu arbeiten, und von ihm sind die Fenster um die Kuppel von Santa Maria del Fiore, eines ausgenommen, welches Donato ausführte, und worin Christus die Madonna krönt.

Derselbe Lorenzo schrieb ein Werk in der Volkssprache, worin er von verschiedenen Dingen handelt, doch so, daß man wenig Vorteil daraus ziehen kann. Einzig gut daran ist, wie mir scheint, daß, nachdem er von vielen ältern Malern geredet hat, vornehmlich von denen, die Plinius nennt, er ganz kurz des Cimabue, des Giotto und noch anderer Meister dieser Zeit Erwähnung tut, jedoch in viel größerer Kürze, als er gesollt hätte, und dies aus keinem anderen Grunde, als um mit guter Art auf sich selbst zu kommen, und aufs genaueste alle seine Arbeiten aufzuzählen. Auch will ich nicht verschweigen, daß er glauben macht, das Buch sei von einem andern geschrieben und dennoch, indem er fortfährt, von sich selbst zu erzählen, spricht er, gleich einem, der besser zeichnen, in Erz gießen und mit dem Meißel arbeiten als schreiben konnte, in der ersten Person als: Ich tat, ich sagte, ich habe getan, habe gesagt. Endlich, als er vierundsechzig Jahre alt geworden, starb er an einem langwierigen heftigen Fieber und hinterließ ein ewiges Gedächtnis von sich durch seine Werke und die Werke der Schriftsteller. Er ward in Santa Croce ehrenvoll begraben und sein Bildnis findet sich auf der Haupttüre von S. Giovanni, vorn, wo sie verschlossen wird, in der

Verzierung des Rahmens; er hat einen kahlen Kopf, und neben ihm ist Bartoluccio sein Vater, dabei steht: Laurentii Cionis de Ghibertis mira arte fabricatum.

MASACCIO

Geboren am 21. Dezember 1401 im Kastell S. Giovanni in Valdarno, gestorben 1428 zu Rom

Oft wenn die Natur einen vorzüglichen Geist in irgendeinem Beruf erweckt, läßt sie ihn nicht einsam, sondern bringt gleichzeitig und in seiner Nähe einen zweiten hervor, damit sie gegenseitig sich fördern und durch Wetteifer Nutzen schaffen. Abgesehen von den Vorteilen, welchen dies solchen bereitet, die vereint vorwärts streben, werden dadurch auch die Gemüter der Nachgebornen in hohem Maße zu Studium und Fleiß angefeuert, so daß sie trachten, den Ruhm und die Vorzüge zu erlangen, welche sie an denen, die ihnen vorhergegangen sind, jeden Tag preisen hören. Zeugnis hiervon gibt, daß Filippo, Donato, Lorenzo, Paolo Uccello und Masaccio zu einer und derselben Zeit lebten und jeder in seiner Art gleich trefflich waren, wodurch nicht nur die plumpe und harte Manier verbannt wurde, welche sich bis dahin erhalten hatte, sondern auch diejenigen, welche nach ihnen kamen, zu Begeisterung entflammt und zu den herrlichen Leistungen getrieben wurden, welche wir in unseren Tagen schauen. Wir sind demnach zu großem Dank jenen Meistern verpflichtet, die uns durch ihre Anstrengung den Weg gezeigt haben, zum höchsten Gipfel zu gelangen, und was die gute Methode der Malerei betrifft, ganz vornehmlich dem Masaccio, denn er ist es, der voll Verlangen, Ruhm zu erwerben, die klare Einsicht gewann, von der Malerei sei nichts anderes zu fordern, als daß sie durch einfache Zeichnung und Farben die Gegenstände der Natur nachahme, wie sie von dieser hervorgebracht werden, und wer dies am vollständigsten vermöge, sei am höchsten zu preisen. Weil er dies erkannte, brachte er es durch unausgesetztes Studium dahin, daß man ihn unter die ersten zählen kann, welche zum größten Teil die Härten und Unvollkommenheiten der Kunst zu verbannen wußten, und daß er den Anfang machte, den Gestalten schöne Stellungen, Beweglichkeit, Kraft und Leben, und den Gegenständen eine eigentümliche und natürliche Rundung zu geben, was bis auf ihn kein Maler getan hatte. Zudem ließ ihn sein richtiges Urteil erkennen, alle Figuren, deren Füße auf den Spitzen zu stehen scheinen und sich nicht so verkürzen, daß sie auf dem Boden aufruhen, seien im wesentlichen schlecht; wer dergleichen zeichne, gebe kund, wie er nichts von Verkürzung wisse. Hierin hatte zwar schon Paolo Uccello den Anfang gemacht, und manches geleistet, was diese Schwierigkeit erleichterte, Masaccio aber, der in vielen Dingen von ihm abwich, zeichnete Verkürzungen in den verschiedensten Ansichten, und besser, als irgendeiner vor ihm getan hatte; gab seinen Malereien schöne Einheit und Zartheit; brachte die Hautfarben der Köpfe und Gestalten mit den Farben der Gewänder in Übereinstimmung, die er mit wenigen Falten malte und leicht wie im Leben und in der Wirklichkeit. Dies war den Künstlern von großem Nutzen, und er verdiente als der Erfinder hiervon genannt zu werden, da man die Werke, welche vor seiner Zeit ausgeführt sind, Malereien, die seinigen im Vergleich gegen jene, Leben, Wahrheit und Natur nennen kann.

Dieser Künstler war zu Castello S. Giovanni in Valdarno geboren, und man sagt, es wären dort noch einige Figuren zu sehen, die er in frühester Kindheit ausgeführt habe. Er war sehr zerstreuten und in sich selbst versunkenen Geistes, gleich jemand, dessen Sinnen und Streben einzig der Kunst zugewendet ist, und der sich deshalb wenig um eigenes, minder noch um die Angelegenheiten anderer bekümmert. Weil er demnach in keiner Weise der Welt gedenken wollte und auf nichts, selbst nicht auf seine Kleidung acht hatte, auch nicht Geld bei seinen Schuldnern einzutreiben pflegte, als wenn höchste Not ihn drängte, ward er von allen, anstatt Tommaso, welches sein Name war, Masaccio genannt, nicht etwa, daß er lasterhaft gewesen wäre, denn er besaß große Herzensgüte, sondern nur wegen seiner Fahrlässigkeit, die zudem nicht hinderte, daß er so verlangend war, anderen Dienste und Vergnügen zu bereiten, als man nur immer wünschen kann. Zu der Zeit, als Masolino von Panicale die Kapelle der Brancacci in Carmine zu Florenz malte, übte Masaccio sich zuerst in seinem Beruf und suchte so viel als nur möglich Filippo und Donato nachzuahmen, wenngleich ihre Kunst von der seinigen verschieden war. Unausgesetzt mühte er sich, seine Figuren lebendig, beweglich, der Natur getreu darzustellen. Zeichnung der Umrisse, wie Ausbildung der Farben, ist bei ihm so verschieden von dem, was frühere Meister leisteten, daß seine Arbeiten sicherlich den Vergleich mit jedem neuern Zeichen- und Malwerk bestehen können. Er war sehr eifrig bei der Arbeit und künstlich und bewundernswert bei den Aufgaben der Perspektive, wie an einem seiner Bilder mit einer Menge kleiner Figuren zu erkennen ist, welches sich heutigen Tages im Besitz von Ridolfo del Ghirlandajo befindet, und worin Christus den Besessenen heilt; in der Umgebung sind eine Menge Gebäude sehr schön perspektivisch gezeichnet, so daß man zu gleicher Zeit das Äußere und Innere derselben gewahr wird, weil er zu größerer Schwierigkeit die Ansicht nicht von vorne, sondern von den Ecken genommen hatte. Mehr als andere Meister suchte er nackende Gestalten und Verkürzungen nach einer vordem ungewöhnlichen Manier auszuführen, hatte eine leichte Hand und bewies, wie gesagt, überall große Einfachheit in der Anlage der Gewänder. Von ihm ist eine Tafel in Tempera, die Madonna, die mit dem Sohn auf dem Arm im Schoße der heiligen Anna ruht, welches Bild nunmehr in S. Ambrogio zu Florenz in der Kapelle aufbewahrt wird, die neben der Tür gelegen ist, welche nach dem Sprachzimmer der Nonnen führt.

Es war ihm jedoch in Florenz nicht recht zu Sinn; und von Liebe und Eifer zur Kunst getrieben, beschloß er, nach Rom zu gehen, damit er dort lerne, wie er die andern Meister übertreffen könne, und so tat er. In Rom

MASACCIO DA S. GIOVANNI PITTORE.

gelangte er zu großem Ruhm und malte in Fresko für den Kardinal von S. Clemente, in einer Kapelle der Kirche S. Clemente, die Passion Christi, dabei die Schächer am Kreuz, und Begebenheiten aus dem Leben der heiligen Märtyrerin Katharina. Dieser Künstler sollte einen Teil der Arbeiten in S. Giovanni zu Rom übernehmen, woselbst Pisannello und Gentile da Fabriano für Papst Martin die Wände mit Malereien verzierten; er erhielt jedoch Nachricht, Cosimo von Medici, der ihn sehr beschützte und ihm viele Hilfe leistete, sei aus dem Exil zurückberufen und begab sich deshalb wiederum nach Florenz. Dort war Masolino von Panicale gestorben, und Masaccio mußte die Malereien in der Kapelle der Brancacci in Carmine weiterführen, welche jener unbeendet gelassen hatte. Ehe er dies jedoch unternahm, malte er gleichsam zur Probe; und um zu zeigen, wie er die Kunst vervollkommnet habe, den heiligen Paulus, nahe bei der Stelle, wo die Seile der Glocken sind. Hierbei gab er fürwahr viele Vorzüge kund; denn der Kopf des Heiligen, worin er den Bartolo di Angiolino Angiolini nach der Natur darstellte, hat etwas so Gewaltiges und Lebendiges, daß dieser Gestalt einzig die Sprache zu fehlen scheint, und wer den heiligen Paulus nicht gekannt hat, wird in ihr jenen Adel der römischen Bildung und zugleich die unbesiegbare Kraft jenes göttlichen Geistes erkennen, dessen Sorge allein auf den Glauben gerichtet war. In dem selben Bilde bewies er seine Fertigkeit, Gegenstände so zu zeichnen, daß sie sich von unten auf gesehen dem Auge verkürzen, eine fürwahr bewundernswerte Sache, wie noch heute die

Füße des Apostels zeigen, bei welchem man die Aufgabe mit Leichtigkeit gelöst sieht. Die häßliche alte Manier, nach welcher, wie ich schon oben sagte, alle Figuren auf den Fußspitzen standen, hatte bis auf ihn gedauert, ohne daß sie jemand verbesserte; er allein und früher als irgendein anderer, brachte diesen Teil der Kunst zu der Vollkommenheit, in welcher er jetzt ausgeübt wird. Zur Zeit, als er jenes Werk arbeitete, ward die genannte Kirche del Carmine eingeweiht und Masaccio malte zum Gedächtnis dieser Begebenheit in Hell und Dunkel mit grüner Erde, innen im Kreuzgang über der Türe die nach dem Kloster führt, jene ganze Feierlichkeit der Wahrheit getreu; dabei stellte er eine große Anzahl Bürger nach dem Leben dar, die in Mänteln und Kapuzen der Prozession folgen, darunter Filippo di Ser Brunellesco in Holzschuhen, Donatello, Masolino von Panicale, seinen Lehrer, Antonio Brancacci, für den er die Kapelle malte, Niccolo von Uzzano, Giovanni di Bicci de' Medici und Bartolomeo Valori, welche alle wiederum von dem selben Meister im Hause von Simon Corsi, einem florentinischen Edelmanne, gemalt sind. Außerdem bildete er daselbst Lorenzo Ridolfi ab, der in jenen Zeiten als Gesandter der florentinischen Republik in Venedig war. Endlich sind nicht nur die oben genannten Männer dort nach dem Leben gemalt, sondern auch die Türe des Klosters und der Pförtner mit den Schlüsseln in der Hand. Bei diesem Werk ist vieles sehr vollkommen, denn Masaccio wußte auf der Fläche der Piazza die Figuren so gut in fünf- und sechsfachen Reihen zu zeichnen, daß sie allmählich abnehmen, wie es sich in der Wirklichkeit dem Auge darstellt, und ganz vornehmlich zu verwundern ist die Einsicht, mit welcher, wie bei lebenden Gestalten, nicht alle nach einerlei Verhältnis gezeichnet sind, sondern der Unterschied zwischen großen und schlanken und kleinen und dicken Leuten beachtet ist; die Füße aller stehen auf dem Boden auf, und verkürzen sich der Reihe nach so gut, daß es in der Natur nicht anders scheint. Masaccio kehrte nunmehr zur Arbeit in der Kapelle der Brancacci zurück, woselbst er die von Masolino angefangene Geschichte des heiligen Petrus weiter ausführte, und zum Teil beendete, nämlich St. Petri Stuhlfeier, die Heilung der Kranken, die Erweckung der Toten, und wie St. Petrus, der mit St. Johannes zur Kirche geht, durch seinen Schatten Lahme gesund macht. Vor andern bemerkenswert ist, wie St. Petrus, um den Tribut zu zahlen, auf Jesu Gebot Geld aus dem Bauche eines Fisches nimmt, denn außerdem, daß Masaccio dort in einem der letzten Apostel sich selbst nach dem Spiegelbild so gut zeichnete, daß er zu leben scheint, erkennt man auch viel Mut in Petrus, der Jesum fragt, und große Achtsamkeit bei den Aposteln, die in mannigfaltiger Gebärde um Christus stehen, seinen Ausspruch zu vernehmen, ja man wähnt fast, diese Gestalten in der Wirklichkeit zu schauen; vornehmlich St. Petrus, der sich anstrengt, das Geld aus dem Bauche des Fisches zu nehmen und gebückt steht, daß ihm das Blut nach dem Kopfe strömt. Weit vorzüglicher noch ist, wie er den Tribut zahlt und mit Sorgfalt die Münzen zählt, während der, welcher sie einfordert, große Begierde danach zeigt, und mit Freude das Geld in seiner Hand betrachtet. Zuletzt ist dargestellt, wie St. Peter und Paul den Königssohn ins Leben zurückrufen. Dies Werk blieb indes durch den Tod Masaccios unbeendet und ward von Filippino vollends ausgeführt. In dem Bilde, worin St. Petrus tauft, wird eine nackende Gestalt sehr gerühmt, welche vor Kälte zitternd zwischen den Täuflingen steht. Diese Figur, mit vieler Rundung und in zarter Manier ausgeführt, ist von alten und neuern Künstlern stets mit Ehrfurcht und Bewunderung betrachtet worden, wie denn bis auf den heutigen Tag unzählige Meister jene Kapelle besuchen und betrachten, in welcher einige Köpfe fürwahr so schön und lebendig gemalt sind, daß man sagen kann, kein Künstler jener Zeit habe sich so sehr als er den Neuern genähert. Sein Fleiß verdient das allergrößte Lob, verdient es um so mehr, als er in seiner Kunst die Bahn zu der schönen Methode unserer Tage eröffnete. Hiervon gibt ein gültig Zeugnis, daß alle berühmten Bildhauer und Maler, welche von ihm an lebten und vorzüglich geworden sind, in jener Kapelle sich übten und ihre Studien machten: Giovanni da Fiesole, Fra Filippo Filippino, der sie beendete, Alesso Baldovinetti, Andrea dal Castagno, Andrea del Verrocchio, Domenico del Ghirlandajo, Sandro di Botticelli, Lionardo da Vinci, Pietro Perugino, Fra Bartolommeo di San Marco, Mariotto Albertinelli und der göttliche Michelagnolo Buonarroti. Auch Raffael von Urbino lernte hier den Anfang seiner herrlichen Art, Granaccio, Lorenzo di Gredi, Ridolfo del Ghirlandajo, Andrea del Sarto, del Rosso, del Francia Bigio, Baccio Bandinelli, Alonso Spagnolo, Jacopo da

Pontormo, Pierino del Vaga und Toto del Nunziata; kurz alle, welche die Kunst üben wollten, sind immerdar nach dieser Kapelle gegangen, um an den Figuren Masaccios die Regeln und Vorschriften eines richtigen Verfahrens zu lernen, und wenn ich viele Fremde und florentinische Künstler nicht nannte, welche getrachtet haben, sich dort zu unterrichten, so genügt, daß, wo die Häupter hingehen, auch die Glieder nachfolgen. Wie sehr nun zu allen Zeiten die Arbeiten Masaccios in hohem Rufe gestanden haben, so ist es doch die Ansicht, oder richtiger, der feste Glaube vieler, daß er noch weit Größeres in der Kunst erreicht haben würde, wenn er nicht schon in seinem sechsundzwanzigsten Jahre uns vom Tod geraubt worden wäre. Geschah es durch Neid und Verfolgung, oder geschah es, weil vorzügliche Dienste meist nicht lange dauern, er ward in seiner schönsten Blüte hingerafft und so schnell, daß es nicht an solchen fehlte, welche meinten, er sei an Gift eher als an sonst einem Zufall gestorben. Filippo di Ser Brunellesco soll gesagt haben, als er seinen Tod vernahm: wir haben in Masaccio einen überaus großen Verlust erlitten; und es geschah ihm über alles leid, daß jener starb, denn er hatte sich lange gemüht, ihn die Regel der Perspektive und der Baukunst zu lehren. Masaccio wurde 1443 in der Kirche del Carmine begraben, und obwohl man ihm damals kein Gedächtniszeichen auf sein Grab setzte, weil er im Leben nicht sehr anerkannt war, wurde er doch nach seinem Tode durch Grabschriften geehrt.

FILIPPO BRUNELLESCHI

Geboren 1377 zu Florenz
Gestorben 1446 daselbst

Es gibt viele Leute, welchen die Natur eine kleine Gestalt und kleine Gesichtszüge, aber einen großen Geist verliehen hat, und ein so starkes Herz, daß wenn sie nicht schwierige, fast unmögliche Dinge beginnen, und zur Bewunderung anderer vollenden, ihre Seele keine Ruhe hat; ja vieles, was der Zufall in ihre Hände spielt, wie gering und unbedeutend es auch sein mag, wird durch sie groß und preisenswert. Deshalb sollte man nie ein schief Gesicht ziehen, wenn man jemandem begegnet, dessen Gesicht nicht mit jener Schönheit und Anmut geziert ist, welche die Natur denen bei der Geburt verliehen, welche irgend etwas Herrliches üben; denn es leidet keinen Zweifel, daß unter Erdschollen die Goldadern verborgen liegen. Oft besitzt, wer unansehnlich gestaltet ist, so viele Kühnheit und ein so offenes Gemüt, daß wenn edler Sinn sich hiermit verbindet, von solchen Menschen nur Wunderbares zu erwarten steht, indem sie sich anstrengen, den häßlichen Körper durch das Vermögen des Verstandes zu verschönen. Dies erkennt man sehr augenscheinlich bei Filippo di Ser Brunellesco, der ein nicht minder unscheinbares Äußere hatte, wie Herr Forese da Rabatta und Giotto, dagegen aber solch einen hohen Geist besaß, daß man in Wahrheit sagen kann, er sei uns vom Himmel geschenkt worden, der Baukunst eine neue Form zu geben, die schon seit Jahrhunderten erloschen war. Denn zu jener Zeit wurden von den Menschen viele Reichtümer schlecht verwendet, und Bauten ohne Regel nach schlechter Manier und armseliger Zeichnung, mit seltsamen Erfindungen, mit gesuchter Zierlichkeit und noch schlechteren Verzierungen errichtet; da gefiel es Gott, daß, nachdem die Erde viele Jahre keinen herrlichen und göttlichen Geist besessen hatte, Filippo der Welt das großartigste und schönste von allen Gebäuden hinterließ, welche zur Zeit der Neuern und auch der Alten aufgeführt worden sind, und dadurch zeigte, wie Geschick und Einsicht bei den toskanischen Künstlern zwar eine Zeitlang verschwunden, aber nicht ausgestorben war. Ihn schmücken außer seinem Talent noch herrliche Tugenden, darunter vornehmlich die der Freundschaft, denn nie ist ein Mensch mehr als er gütig und liebevoll gewesen. In seinem Urteil war er frei von Leidenschaft, und wo er die Vorzüge anderer anerkannte, opferte er ihnen seinen Vorteil und den Gewinn seiner Freude auf. Er kannte sich selbst, lehrte vielen seine Weise in der Kunst, und stand in jeder Not seinem

Nächsten bei, erklärte sich für einen Erzfeind der Laster, und für einen Freund derer, welche Tugend üben, ließ seine Zeit nie müßig verstreichen, sondern mühte sich immer, seine oder fremde Arbeiten zu fördern und den Bedürfnissen anderer abzuhelfen, suchte seine Freunde auf und war ihnen immerdar hilfreich.

Zu Florenz lebte, wie man erzählt, ein Mann von sehr gutem Rufe, rühmenswerten Sitten und tätig in seinen Geschäften, welcher Ser Brunellesco di Lippo Lapi hieß. Der Großvater dieses Mannes, Cambio genannt, war sehr gelehrt und der Sohn eines zu damaliger Zeit berühmten Arztes gewesen, der Maestro Ventura Bacherini genannt ward. Ser Brunellesco erwählte sich zur Frau ein Mädchen von sehr guten Sitten, die aus der edlen Familie der Spini stammte; er erhielt als Heiratsgut ein Haus, in welchem er und seine Kinder bis zu ihrem Tode wohnten, und dies Haus ist in einem Winkel gelegen, der Seitenwand von S. Michele Berteldi gegenüber, wenn man über den Platz der Agli weg ist. Während Brunellesco mit Fleiß seine Berufsgeschäfte übte und vergnügt lebte, ward im Jahre 1377 ihm ein Sohn geboren, dem er den Namen Filippo gab, zum Andenken an seinen Vater, der schon tot war, und er feierte diese Geburt so fröhlich er nur konnte. Als der Knabe heranwuchs, unterrichtete er ihn mit allem Fleiß in den ersten Anfängen der Wissenschaften, wobei Filippo so viel Einsicht und seltenen Verstand kundgab, daß es oft in Verwunderung setzte, warum er nicht trachtete, darin ganz vollkommen zu werden, sondern vielmehr seine Gedanken auf Dinge von höherem Nutzen zu richten schien. Ser Brunellesco, welcher wünschte, er hätte gleich ihm den Beruf eines Notarius, oder den seines Ältervaters gewählt, war hierüber sehr mißvergnügt; weil er indessen sah, daß jener stets den sinnreichen Gegenständen der Kunst und Mechanik nachjagte, ließ er ihn rechnen und schreiben lernen, und übergab ihn sodann der Goldschmiedezunft, damit er von einem seiner Freunde im Zeichnen unterrichtet werde. Dies geschah zu großer Befriedigung Filippos, der wenig Jahre, nachdem er angefangen hatte, in jener Kunst zu arbeiten, schon besser wie viele alte Meister edle Steine zu fassen verstand. Er führte Niello- und Grosseriearbeiten aus, darunter zwei sehr schöne Propheten aus Silber in halber Figur für den Altar S. Jacopo zu Pistoja im Auftrag der dortigen Kirchenvorsteher, auch einige halberhobene Arbeiten, bei denen er zeigte, wie er jene Kunst so wohl verstehe, daß sein Geist ihre Grenzen überschreiten müsse. Als er daher einige gelehrte Leute kennen gelernt hatte, beschäftigte sich seine Phantasie mit dem Maß der Zeit, und mit der Bewegung der Räder und Gewichte; er sann nach, wie man es zu machen habe, daß sie sich drehen, und verfertigte einige sehr gute und schöne Uhren. Doch auch dies stellte ihn nicht zufrieden, und es erwachte in seinem Sinn ein großes Verlangen nach der Bildhauerkunst, wodurch geschah, daß er mit Donatello in nahe Freundschaft trat, der jung noch, in dieser Kunst aber schon sehr vorzüglich war und zu vielen Erwartungen berechtigte. Beide Künstler faßten wegen der Vorzüge, die ein jeder besaß, solche große Liebe zueinander, daß es schien, als könne keiner ohne den andern leben. Filippo aber, der viele Dinge zu ergreifen vermochte, beschäftigte sich immer mit mehrerlei Gewerben, und es dauerte gar nicht lange, so galt er auch bei einsichtigen Menschen für einen guten Baumeister. Dies bewies er bei vielen Gelegenheiten, wo man Gebäude zu verschönern suchte; unter andern beim Hause von Apollonio Lapi, seinem Verwandten, auf der Seite der Ciai gegen den alten Markt zu, indem er sich sehr mühte, bei diesem Bau allerlei Hilfe zu leisten. Dasselbe tat er bei dem Turme und Hause von Petraja a Castello außerhalb Florenz. Im Palast der Signoria ordnete und verteilte er alle Zimmer, wo die Beamten des Leihhauses ihre Dienste taten, und brachte dort Türen und Fenster nach antiker Art an, was damals nicht sehr gewöhnlich war, weil die Baukunst in Toskana noch roh ausgeübt wurde. Zu Florenz sollte nunmehr für die Mönche von Santo Spirito eine Statue der büßenden Maria Magdalena von Lindenholz gearbeitet werden, um sie nach einer der Klosterkapellen zu bringen, und Filippo, der viele kleine Bildhauerwerke verfertigt hatte, übernahm diesen Auftrag, voll Verlangen, zu zeigen, daß er auch große Statuen wohl auszuführen vermöge. Dies Werk galt, vollendet und aufgestellt, für eine schöne Sache, wurde jedoch im Jahre 1471 beim Brand von Santo Spirito gleich andern bemerkenswerten Dingen vom Feuer verzehrt.

Filippo beschäftigte sich viel mit Perspektive, worin man damals gar keine Übung hatte, und eine Menge Dinge falsch ausführte. Auf dies Studium verwendete er einen großen Teil seiner Zeit, bis er eine vollkommen richtige Methode fand, nämlich die von Grundriß und Profil ausgeht und sich durchschneidender Linien bedient, eine fürwahr sinnreiche und der Zeichenkunst sehr nützliche Sache, an welcher Filippo ein solches Vergnügen fand, daß er den Platz von S. Giovanni mit allen den Abteilungen der schwarzen und weißen Marmorfelder an der Kirche in eine Zeichnung brachte, worin die entfernten Teile sich auf eine sehr zierliche Weise verkürzten. In derselben Weise stellte er das Gebäude der Misericordia samt den Buden der Hippenbäcker und dem Gewölbe der Pecori dar, und auf der anderen Seite die Säule des heiligen Zenobius; von Künstlern und von allen, welche in der Kunst ein Urteil hatten, sehr gelobt, gab diese Arbeit ihm Mut, bald nachher eine Ansicht vom Palast, dem Markt, der Loge der Signoren und dem Dach der Pisani, samt allem, was man dort umher gebaut sieht, aufzunehmen, und diese Zeichnungen erweckten den Geist anderer Künstler, welche sich sofort mit großem Studium hierauf wandten. Vornehmlich lehrte er diese Kunst dem Maler Masaccio, seinem Freunde, welcher damals noch sehr jung war und ihm viele Ehre machte durch das, was er darin leistete, wie die Gebäude in seinen Gemälden bezeugen. Ebenso ließ Filippo nicht nach, diejenigen besser zu unterrichten, welche sich mit eingelegten Arbeiten beschäftigten, d. h. der Kunst, buntes Holz zusammenzusetzen; er trieb sie dermaßen an, daß er eine gute Methode und viel Nützliches herbeiführte, wodurch in dieser Art von Arbeit damals sowohl als später eine Menge schöner Dinge ausgeführt worden sind, welche Florenz lange Jahre

Ruhm und Vorteil gebracht haben. Nach jener Stadt kehrte damals Herr Paolo dal Pozzo Toscanelli zurück, und als dieser eines Abends mit mehreren Freunden in einem Garten saß, lud er auch Filippo zu sich ein, der ihn dort viel Mathematik reden hörte; beide wurden bald bekannt und vertraut, und Filippo ließ sich von Toscanelli in der Geometrie unterrichten, wobei er, obschon nicht in den Wissenschaften bewandert, doch durch Praxis und Erfahrung in allen Dingen so gute Beweise zu führen wußte, daß er jenen oft in Verwirrung brachte. So mühte sich auch Filippo, der nicht rasten konnte und immer weiter schritt, um Auslegung der Heiligen Schrift, und ließ nicht ab, den Streitigkeiten und Predigten gelehrter Leute beizuwohnen. Hierbei hatte er durch sein vortreffliches Gedächtnis großen Gewinn, und der obengenannte Herr Paolo pflegte rühmend von ihm zu sagen, wenn er Filippo disputieren höre, scheine er ihm ein zweiter Paulus. Zu derselben Zeit wandte er auch viel Studium auf die Werke Dantes, die er in bezug auf die Schilderungen der Örtlichkeiten und ihrer Entfernungen sehr wohl verstand und oft im Gespräch anbrachte, indem er sich ihrer Gleichnisweise bediente.

Im Jahre 1401 beschlossen Donato und Filippo auf ein paar Jahre nach Rom zu gehen; Filippo, um sich in der Baukunst, Donato, um sich in der Bildhauerkunst zu üben, was Filippo tat, damit er Lorenzo und Donato um so viel mehr übertreffe, als die Baukunst den Menschen mehr Nutzen bringt, wie die Bildhauerkunst und die Malerei.

Er verkaufte sein Gütchen in Settignano, welches ihm zugehörte, verließ zugleich mit Donato Florenz und begab sich nach Rom, woselbst er im Anschauen der mächtigen Gebäude und der Vollkommenheit der Tempel oft also versunken war, daß er außer sich zu sein schien. Er ließ die Gesimse messen und nahm die Grundrisse der Gebäude auf, und er sowohl als Donato waren unermüdlich und scheuten weder Zeit noch Kosten. Keinen Ort in Rom und außerhalb in der Campagna ließen sie unbesehen, nichts ungemessen, was gut war und wozu sie gelangen konnten, und Filippo, der keine häuslichen Sorgen hatte, ergab sich ganz dem Studium und kümmerte sich nicht um Essen und Schlafen, sondern richtete sein Augenmerk einzig auf die Baukunst, in welcher die gute alte Manier erloschen war, nicht aber die barbarische deutsche, welche zu seiner Zeit sehr geübt wurde. Zwei große Gedanken waren es, die er verfolgte, der eine, die gute Baumethode wieder ans Licht zu bringen, indem er hoffte, wenn dies ihm gelinge, ein nicht minder rühmliches Gedächtnis von sich zu hinterlassen, wie Cimabue und Giotto, der zweite, ein Mittel zu finden, wie er die Kuppel von Santa Maria del Fiore wölben könne, wobei die Schwierigkeiten so groß waren, daß nach dem Tode von Arnolfo Lapi kein Baumeister Mut genug besessen hatte, sie anders als mit einem großen Gerüste von Holzwerk aufbauen zu wollen. Diesen Gedanken teilte er weder Donato noch sonst einer Seele mit, ließ aber nicht nach, alle Schwierigkeiten zu erwägen, unter denen die Rotonda in Rom gewölbt worden war; er hatte alle Wölbungen des Altertums betrachtet und gezeichnet und wandte hierauf dauerndes Studium. Wenn daher die beiden Künstler zufällig in der Erde verschüttete Überreste von Kapitellen fanden, Säulen, Gesimse und Postamente von Gebäuden, so ließen sie nachgraben, um das Fundament zu finden, und gingen sie auf solchen Wanderungen nachlässig gekleidet, durch die Straßen Roms, so wurden sie die Schatzgräber genannt; die Leute glaubten, sie trieben die Punktierkunst und wollten verborgene Reichtümer suchen, woran vornehmlich schuld war, daß sie eines Tages einen antiken irdenen Krug mit Münzen gefunden hatten. Filippo mangelte das Geld, deswegen schaffte er sich Hilfe, indem er für Goldarbeiter, die seine Freunde waren, Edelsteine faßte, eine Sache, die im Preise stand; und als Donato nach Florenz zurückkehrte, blieb er allein in Rom, woselbst er mit noch größerem Studium als früher den Überresten der alten Bauten nachforschte und sich unausgesetzt übte; ja er hatte nicht Ruhe, bis er alle Arten von Gebäuden gezeichnet hatte, runde, viereckige, achteckige Tempel, Basiliken, Wasserleitungen, Bäder, Bogen, Kolosseen, Amphitheater und alle verschiedenen Tempel von Backsteinen, bei denen er herausbrachte, wie sie verbunden und verkettet, und zugleich, wie sie in den Wölbungen gelegt sind; er zeichnete alle Arten von Schnitten, Verkeilungen und Verzahnungen, und weil er bei allen runden Steinen auf der untern Seite ein Loch gewahrte, so fand er, daß dies zum Behufe des Eisens sei, womit die Steine aufgezogen werden, und welches wir die Steinzange nennen, erneute diese Erfindung und führte ihren Gebrauch wieder ein. Er war es, welcher dorische, korinthische und ionische Bauart sonderte, und dies Studium so eifrig trieb, daß sein Geist ihn fähig machte, Rom vor sich zu sehen, wie es vor seiner Zerstörung gestanden hatte. Im Jahr 1407 ward Filippo durch die Luft in dieser Stadt ein wenig unwohl, und als seine Freunde ihm rieten, den Ort zu verändern, begab er sich nach Florenz, woselbst in seiner Abwesenheit viele Bauwerke gelitten hatten, für die er bei seiner Zurückkunft eine Menge Zeichnungen machte und mancherlei Rat gab. In dem selben Jahr wurde zu Florenz eine große Menge Baumeister und Sachkundige von den Werkmeistern von Santa Maria del Fiore und der Zunft der Wollarbeiter einberufen, um zu überlegen, wie man die Kuppel der Kirche zu wölben habe. Unter diesen war Filippo, und er erteilte den Rat, man müsse den Bau über das Dach hinausführen, nicht nach der Zeichnung Arnolfos gehen, sondern einen Fries von fünfzehn Ellen Höhe errichten und in der Mitte jeder Wand ein großes Fenster anbringen, weil dadurch nicht nur das Gewicht von den Pfeilern der Tribune genommen werden würde, sondern auch die Kuppel sich leichter wölben müsse; er arbeitete hierzu Modelle, und schickte sich an, sie auszuführen.

Einige Monate nachher stand Filippo mit Donato und andern Künstlern auf dem Platze von Santa Maria del Fiore, und sie redeten von den Bildhauerwerken des Altertums; da erzählte Donato, bei seiner Rückkehr von Rom sei er über Orvieto gegangen, um daselbst die Marmorverzierung der berühmten Fassade des Domes zu sehen, welche von verschiedenen Meistern gearbeitet und für damalige Zeiten sehr merkwürdig sei; auf dem Wege durch Cortona habe er sodann in der Dechanei daselbst ein wunderschönes antikes Marmorbecken mit Bildwerken gefunden, eine damals seltene Sache, weil noch nicht jene große Menge von Dingen ausgegraben war, wie in unsern Tagen. Donato fuhr fort zu schildern, in welcher Weise der Künstler dies Werk vollführt habe, welche Feinheit, Vollkommenheit und Meisterschaft man darin erkenne, und erweckte in Filippo ein so mächtiges Verlangen, es zu sehen, daß er, wie er war, im Mantel mit der Kapuze und den Holzschuhen von ihnen fort und zu Fuß nach Cortona ging, von mächtiger Liebe zur Kunst getrieben. Als er das Becken sah, und es ihm wohlgefiel, zeichnete er es mit der Feder nach, und ging damit nach Florenz zurück, ohne daß Donato oder sonst jemand gewahr worden wäre, daß er fortgewesen; sie glaubten, er zeichne etwas, oder sinne irgendeiner Sache nach.

In Florenz angelangt, wies er die Zeichnung des Beckens vor, die er mit Fleiß gefertigt hatte, und Donato verwunderte sich sehr über seine große Liebe zur Kunst. Filippo aber blieb viele Monate in Florenz und arbeitete insgeheim Modelle und Maschinen, alle für den Bau der Kuppel. Dabei trieb er mit den Künstlern Scherz, denn in jener Zeit war es, wo er den Spaß mit dem Dicken und Matteo ausgehen ließ.

Oftmals auch half er zu seinem Vergnügen Lorenzo Ghiberti beim Ausputzen der Bronzetüre und brachte so seine Zeit hin, als er eines Tages hörte, es sei die Rede davon, Kriegsbaumeister kommen zu lassen, welche die Kuppel ausführen sollten, und dies erweckte in ihm den Einfall, nach Rom zurückzugehen; er glaubte, man werde ihn mit besserer Meinung von anderem Ort berufen, als wenn er in Florenz bleibe. Während er demnach in Rom verweilte und jenes Werk in Überlegung kam, gedachte man seines durchdringenden Verstandes, der ihn bei den Beratungen eine Sicherheit und einen Mut zeigen ließ, wie in den andern Meistern nicht zu finden war; denn diese traten erschreckt mit den Maurern zusammen und hatten alle Kraft verloren, in der Überzeugung, sie würden kein Mittel finden, die Kuppel zu wölben, noch ein Holz zum Gerüste, welches stark genug wäre, das Sparrwerk und die Last eines so mächtigen Baues zu tragen. Um daher ein Ende der Sache zu sehen, beschloß man, daß nach Rom an Filippo geschrieben und er gebeten werden sollte, sich nach Florenz zu begeben. Filippo, der kein ander Verlangen trug, kam sehr freudig, und es versammelten sich bei seiner Ankunft sogleich die Werkmeister von Santa Maria del Fiore samt den Konsuln von der Zunft der Wollarbeiter, um alle Schwierigkeiten, von der größten bis zur geringsten, ihm mitzuteilen, welche die Meister, die in der Versammlung gegenwärtig waren, bei dieser Sache vorbrachten. Filippo erwiderte hierauf: „Meine Herren Werkmeister, es leidet keinen Zweifel, daß die Vollführung großer Unternehmungen immer Schwierigkeiten hat, und war dies jemals bei einer, so ist es, mehr vielleicht als ihr denkt, hier bei der euren der Fall; denn ich weiß nicht, daß selbst die Alten jemals ein so ungeheures Gewölbe aufgeführt hätten, wie dieses hier werden wird; ich, der oft daran dachte, welche Gerüste man innen und außen anbringen könnte, und wie man es machen müsse, um sicher daran zu arbeiten, habe nie einen Entschluß fassen können, und es schreckt mich nicht minder die Breite als die Höhe des Gebäudes. Könnte die Kuppel rund gewölbt werden, so möchte man sie errichten, wie die Römer das Pantheon, die Rotonda zu Rom erbauten, doch hier muß man den acht Wänden folgen und Ketten und Verzahnungen von Steinen anbringen, was eine sehr schwierige Sache sein wird. Nur wenn ich daran denke, daß diese Kirche Gott und der Jungfrau geweiht ist, so vertraue ich, daß bei einem Werke zu ihrer Ehre, sie nicht unterlassen wird, das Wissen zu erweitern, wo es fehlt, und Geist, Kraft und Kenntnisse dessen zu stärken, welcher eine solche Sache unternimmt. Was jedoch kann ich euch hierbei helfen, da es nicht mein Werk ist? Käm' es mir zu, so würde ich sicherlich Mut genug besitzen, um Mittel zu finden, daß man jene Kuppel ohne solche Schwierigkeiten wölben könnte. Noch habe ich mir nichts überlegt, und ihr wollt, ich soll sagen, wie man es machen müsse? – Wenn ihr, meine Herren, beschließt, daß dieser Bau vollführt werden soll, werdet ihr nicht nur genötigt sein, mich zu prüfen, der ich nicht glaube, bei solchem großen Werk genügend raten zu können, sondern auch Geld anwenden müssen, und bestimmen, daß in Jahresfrist an einem festgesetzten Tag außer den toskanischen und italienischen Baumeistern auch welche aus Deutschland, Frankreich und von anderen Nationen in Florenz zusammenkommen; ihr werdet ihnen dieses

Werk vorlegen müssen, damit nach Beratung und Beschluß so vieler Meister die Arbeit dem gegeben werde, welcher bei der Probe am richtigsten zu Werke gehen, oder die beste Beurteilung und Einsicht zeigen wird, solchen Bau zu errichten. Einen andern und bessern Rat weiß ich nicht zu geben."

Dieser Vorschlag gefiel den Konsuln und Obermeistern, nur wäre ihnen lieb gewesen, Filippo hätte unterdes schon ein Modell gearbeitet und darüber nachgedacht. Er aber schien dies nicht zu achten, sondern beurlaubte sich, indem er sagte: man treibe ihn in Briefen sehr, nach Rom zu kommen. Die Konsuln, welche sahen, daß weder ihre noch der Werkmeister Bitten Filippo zu halten vermochten, ließen ihn durch viele seiner Freunde hierzu auffordern, und als auch diese ihn nicht bewegen konnten, ward ihm am Morgen des sechsundzwanzigsten Mai's im Jahre 1417 von den Werkmeistern ein Geschenk gemacht, welches sich, als Filippo gezahlt, in den Büchern der Domverwaltung eingerechnet findet. Dies alles geschah, um ihn der Sache geneigt zu machen; Filippo jedoch blieb bei seinem Vorsatz, verließ Florenz und kehrte nach Rom zurück, wo er ohne Unterlaß für dies Werk Studien machte, und sich vorbereitete, es zu vollenden, überzeugt, wie er es war, daß kein anderer als er es vermöchte. Den Rat, noch mehr Baumeister kommen zu lassen, hatte er nur gegeben, damit sie die Größe seines Geistes bewundern möchten, nicht aber, weil er glaubte, sie würden Auftrag erhalten, diese Kuppel zu wölben und ein Geschäft zu übernehmen, welches allzu schwierig war. Es verstrich viel Zeit, bevor aus verschiedenen Gegenden die Künstler kamen, die man von weither durch florentinische Kaufleute hatte berufen lassen, welche in Frankreich, Deutschland, England und Spanien wohnten und Anweisung hatten, kein Geld zu sparen, um von den Fürsten jener Länder die erfahrensten und besten Meister zu erhalten und diese zu schicken. Im Jahre 1420 endlich waren alle fremden und toskanischen Künstler und alle sinnreichen Meister der Zeichenkunst von Florenz in dieser Stadt versammelt, und auch Filippo kehrte von Rom dahin zurück. Im Hause der Domvorsteher kamen sie zusammen im Beisein der Konsuln, der Vorsteher und einer Auswahl der einsichtigsten Bürger, damit man die Meinung eines jeden vernehmen, und beschließen könne, wie jene Kuppel gewölbt werden solle.

Dort rief man einen nach dem andern vor und vernahm von einem jeden, was er über die Führung des Baues ersonnen hätte, wobei es eine vorzügliche Sache war, die seltsamen und verschiedenen Ansichten zu vernehmen. denn einer meinte, man müsse, um die Last zu stützen, Pfeiler vom Boden aufmauern, darauf die Bogen wölben und die Sturmdächer aufstellen. Andere sagten, es werde gut sein, mit Schwammstein zu bauen, um dadurch die Last zu vermindern; viele kamen überein, in der Mitte einen Pfeiler zu errichten und die Kuppel ähnlich der von S. Giovanni zu Florenz gleich einem Zeltdach zu bauen, und endlich fehlte es nicht an einem, welcher meinte, man solle sie mit Erde ausfüllen und Pfennige darunter mischen, wenn sie aber gewölbt sei, Erlaubnis geben, daß von dort Erdreich holen könne, wer nur wolle, wodurch in kurzem das Volk ohne Kosten jenen Schutt wegbringen werde. Filippo allein sagte, man könne sie ohne solch eine Menge Holzwerk, ohne Pfeiler und Erdreich, mit weit weniger Aufwand als Bogen fordern würden, und sehr leicht ohne Gerüste aufführen.

Die Konsuln, Werkmeister und Bürger, welche glaubten, sie würden einen schönen Plan vernehmen, hielten dafür, Filippo habe etwas Einfältiges gesagt, und machten sich darüber lustig, verspotteten ihn, wandten sich von ihm ab, und sagten, er solle von etwas anderm reden, dies sei der Rat eines Toren, wie er selbst wäre. Beleidigt durch solches Benehmen, antwortete Filippo: „Meine Herren, überlegt, daß nicht möglich ist, sie in anderer als in dieser Weise zu wölben, und ob ihr mich auch verlacht, werdet ihr dennoch, wenn ihr nicht hartnäckig sein wollt, es anerkennen müssen, daß sie nur so und nicht anders ausgeführt werden darf und kann. Soll sie aufgeführt werden, wie ich es meine, so muß sie in weiten Spitzbogen laufen und muß doppelt werden, die eine Wölbung innen, die andere außen, so daß man zwischen beiden gehen kann. Auf den Ecken der acht Wände muß der Bau durch die Stärke der Steinverzahnungen verbunden werden, und ebenso muß an den Seiten eine Kette von Eichenholz hinlaufen. Noch ist nötig, an Lichter, an Treppen und an die Wasserleitung zu denken, durch welche der Regen abfließen kann, und keinem von euch ist eingefallen, acht zu haben, daß innen das Gerüst zur Mosaikarbeit angebracht werden muß, und daß noch sonst eine Menge schwieriger

Dinge zu erwägen sind; ich aber, der ich sie gewölbt schaue, weiß, daß es kein anderes Mittel und keinen anderen Weg gibt, sie zu erbauen, als den, welchen ich gezeigt habe.“ Filippo, der sich im Reden erhitzte, und seine Gedanken klarzumachen suchte, damit man ihn verstehen möchte, brachte mehr und mehr Zweifel vor, so daß er immer weniger Glauben fand und für einen Toren und Schwätzer galt. Zu öfternmalen ward ihm gesagt, er möchte gehen; weil er es aber nicht tat, ließ man ihn endlich als verrückt von den Gerichtsdienern aus der Versammlung tragen, und diese Beschimpfung war schuld, daß er nachmals sagte, er wage nicht, sich in irgendeinem Teil der Stadt sehen zu lassen, aus Furcht, man möchte rufen: Seht den Narren! – Die Konsuln blieben in der Versammlung zurück, verwirrt durch die schwierigen Vorschläge, welche die andern Meister vorerst kundgegeben und durch den letzten Rat Filippos, der ihnen albern vorkam, indem sie meinten, er mache dies Werk durch zwei Dinge unausführbar, erstlich, weil er es doppelt bauen wolle, wodurch es ein übermäßig großes Gewicht bekommen werde, und zweitens, weil er es ohne Gerüst aufzuführen gedenke. Filippo dagegen, der so viele Jahre Studien aufgewandt hatte, damit er diesen Bau vollführen könne, wußte nicht, was er tun solle und trug zu öfternmalen Verlangen, von Florenz fortzugehen; einzig der Wunsch, den Sieg davonzutragen, gab ihm Mut, sich mit Geduld zu waffnen, und er hatte genug gesehen, um zu wissen, daß die Einwohner unserer Stadt nicht lange auf einem Dinge festbleiben. Ein kleines Modell würde er haben zeigen können, wollte es aber nicht, weil er die geringe Einsicht der Obermeister, den Neid der Künstler und den Wankelmut der Bürger kannte, von denen einer diesen, ein anderer jenen begünstigte, wie ihnen gefiel, worüber ich mich nicht wundere, da in Florenz ein jeder Profession daraus macht, in diesen Dingen Kenner zu sein, gleich geübten Meistern, obgleich nur wenige etwas davon verstehen, deren unbeschadet dies gesagt sei.

Was Filippo im Magistrat nicht vermocht hatte, suchte er im einzelnen zu betreiben, indem er bald mit einem der Konsuln oder Werkmeister, bald mit einzelnen Bürgern redete; einen Teil seiner Zeichnungen vorwies und sie endlich dahin brachte, daß sie beschlossen, dies Werk entweder ihm oder einem jener fremden Künstler zu übertragen.

Hierdurch mutig geworden, versammelten sich die Konsuln, Werkmeister und Bürger, und die Künstler stritten über diesen Gegenstand, wurden aber alle durch genügend Gründe von Filippo besiegt, wobei man sagte, daß der Streit mit dem Ei entstand, wie hier folgt: Jene Meister trugen Verlangen, Filippo möchte seine Meinung aufs genaueste sagen und sein Modell zeigen, wie sie mit dem ihren getan hatten; er aber wollte nicht, sondern schlug den fremden und einheimischen Künstlern vor, es solle die Kuppel bauen, wer auf eine Marmortafel ein Ei aufzustellen vermöge; hieran könnte man ihren Verstand wahrnehmen. Ein Ei ward geholt, und alle versuchten es aufrecht zu stellen, keiner aber erfand das Wie, und als daher Filippo gesagt ward, so möge er es tun, nahm er es zierlich in die Hand, gab auf der Marmortafel der Spitze einen Druck und stellte es aufrecht hin. Die Künstler, welche dies sahen, lärmten und riefen, so hätten sie es auch gekonnt; doch Filippo erwiderte lachend: „ihr würdet auch wissen, wie die Kuppel zu wölben sei, wenn ihr die Zeichnung oder das Modell gesehen hättet.“ – Demnach ward beschlossen, Filippo soll dies Werk zur Ausführung bringen; es wurde ihm aufgetragen, die Konsuln und Werkmeister genauer zu unterrichten, und er ging nach Hause und schrieb so offen, als er nur immer konnte, seine Meinung auf ein Blatt, um es dem Magistrat in folgender Form zu übergeben:

„Da ich, geehrte Herren Obermeister, die Schwierigkeit dieses Baues beachtet habe, finde ich, daß man die Kuppel nicht völlig rund wölben kann. Die obere Fläche, wo die Laterne ist, würde dadurch so groß werden, daß sie bald einstürzen müßte, wenn man eine Last darauflegen wollte, und es scheint mir, daß jene Meister, welche nicht an die ewige Dauer dieses Werkes denken, weder Liebe zum dauernden Gedächtnis zeigen, noch auch wissen, wozu sie es tun. Ich nun habe mich entschlossen, diese Wölbung innen in Zwickeln nach der Stellung der Wände zu bauen, und ihnen das Maß und den Schnitt des Spitzbogens zu geben, denn dieses ist ein Bogen, der immer nach oben treibt; setzt man nun hierauf die Last der Laterne, so wird eines dem andern Dauer verleihen. Die Dicke des Gewölbes muß unten, wo es anfängt, drei und dreiviertel Ellen betragen, dann muß es pyramidenartig emporsteigen, bis dahin, wo es sich schließt und wo die Laterne durchkommt, und hier muß die Dicke ein und einviertel Elle betragen. Von der äußeren Seite nunmehr wird noch ein anderes Gewölbe gebaut, das innere vor dem Regen zu schützen. Dies wird unten zwei und eine halbe Elle dick und muß wiederum pyramidenartig nach Verhältnis abnehmen, so daß es sich beim Anfang der Laterne schließt wie das andere und in der höchsten Höhe die Stärke von zwei Dritteln von seiner unteren Dicke hat. Auf jedem Winkel errichte man einen Strebepfeiler, was in allem acht macht, in der Mitte jeder Wand zwei, was sechszehn sind, und zwar müssen diese sechszehn Strebepfeiler auf der innern und äußern Seite der acht Wände jeder unten vier Ellen stark sein; die beiden Wölbungen lasse man pyramidenartig gemauert in gleichem Verhältnis längs einander hinlaufen, bis zur Höhe des runden Fensters, welches durch die Laterne geschlossen ist. Man führe die vierundzwanzig Strebepfeiler auf, baue umher die Wölbungen und sechs starke und lange Bogen von (Macigno) Sandsteinen, wohl mit verzinntem Eisenwerk befestigt, und bringe über jenen Sandsteinen eiserne Klammern an, welche die Gewölbe mit den Wandpfeilern verbinden. Vom Grund auf muß man, ohne einen Zwischenraum zu lassen, bis in die Höhe von fünf und einer viertel Elle mauern, dann die Strebepfeiler weiter führen und die Wölbung trennen; der erste und der zweite Kreis von unten auf müssen beide überall durch lange, der Quere nach gelegte Sandsteine Festigkeit bekommen, so daß beide Wölbungen der Kuppel auf den letzteren ruhen. Und in der Höhe von neun Ellen zu neun Ellen in der Wölbung bringe man zwischen jedem Pfeiler kleine Gewölbchen an, mit Verkettungen von starkem Eichenholz, welche die Strebepfeiler verbinden, die das innere Gewölbe tragen, und überdecke diese Eichenholzverkettungen mit Eisenplatten, was wegen der Treppen geschehen muß. Die Wandpfeiler baue man alle von Sandstein oder Mergelstein (Pietraforte) und ebenso von Mergelstein die Wände der Kuppel bis in die Höhe von vierundzwanzig Ellen, wo sie mit den Wandpfeilern verbunden bleiben; von da an aber muß mit Backsteinen oder Schwammsteinen (Spugna) gemauert werden, welche von beiden der Meister, welcher das Werk zu vollenden hat, am leichtesten erachtet. Außen umher über den Fenstern lasse man einen Gang laufen, welcher unten eine Galerie mit durchbrochener Brustwehr, zwei Ellen hoch nach Verhältnis von denen der untern Tribüne oder zwei Gänge bildet, einer über dem andern, über einem wohlverzierten Gesims, so daß der obere Gang unbedeckt bleibt. Das Regenwasser von der Kuppel aufzufangen, baue man eine Marmorrinne, die eindrittel Elle Breite hat und das Wasser auf einer Seite ausspeit, die unter der Rinne mit Mergelstein gemauert ist. Außen auf der Oberfläche der Kuppel bringe man an den Ecken acht Marmorrippen von gehöriger Dicke an, die eine Elle hoch über die Kuppel emporstehen, mit Dachgesimsen versehen und zwei Ellen breit sind, so daß von allen Seiten First und Dachrinne ist, und diese müssen von ihrer Verzahnung bis zum Ende pyramidenartig laufen. Die Kuppel baue man nach der Art, wie oben gesagt ist, und ohne Stützwerk dreißig Ellen hoch, von da an nach oben aber in der Weise, welche von den Meistern geraten werden wird, die sie aufbauen, weil Übung lehrt, was man zu tun habe.“

Als Filippo dies geschrieben, begab er sich des Morgens in den Magistrat und übergab sein Blatt den Vorstehern, welche das Ganze in Überlegung nahmen. Zwar vermochten sie nicht alles zu verstehen, weil sie aber den kühnen Mut Filippos erkannten und sahen, wie keiner der andern Meister auf festeren Füßen stand, er hingegen Sicherheit in seinen Reden zeigte und immer dasselbe so wiederholte, daß es schien, als habe er sicherlich schon zehn Kuppeln gewölbt, traten sie zusammen und beschlossen, ihm das Werk zu übergeben, nur hätten sie zuvor gern eine geringe Probe wenigstens gesehen, wie er das Gewölbe ohne Stützwerk mauern wolle, alle anderen Dinge billigten sie.

Diesem Wunsch war das Glück günstig, denn da Bartolommeo Barbadori in Santa Felicità eine Kapelle wollte bauen lassen und schon deshalb mit Filippo geredet hatte, legte dieser sogleich Hand ans Werk und ließ sie ohne alles Gerüste mauern. Jene Kapelle liegt rechter Hand, wenn man in die Kirche tritt, da, wo der Weihwasserkessel ebenfalls von ihm verfertigt ist; ebenso wölbte Filippo in der selben Zeit für Stiatta Ridolfi in S. Jacopo sopr 'Arno eine Kapelle neben der des Hauptaltars. Dies verschaffte ihm mehr Glauben als seine Worte, und die Konsuln und Werkmeister, durch die Schrift und durch die Arbeiten, die sie von ihm gesehen hatten, sicher gemacht, übertrugen ihm den Bau der Kuppel; sie ernannten ihn durch Wahlstimmen zum obersten Bauaufseher, gestatteten ihm jedoch nur zwölf Ellen hoch zu gehen, indem sie sagten, sie wollten erst sehen, wie das Werk gelinge; glücke es, wie er behaupte, so würden sie nicht unterlassen, ihm seine Vollendung zu übertragen. – Filippo erschien es seltsam, so viel Hartnäckigkeit und solchen Unglauben bei den Konsuln und Vorstehern zu finden, und hätte er nicht gewußt, daß er allein dies zu vollführen vermöge, würde er nicht Hand angelegt haben. Voll Verlangen indes, solchen Ruhm zu gewinnen, übernahm er das angebotene Werk und verpflichtete sich, es vollkommen zu Ende zu bringen.

Von seinem Blatt ward in einem Buche Abschrift genommen, in welchem der Proveditore die Rechnungen über Holzwerk und Marmore eingezeichnet hatte; es wurde beigefügt, wozu sich Filippo anheischig machte, und ihm zugleich vertragsmäßig der selbe Gehalt gezahlt, welcher bis dahin den andern Obermeistern des Baus gegeben worden war. Als die Künstler und Bürger hörten, Filippo sei das Werk übertragen, schien es dem einen gut, dem andern schlimm, wie dies zu allen Zeiten mit den Meinungen des Volkes, der Fahrlässigen und Neidischen gewesen ist. Während man daher die Steine herbeischaffte, das Mauerwerk anzufangen, erhob sich unter den Kunsttreibenden und Bürgern eine Partei, welche den Konsuln und Werkmeistern entgegentrat; sie sagten, dies sei ein unüberlegter Schritt und eine solche Arbeit dürfe nicht nach dem Gutdünken eines Einzigen unternommen werden; hätten sie nicht vorzügliche Männer, wie deren in der Menge da wären, so möchte es ihnen zu vergeben sein; so aber könne es nicht zur Ehre der Bürger ausschlagen, denn wenn irgend-ein Unglück geschehe, wie es bei Bauten zuweilen zu kommen pflege, so werde man sie tadeln, als Leute, die eine zu große Verantwortung einem Einzigen auferlegt hätten, ohne den Schaden zu beachten und die Schande, welche für die Gesamtheit daraus hervorgehen könne; es sei gut, Filippo einen Amtsgenossen zu geben, und dadurch seiner Heftigkeit Schranken zu setzen. In jener Zeit stand Lorenzo Ghiberti sehr in Ruf, da er schon bei den Türen von S. Giovanni seine Geschicklichkeit und Einsicht bewiesen hatte, und es zeigte sich nunmehr deutlich genug, wie sehr er bei einigen von denen, welche die Gewalt in Händen hatten, beliebt war; denn als sie sahen, wie der Ruf Filippos wachse, brachten sie es unter dem Schein, als hätten sie große Liebe und Teilnahme für jenen Bau, bei den Konsuln und Werkmeistern dahin, daß Lorenzo ihm bei seinem Unternehmen an die Seite gegeben wurde. Welchen Verdruß Filippo empfand, und wie er in Verzweiflung geriet, als er hörte, was die Werkmeister getan hatten, geht daraus hervor, daß er nahe daran war, aus Florenz zu entfliehen, und wäre nicht Donato gewesen und Luca della Robbia, die ihm Trost zusprachen, so würde er außer sich geraten sein. Eine fürwahr unbarmherzige und grausame Wut ist in denen, welche vom Neide blind gemacht, im Wettkampf des Ehrgeizes Ruhm und herrliche Werke in Gefahr bringen, und sicherlich waren nicht sie es, welche verhinderten, daß Filippo nicht seine Modelle zerschlug, seine Zeichnungen verbrannte und in weniger als einer halben Stunde alles verdarb, was er in einer Reihe von Jahren mit Fleiß ausgeführt hatte. Die Werkmeister entschuldigten sich bei Filippo, und ermutigten ihn, vorwärtszuschreiten, indem sie sagten, er und kein anderer sei der Erfinder und Urheber dieses Baues, zahlten jedoch bei alledem Lorenzo den selben Gehalt wie Filippo. Dieser setzte das Werk mit weniger Lust fort; denn er wußte, daß er sich aller damit verbundenen Mühe unterziehen müsse, Ehre und Ruhm aber mit Lorenzo zu teilen habe. Einzig die Überzeugung machte ihm Mut, daß er Mittel finden werde, dies Verhältnis nicht allzulange dauern zu lassen, und daher betrieb er mit Lorenzo zusammen fortwährend alles in der Weise, wie auf dem Blatte verzeichnet stand, welches er den Vorstehern gegeben hatte. Unterdes erwachte in Filippo der Gedanke, ein Modell auszuführen, was bis dahin noch nicht geschehen war; er legte Hand daran und ließ es von einem Tischler arbeiten, der Bartolommeo hieß und seiner Werkstätte gegenüber wohnte. In diesem Modell, das nach Verhältnis seiner Größe genau nach dem Gebäude selbst gemessen war, brachte er alle schwierigen Dinge an als: erleuchtete und dunkle Treppen, alle Öffnungen, wo Licht einfällt, Türen, Wandpfeiler und Ketten und auch ein Stück der Galerie.

Lorenzo, der solches hörte, verlangte es zu sehen, und als Filippo es ihm verweigerte, ward er zornig und machte Anstalt, auch ein Modell auszuführen, damit nicht scheinen möchte, als werde ihm sein Gehalt umsonst bezahlt, sondern vielmehr, als sei auch er zu etwas nütze. Für das Modell des Filippo wurden 50 Lire und 15 Soldi bezahlt, wie sich in einer Verordnung im Buche des Migliore di Tommaso, vom dritten Oktober des Jahres 1419 findet; Lorenzo Ghiberti dagegen gab man 300 Lire für Mühen und Kosten, die er bei seinem Modell aufgewandt habe; und dies geschah mehr durch die Freundschaft und Gunst, deren er genoß, als daß es für jenen Bau nützlich und nötig gewesen wäre.

Diese Quälerei mußte Filippo ausstehen bis zum Jahr 1426, indem Lorenzo sowohl wie er als Erfinder genannt wurde. Der Verdruß war in Filippo so mächtig, daß er sehr in Kummer lebte, und da er verschiedene neue Gedanken gehabt hatte, beschloß er, sich jenen ganz vom Halse zu schaffen, wohl wissend, wie wenig er zu diesem Werke tauge.

Filippo hatte schon die Kuppel in beiden Wölbungen zwölf Ellen hoch mauern lassen; dort mußten nun die Ketten von Holz und Steinen gelegt werden, worüber er, als über eine schwierige Sache, mit Lorenzo reden wollte, um zu prüfen, ob er an diese Schwierigkeit gedacht habe; Lorenzo war aber so wenig in dieSache eingedrungen, daß er sagte, er überlasse dies ihm als dem Erfinder. Eine solche Antwort war Filippo sehr willkommen, weil ihm schien, dies sei der Weg, Lorenzo von der Arbeit zu entfernen und offenbar zu machen, daß er nicht jene Einsicht besitze, welche ihm durch seine Freunde und durch die Gunst beigemessen ward, welche ihm zu dieser Stelle verholfen hatten. Alle Maurer waren zu der Arbeit bestellt und warteten auf Anweisung, wie sie den Bau oberhalb der zwölf Ellen fortsetzen und die

Wölbung befestigen sollten; die Kuppel fing schon an, nach oben zusammenzudrängen, und es mußten die Gerüste erbaut werden, auf welchen Maurer und Handwerker ohne Gefahr würden arbeiten können, da die mächtige Höhe beim bloßen Herunterschauen jeden sichern Geist erschrecken und schwindeln machte. Wie diese Gerüste aufgeführt und die Ketten gelegt werden sollten, erwarteten die Maurer Filippo und den andern Meister zu vernehmen; weil aber weder von Lorenzo noch von Filippo etwas beschlossen ward, entstand ein Murren unter den Handwerkern, daß die Sache nicht beschleunigt werde wie vordem, und da es arme Leute waren, welche von ihrer Hände Werk lebten und glaubten, es habe weder der eine noch der andere Mut genug, dies Werk höherzuführen, so schien ihnen das beste, wenn sie sich beim Baue weiter zu tun machten und alles, was bis jetzt gearbeitet war, noch einmal überputzten. Eines Morgens aber kam Filippo nicht zur Arbeit, steckte sich bis an den Kopf ins Bett, schrie beständig und ließ sich in aller Eile Teller und Tücher wärmen, indem er sich stellte, als habe er Seitenstechen. Die Meister, welche dies hörten und in Erwartung standen, neue Aufträge zu erhalten, fragten Lorenzo, was sie tun sollten, doch dieser antwortete: Filippo sei es, der anzuordnen habe, und man müsse auf ihn warten. „Wie," sprach einer, „weißt du seine Meinung nicht?" „Ja," sagte er, „aber ich werde nichts ohne ihn tun." Dies redete er zu seiner Entschuldigung, weil er nie das Modell Filippos gesehen, und nie gefragt hatte, welche Anordnung jener treffen wolle, damit er nicht als unwissend erscheine.

Wenn er daher von dieser Sache redete, war er auf sich allein gestellt, und brachte lauter unsichere Worte vor, um so mehr, als er wußte, daß er wider den Willen Filippos an der Arbeit Teil hatte. Das Übelsein des letzteren dauerte nun schon über zwei Tage, und der Proveditore des Baues und eine Menge von Maurermeistern, welche ihn besuchten, fragten ihn ohne Unterlaß, was sie zu tun hätten? Er aber sprach: „Ihr habt Lorenzo, mag er einmal etwas schaffen." Anderes konnten sie nicht von ihm herausbringen. Als dies bekannt wurde, entstanden viele nachteilige Reden und Urteile über diesen Bau. Einige meinten, Filippo habe sich ins Bett gelegt aus Kummer, daß er nicht Mut genug besitze, die Kuppel zu wölben und es ihn gereue, sich diesem Geschäft unterzogen zu haben; seine Freunde dagegen verteidigten ihn und sagten, sein Verdruß komme von der Beschimpfung, daß Lorenzo ihm zum Gehilfen gegeben wäre, sein Seitenstechen aber von der großen Anstrengung bei der Arbeit. Während so hin und her geredet wurde, stockte das Werk, und fast alle Arbeiten der Maurer und Steinmetzen blieben liegen; diese murrten nun über Lorenzo und sagten: den Lohn zu nehmen ist er gut, den Bau zu ordnen aber nicht; wäre nicht Filippo, oder läge er lange krank, was würde er anfangen? Was kann jener dafür, daß er sich so schlecht fühlt? – Die Werkmeister, welche sahen, wie ihnen dieser Handel Schande brachte, beschlossen zu Filippo zu gehen, trösteten ihn erst wegen seines Krankseins und sagten dann, in welch einer Verwirrung der Bau sei, und in welche Not seine Krankheit sie gebracht habe. Da rief

Filippo voll Leidenschaft, sowohl weil er krank zu sein heuchelte, als aus Liebe zu seinem Werk: „Was? ist nicht Lorenzo da? warum tut er nichts? fürwahr ich muß mich über euch verwundern.“ – „Er will,“ antworteten die Werkmeister, „ohne dich nichts unternehmen.“ – „Ich aber wohl ohne ihn!“ sprach Filippo mit Heftigkeit. Diese scharfe und doppelte Antwort genügte ihnen; sie erkannten, daß er krank war, weil er allein arbeiten wollte, schickten seine Freunde, ihn aus dem Bett zu holen und gedachten Lorenzo nicht länger bei dem Unternehmen zu lassen, Filippo, der wieder auf den Bauplatz kam, sah wie Lorenzo durch Begünstigung große Macht hatte und den Lohn ernten würde, ohne irgend Mühe aufzuwenden; deshalb dachte er auf ein anderes Mittel ihn zu beschämen und ihn durchaus als wenig einsichtig in dieser Kunst hinzustellen. In dieser Absicht sagte er in Gegenwart Lorenzos zu den Vorstehern: „Meine Herren, wenn die Zeit, die wir zu leben haben, so sicher wäre, als schnell kommen kann, daß wir sterben müssen, würden wir sicherlich viele Dinge zum Schlusse geführt sehen, die begonnen sind und jetzt unbeendet liegen bleiben. Das Übel, von welchem ich befallen war, hätte mir können das Leben rauben und dies Werk aufhalten; damit nun, wenn ich jemals wieder krank werde, oder Lorenzo, was Gott verhüte, der eine oder der andere von uns im Stande sei, das Werk fortzusetzen, was ihm zukommt, habe ich gedacht, es möchte, wie ihr, meine Herren, den Gehalt in uns geteilt habt, auch die Arbeit geteilt werden, so daß jeder von uns sich angetrieben fühle, zu zeigen, was er weiß, und nach Kräften unserer Republik Ehre und Nutzen zu schaffen. Zwei schwierige Dinge sind nunmehr ins Werk zu setzen: das eine, die Gerüste für die Mauer zu errichten, welche innen und außen beim Baue nötig sind, und auf welchen nicht nur die Menschen, sondern auch Steine und Kalk, die Winden um Lasten heraufzuziehen, und andere ähnliche Werkzeuge Raum finden müssen; das zweite die Kette zu legen, welche nun kommt, nachdem zwölf Ellen in die Höhe gebaut sind, denn diese muß die acht Wände der Kuppel umschließen und den Bau so zusammenhalten, daß alle Last, welche darauf gestützt wird, gegeneinander drängt, und nicht das ganze Gebäude von dem Gewicht Schaden leiden oder auseinander treiben kann, sondern vielmehr gleichmäßig auf sich selbst ruht. Lorenzo mag von diesen beiden Dingen wählen, was er glaubt am leichtesten ausführen zu können, ich werde das andere nehmen und will es ohne Schwierigkeiten zu Ende bringen, damit keine Zeit mehr verloren gehe." Lorenzo, der dies mit angehört hatte, konnte seiner Ehre wegen nicht ablehnen eine der beiden Arbeiten zu übernehmen, und obwohl er es ungern tat, entschloß er sich doch die Kette zu legen; es schien ihm das leichtere, weil er sich dabei auf die Ratschläge der Maurer verließ und sich erinnerte, die Wölbung von S. Giovanni zu Florenz sei von einer Steinkette umschlossen, nach der er sich zum Teil, wenn auch nicht ganz, richten könne. Demzufolge begann der eine, die Gerüste zu bauen, der andere die Kette zu legen, und beides wurde beendet. Die Gerüste Filippos waren mit so viel Sinn und Einsicht angeordnet, daß man in Wahrheit dadurch das Gegenteil von dem erreicht sah, was viele sich vorher eingebildet hatten, denn die Handwerker arbeiteten darauf völlig sicher, zogen Lasten auf und standen so fest, als ob sie auf ebener Erde wären; die Modelle dazu blieben in dem Vorstehergebäude. Lorenzo dagegen führte auf einer der acht Wänden die Kette mit großer Schwierigkeit aus, und als sie fertig war, ließen die Vorsteher sie Filippo sehen, welcher ihnen nichts sagte, mit einigen seiner Freunde aber davon redete, und zu ihnen sprach: es täte ein anderes Band not, als dieses und es müßte in anderer Weise gelegt werden, als geschehen wäre, dies genüge nicht für die Last, welche darauf komme, weil es nicht hinreichend zusammenhalte; der Gehalt, der Lorenzo gezahlt werde, sei mit samt der Kette, die er gebaut habe, weggeworfenes Geld.

Die Rede Filippos wurde bekannt und es ward ihm nun aufgetragen zu zeigen, wie man es anfangen müsse, um eine solche Kette anzubringen. Da er nun Zeichnungen und Modelle schon fertig hatte, so wies er sie sogleich vor. Hieraus erkannten die Vorsteher und andere Meister, in welchen Irrtum sie durch die Begünstigung Lorenzos verfallen waren, und bestimmten, damit ihr Fehler gut gemacht werde und man sehe, daß sie wüßten, was vorzüglich sei, Filippo solle lebenslänglich Aufseher und Haupt des Baues sein, und nichts dabei geschehen, außer nach seinem Willen. Und als Zeichen ihrer Anerkennung gaben sie ihm hundert Gulden, was am dreizehnten August des Jahres 1423, nach Bestimmung der Konsuln und Vorsteher, von Lorenzo Paoli, dem Notarius des Domvorstandes, als Ausgabe auf Gherardo di M. Filippo Corsini eingezeichnet ward, und bestimmten ihm überdies einen lebenslänglichen Gehalt von hundert Gulden. Nachdem er nunmehr Anordnung getroffen hatte, den Bau wieder in Gang zu bringen führte er ihn mit solcher Genauigkeit und Pünktlichkeit fort, daß kein Stein gemauert ward, den er nicht angesehen hätte; Lorenzo aber, der sich besiegt und fast beschimpft sah, ward von seinen Freunden so begünstigt und beschützt, daß er unter dem Vorwand, man könne ihn nicht fortschicken, drei Jahre noch den Gehalt bezog. Filippo machte ohne Unterlaß Zeichnungen und Modelle zu den kleinsten Dingen für die Vorschläge zum Mauern und für das Stützwerk, um Lasten aufzuziehen; dennoch wurde von einigen boshaften Menschen, welche Freunde Lorenzos waren, nicht nachgelassen, ihn zur Verzweiflung zu bringen: sie arbeiteten um die Wette mit ihm Modelle, sogar Meister Antonio da Verzelli und andere Künstler taten dies; ihre Zeichnungen wurden bald von diesem, bald von jenem Bürger begünstigt und gepriesen, welche ihre Wandelbarkeit, ihr weniges Wissen und noch ihre geringere Einsicht kund gaben, indem sie die vollkommenen Sachen vor Augen hatten und die schlechten und unnützen zu befördern suchten.

Die Ketten waren schon ringsumher an den acht Seiten vollendet und die Maurerleute, welche angefeuert waren, arbeiteten rüstig darauf los. Weil Filippo sie indes mehr als gewöhnlich trieb, und sie einige Verweise beim Mauern bekommen hatten wegen Dingen, die jeden Tag vorfielen, ward ihnen die Sache zum Überdruß, und deshalb sowohl als aus Neid traten die Häupter unter ihnen zusammen, machten Partei und sagten, dies sei eine mühselige und gefährliche Sache, und sie würden die Kuppel nur für großen Lohn wölben, obgleich ihnen ohnehin mehr als gewöhnlich bezahlt ward. Auf solchem Wege gedachten sie an Filippo Rache zu nehmen, und sich selbst Nutzen zu schaffen. Diese Begebenheit mißfiel den Vorstehern und auch Filippo gar sehr, der darüber nachsann und einen Sonnabend Abend den Entschluß faßte, sie alle zu entlassen. Die Handwerker, welche sich vom Bauplatz verwiesen sahen und nicht wußten, welch ein Ende dies nehmen würde, waren verdrießlich; Filippo aber stellte am folgenden Montag zehn Lombarden an die Arbeit, und indem er überall gegenwärtig war und ihnen sagte: tue dies und tue jenes, lehrte er ihnen an einem Tage so viel, daß sie mehrere Wochen den Bau fortsetzten. Die Maurer dagegen, welche entfernt worden waren, und sich beschämt sahen, schickten, da sie nichts zu tun hatten, was gleichen Gewinn brachte, Boten an Filippo und ließen ihm sagen, sie würden gerne zurückkehren und suchten sich ihm so viel als nur möglich zu empfehlen. Filippo hielt sie mehrere Tage in Zweifel, als ob er nicht nachzugeben gedenke, endlich stellte er sie an, aber mit geringerem Lohn, als ihnen zuvor gezahlt worden war. So verloren sie, wo sie zu gewinnen geglaubt hatten, und taten sich selbst Schimpf und Schaden, während sie an Filippo Rache nehmen wollten.

Die Gerüchte, welche von diesem Künstler im Umlauf gewesen waren, hatten sich verloren; man sah, wie leicht der Bau sich wölbte, und sein Genie wurde anerkannt, so daß, wer nicht in Leidenschaft war, dafür hielt, er habe einen Mut bewiesen, wie vielleicht kein Baumeister vor ihm in alten und neuen Zeiten; dies geschah, weil er sein Modell zum Vorschein brachte, woran ein jeder sehen konnte, welche große Einsicht und Erfindung er bei den Treppen gezeigt habe und bei den Fenstern innen und außen, damit man nicht im Dunklen Schaden leide; welche verschiedenen Eisenstangen er an steilen Stellen zum Aufsteigen angebracht, und wie er sogar an die Eisen gedacht hatte, die Gerüste im Innern zu befestigen, wenn jemals Mosaik oder Malereien daselbst ausgeführt werden sollten. Bei den mindestgefährlichen Stellen hatte er bezeichnet, wie die Wasserrinnen verteilt werden, wo sie bedeckt und wo unbedeckt laufen sollten, hatte bestimmt, wo man Luftlöcher und Öffnungen anbringen müsse, damit die Luft durchstreichen und weder Dünste noch Erdbeben dem Werke Schaden bringen könnten; kurz er zeigte in allen diesen Dingen, wie sehr seine Studien in Rom ihm von Nutzen gewesen waren. Wenn man zudem überlegte, was er beim Schneiden, Fugen, Binden und Befestigen der Steine getan hatte, so sah man fast mit Beben, wie ein einziger Geist so viel vermöge, als hier der des Filippo umfaßt hatte. Seine Fähigkeit wuchs immer mehr, und es gab keinen Gegenstand, wenn er auch noch so schlimm und schwierig war, den er nicht gewußt hätte leicht und einfach zu machen; unter anderm zeigte er dies beim Aufziehen der Lasten, die er durch Gegengewichte und Räder emporwinden ließ, welche ein einziger Ochse zog, während

FILIPPO BRVNELLESCHI SCVL.
ET ARCHITETTO

sonst kaum sechs Paar dazu genügt haben würden. Der Bau war nunmehr schon so emporgewachsen, daß es große Unbequemlichkeit machte, wieder herunter zu kommen, wenn man einmal hinaufgestiegen war, und die Meister und Bauleute verloren nicht nur viel Zeit, wenn sie zum Essen und Trinken gingen, sondern litten auch sehr von der Hitze des Tages. Deshalb traf Filippo Anordnung, daß in der Kuppel Weinschenken und Küchen eingerichtet wurden, und keiner früher, als am Abend nach Hause zu gehen brauchte, was für jene große Bequemlichkeit hatte und für die Arbeit von vielem Vorteil war. Filippo, der das Werk schnell wachsen und wohlgelingen sah, wurde immer eifriger und war in rastloser Tätigkeit, ging selbst nach der Brennerei, wo die Backsteine gestrichen wurden, wollte die Erden sehen, wie sie gemischt und gebrannt wurden, und suchte sie mit allem Fleiße selbst aus. Bei den Steinen, die zugehauen wurden, sah er selbst nach, ob sie ohne Risse und hart wären, und gab den Steinmetzen Modelle von Holz oder Wachs, oder nur in der Schnelligkeit aus Rüben geschnitten, die Durchschnitte und Fugen darnach zu arbeiten. Das selbe tat er bei dem Eisenwerk, er erfand die Haspen und Widerhaken und die Türangeln und schaffte der Baukunst großen Vorteil, indem er sie zu einer Vollkommenheit brachte, die vielleicht bei den Toskanern noch nicht erreicht worden war.

Man sah nunmehr schon die beiden Wölbungen gegen das runde Fenster zu, wo die Laterne anfangen sollte, sich schließen, und Filippo, der in Rom und Florenz viele

Modelle von Erde und Holz zu dem einen, wie dem anderen gearbeitet hatte, ohne sie jemand zu zeigen, mußte sich endlich entscheiden, welches er zur Ausführung bringen wolle; deshalb beschloß er die Galerie zu beenden und entwarf dazu verschiedene Zeichnungen, welche nach seinem Tode den Vorstehern blieben, durch die Nachlässigkeit jener Verwalter aber jetzt nicht mehr vorhanden sind. In unseren Tagen erst wurde, um das Werk vollständig zu machen, auf einer der acht Wände ein Stück der Galerie erbaut, blieb aber, weil es nicht mit jener Anordnung übereinstimmte, auf den Rat von Michelagnolo Buonarroti wieder liegen. Filippo arbeitete außerdem mit eigener Hand ein Modell zur Laterne von acht Seiten und ganz im Verhältnis zur Kuppel, welches fürwahr in Erfindung, Mannigfaltigkeit und Ausschmückung sehr wohl gelang. Darin brachte er die Treppe an, welche nach der Kugel hinaufführt, eine höchst bewundernswerte Sache; weil er aber mit ein wenig Holz unten die Stelle verstopft hatte, wo man hineinging, kannte diese Treppe niemand als er selbst. Aber obgleich er sehr gerühmt wurde und den Neid und Dünkel vieler niedergeschlagen hatte, vermochte er, als sein Modell gesehen worden war, dennoch nicht zu verhindern, daß alle Meister in Florenz nach verschiedener Weise auch welche ausführten, ja sogar eine Dame aus dem Hause Gaddi wagte es mit Filippo in Wettkampf zu treten. Dieser lachte des Eigendünkels der anderen, und als viele seiner Freunde ihm den Rat gaben, keinem Künstler sein Modell zu zeigen, damit sie nicht daran lernen möchten, antwortete er: „Eines nur ist das richtige Modell, die anderen sind zu nichts nütze;" ja als er sah, daß einige Meister bei ihren Modellen seines zum Teil nachgeahmt hatten, sagte er: „Das veränderte Modell, was dieser auszuführen verspricht, wird mein eigenes sein."

Filippo wurde sehr gepriesen; nur weil man die Treppe nicht sah, um nach der Kugel hinaufzusteigen, gab man ihm schuld, sein Plan sei fehlerhaft und die Vorsteher beschlossen zwar, ihm die Arbeit zu übertragen, unter der Bedingung jedoch, daß er ihnen die Treppe zeige. Da nahm Filippo bei seinem Modell das Stückchen Holz weg, welches er unten vorgemacht hatte, und zeigte seine Treppe in einem der Pfeiler, welcher das Ansehen eines leeren Blaserohres, auf der einen Seite aber der Länge nach eine Vertiefung hat, in welcher Bronzestäbe sind, auf denen man von einem zum anderen allmählich nach oben steigt. Filippo, der zu alt war, als daß er während seines Lebens noch die Laterne hätte können zum Schluß geführt sehen, verlangte im Testament, sie solle nach seinem Modell und dem, was er schriftlich hinterlassen habe, gemauert werden, sonst müsse, versicherte er, der Bau zusammenstürzen, denn da er im Spitzbogen gewölbt sei, tue not, daß er durch die Last gedrückt und stärker gemacht werde.

Vollendet demnach sah er vor seinem Tode dies Werk nicht, doch aber führte er die Laterne mehrere Ellen in die Höhe, und ließ fast alle Marmore, welche dazu gehörten, schön arbeiten und hinbringen; die Leute sahen jene mächtigen Blöcke anlangen, sie erstaunten, wie es möglich sei, daß er dem Gewölbe solch eine Last auflegen wolle, und viele verständige Menschen meinten, es könne sie nicht tragen; es schien ihnen ein großes Glück, daß er den Bau bis dahin geführt habe, ihn aber mit solchem Gewicht beschweren, meinten sie, hieße Gott versuchen. Filippo lachte hierüber, setzte alle Maschinen und Werkzeuge in Bereitschaft, welche dienen sollten, sie zu mauern und ließ nicht ab, alle Kleinigkeiten vorher zu bedenken und Vorkehrungen dazu zu treffen; ja, er sorgte sogar dafür, daß die ausgehauenen Marmore beim Aufziehen nicht abgestoßen werden möchten, so daß alle Bogen der Tabernakel in hölzernen Verschlägen aufgemauert wurden; für alles übrige fanden sich, wie ich schon sagte, schriftliche Anordnungen und Modelle vor.

Wie schön dies Gebäude sei, davon gibt es selbst ein gültiges Zeugnis; seine Höhe aber ist vom Erdboden bis zum Anfang der Laterne 154 Ellen, die ganze Laterne mißt sechs bis dreißig Ellen, die kupferne Kugel vier, das Kreuz acht, was in allem zweihundert und zwei Ellen sind, und man kann zuversichtlich sagen, daß die Alten niemals ihre Bauten so hoch geführt, noch sich der Gefahr ausgesetzt haben, mit dem Himmel wetteifern zu wollen, wie dies Gebäude in Wahrheit zu tun scheint. Es ragt so weit empor, daß man wähnt, es sei den Bergen um Florenz gleich, und fast ist es, als ob der Himmel deshalb eifersüchtig wäre, denn seine Blitze fallen tagtäglich auf dasselbe nieder.

Während Santa Maria del Fiore errichtet wurde, führte Filippo noch viele andere Bauten aus, von denen ich nun hier der Reihe nach erzählen werde. — Vorerst arbeitete er mit eigner Hand im Auftrag der Familie Pazzi das Modell zum Kapitel Santa Croce zu Florenz, eine mannigfaltige und sehr schöne Sache; dann das Modell zum Hause der Busini, eine Wohnung für zwei Familien, und das Modell zum Hause und der Loggia der Innocenti, deren Wölbung ohne Gerüste gebaut wurde, ein Verfahren, welches heutigen Tages von jedermann beobachtet wird. Man sagt, Filippo sei nach Mailand berufen worden, für den Herzog Filippo Maria das Modell zu einer Festung auszuführen und habe deshalb seinem sehr nahen Freunde Francesco della Luna die Sorge für den Bau der Innocenti in Florenz übertragen. Jener Francesco brachte als Einfassung einen Architrav an, der sich von oben nach unten verstärkt, was nach der Regel der Baukunst falsch ist, und als daher Filippo bei seiner Rückkehr ihn schalt, daß er dies getan habe, sagte er: „Ich habe es vom Tempel S. Giovanni entnommen, der antik ist.“ – „Ein einziger Fehler,“ rief Filippo, „ist an jenem Gebäude, und du hast ihn nachgeahmt.“

In derselben Zeit war zu Florenz die Kirche S. Lorenzo angefangen worden, welche die Einwohner bauen ließen, die bei diesem Werk den Prior zum Obermeister ernannten, weil er Profession daraus machte, sachverständig zu sein und sich zum Zeitvertreib mit der Baukunst beschäftigte. Schon hatte man begonnen, einige Pfeiler von Backsteinen aufzuführen, als Giovanni di Bicci, aus dem Hause der Medici, der den Einwohnern und dem Prior versprochen hatte, auf seine Kosten die Sakristei und eine Kapelle zu erbauen, Filippo eines Tages zum Essen bei sich sah, und ihn nach mancherlei Gesprächen fragte: was er vom Baue der Kirche S. Lorenzo meine. Filippo, durch die Bitten S. Giovannis gezwungen, seine Gedanken kund zu geben, mußte, um der Wahrheit getreu zu sein, dies Werk in vielen Stücken tadeln, als von jemand angeordnet, der in derlei Dingen vielleicht mehr Gelehrsamkeit, als Erfahrung besitze. Giovanni fragte Filippo, ob man etwas besseres und schöneres ausführen könne, worauf jener erwiderte: „Sicherlich kann man dieses, und ich verwundere mich daß Ihr, die Ihr das Haupt dieses Unternehmens seid, nicht einige tausend Scudi aufwendet und ein Kirchenschiff errichten laßt, des Ortes und der vielen ehrenvollen Grabmäler würdig, die hier sind. Bedenket, daß wenn Ihr in dieser Weise anfangt, die anderen bei ihren Kapellen Euch nach besten Kräften werden nachzukommen suchen, und vornehmlich, daß kein Gedächtnis von uns bleibt, als die Mauern, welche nach Jahrhunderten und Jahrtausenden noch von dem, der ihr Urheber war, Zeugnis geben.“ Durch die Worte Filippos angefeuert, beschloß Giovanni die Sakristei, die Hauptkapelle und das ganze Schiff der Kirche aufzubauen, wenngleich nur sieben Familien dem beitraten, da die anderen nicht die Mittel dazu hatten. Jene sieben Familien waren die Rondinelli, Ginori, della Stufo, Neroni, Ciai, Marignolli, Martelli und Marco di Luca, deren Kapellen alle im Kreuz der Kirche angebracht werden sollten. Die Sakristei war das erste, was im Bau vorwärts ging, hierauf auch allmählich die Kirche, und weil sie sehr lang war, wurden nach und nach auch anderen einheimischen Bürgern Kapellen zugestanden. Noch war die Sakristei nicht ganz bedeckt, als Giovanni von Medici in ein anderes Leben überging; sein Sohn Cosimo jedoch, welchen er hinterließ, besaß noch höheren Eifer, als der Vater, und fand Vergnügen an Denkmälern, deshalb wurde jenes Werk von ihm fortgesetzt, das erste, was er baute, und dies brachte ihm soviel Freude, daß er fortan bis zu seinem Tode immer wieder mauern und bauen ließ. Cosimo betrieb die Sache mit mehr Nachdruck, ließ Neues beginnen, während man das Alte beendigte, und war, weil er Lust an der Sache fand, fast immer selbst dabei. Durch seinen Eifer angeregt, besorgte Filippo den Ausbau der Sakristei, und Donato die Stukkaturverzierungen, die Steinzieraten der kleinen Türen und die Bronzetüren. Inmitten der Sakristei, in welcher die Geistlichen ihre Priestergewänder anlegen, ließ er das Grabmal von Giovanni seinem Vater unter einer Marmortafel errichten, welche vier kleine Pfeiler tragen, und an dem selben Ort ließ er sein Familienbegräbnis bauen, das der Frauen von dem der Männer gesondert. In einem der kleinen Stübchen, welche in der Sakristei zu beiden Seiten des Altars liegen, brachte er in einer Ecke einen Brunnen und ein Becken zum Handwaschen an, kurz alles ist bei diesem Werke mit aller Einsicht geordnet. Giovanni und die Meister des Baues hatten bestimmt, der Chor solle in der Mitte unter die Kuppel kommen, Cosimo aber ließ dieses verändern und mit Zustimmung Filippos die Hauptkapelle, welche erst eine kleine Nische werden sollte, größer ausführen, damit der Chor gebaut werden könne, wie man ihn nunmehr sieht. Als dies beendet war, blieb noch die mittlere Kuppel und das

übrige der Kirche zu beenden, beides jedoch ward erst nach dem Tode Filippos gewölbt.
Während jener Bau ausgeführt wurde, wollte Cosimo von Medici einen Palast für sich errichten lassen; er teilte Filippo seine Absicht mit, und dieser setzte alles andere hintan und arbeitete ein wunderbar schönes und großes Modell, nach welchem jener Palast ringsum freistehend auf dem Platze gegenüber S. Lorenzo erbaut werden sollte. Seine Geschicklichkeit tat sich so herrlich hierbei kund, daß es Cosimo ein zu prächtiges und großes Gebäude schien, und er es nicht aufführen ließ, mehr um nicht Neid zu erwecken, als daß er die Kosten gescheut hätte. Während Filippo sein Modell arbeitete, pflegte er zu sagen: er wisse dem Schicksal für diese Gelegenheit Dank, denn er solle nun ein Haus bauen, wie er viele Jahre schon gern getan hätte und habe jemand gefunden, der es ausführen lassen wolle und könne. Als er indes vernahm, daß es nicht geschehen werde, zerriß er voll Zorn seine Zeichnung in tausend Stücke, und Cosimo bereute, als er seinen Palast nach anderem Plan erbaut hatte, nicht lieber der Angabe Filippos gefolgt zu sein, von dem er oft zu sagen pflegte, er habe nie mit einem Manne von größerer Einsicht und mehr Mut geredet.
Nach Anordnung Filippos wurde der reiche und herrliche Palast von Herrn Luca Pitti, außerhalb des Tores S. Nicolo von Florenz an einem Orte erbaut, der Rucciano heißt; noch viel schöner jedoch ist ein anderer, welchen er innerhalb der Stadt für denselben Herrn anfing und in solcher Größe und Pracht bis zum zweiten

Stockwerk führte, daß man in toskanischer Bauart nichts gesehen hat, was herrlicher und reicher wäre. Die Türen dieses Palastes sind doppelt, im Lichten sechzehn Ellen hoch und acht Ellen breit und die ersten und zweiten Fenster den Türen gleich. Die Wölbungen sind doppelt und das ganze Werk höchst kunstreich, kurz man kann sich kein schöneres und prachtvolleres Gebäude denken. Dieser Palast wurde in der genannten Weise von Luca Fancelli, einem florentinischen Baumeister, aufgeführt, welcher viel Gebäude für Filippo errichtete und für Leon Batista Alberti die Hauptkapelle der Nunziata zu Florenz vollendete, die im Auftrag von Lodovico Gonzaga gebaut wurde; Gonzaga nahm Luca mit sich nach Mantua, woselbst er viele Arbeiten vollführte, sich verheiratete, lebte, starb und Erben hinterließ, welche sich noch jetzt nach ihm Luchi nennen.

Filippo war kurzweilig in der Unterhaltung, und gab sehr treffende Antworten, besonders, wenn ihm die Lust ankam, Lorenzo Ghiberti zu necken. Dieser besaß ein Gut zu Monte Morello, welches Lepriano hieß und ihm zweimal mehr kostete, als es eintrug, so daß er dessen überdrüssig ward und es verkaufte; als man daher einst Filippo fragte, was Lorenzo am besten gemacht habe, in der Meinung vielleicht, er werde ihn feindselig beurteilen, antwortete er: „Lepriano zu verkaufen."

Endlich nachdem Filippo neunundsechzig Jahre alt geworden war, ging im Jahre 1446 den 16ten April sein Geist zu einem besseren Leben über, nachdem er sich gemüht hatte, die Arbeiten zu vollbringen, welche ihm auf Erden Ruhm erwarben und den Frieden des Himmels verdienten. Sein Tod geschah seinem Vaterlande sehr weh, welches ihn nach seinem Sterben weit mehr ehrte, als es während seines Lebens getan hatte; und er wurde mit feierlichem und ehrenvollem Leichengepränge in Santa Maria del Fiore beigesetzt, wenngleich seine Familiengruft in S. Marco unter der Kanzel gegen die Tür gelegen war, wo man ein Wappen mit zwei Feigenblättern und einigen grünen Wellen auf goldenem Grunde sieht. Seine Angehörigen, sagt man, stammten aus dem Ferraresischen, aus Ficaruolo, einem Schlosse am Po; die Blätter bezeichnen demnach den Ort, und die Wellen den Fluß.

Filippo wurde von einer großen Anzahl von Künstlern beweint, die seine Freunde waren, vornehmlich von den ärmsten, denen er immerdar gutes erwies, und indem er so ein christliches Leben führte, blieb der Welt das Gedächtnis seiner Güte und seiner seltenen Fähigkeiten. Mir scheint, daß man sagen könne, es habe seit den Tagen der alten Griechen und Römer keinen seltneren und herrlicheren Geist gegeben, als ihn, und er verdient um so größeres Lob, als während er lebte in ganz Toskana die deutsche Manier allgemein verehrt und von allen Künstlern geübt wurde, wie noch jetzt an unzähligen Gebäuden zu sehen ist; er aber fand die antiken Gesimse und führte die toskanische, korinthische, dorische und jonische Säulenordnung zu ihrer ursprünglichen Form zurück.

DONATELLO

Geboren 1386 zu Florenz. Gestorben am 13. Dezember 1466 zu Florenz

In Florenz ward Donato, der von den Seinigen Donatello genannt wurde, und sich auch bei einigen seiner Arbeiten so unterschrieb, in dem Jahre 1386 geboren. Er widmete sich dem Studium der Zeichenkunst und wurde nicht nur ein trefflicher und bewundernswerter Bildhauer, sondern zeigte auch in Stukkaturarbeit viel Übung, war in der Perspektive vorzüglich und in der Baukunst sehr geschätzt; seine Arbeiten hatten zudem so schöne Zeichnung und so viel Anmut, daß man sie den trefflichen Werken der alten Griechen und Römer ähnlicher fand, als die irgendeines anderen Meisters. Mit vollem Recht wird er daher als der erste gerühmt, welcher die historische Komposition im Basrelief auf den richtigen Weg brachte; die Überlegung, Leichtigkeit und Meisterschaft, mit welcher seine Reliefs gearbeitet sind, läßt genugsam erkennen, wie er nach richtiger Einsicht dabei verfuhr, und ihnen mehr als gewöhnliche Schönheit zu geben wußte, sodaß bis auf unsere Zeiten kein Künstler ihn hierin übertroffen, ja nicht einmal erreicht hat. Donatello wurde von kleinauf im Hause von Ruberto Martelli erzogen und erwarb sich durch seinen Fleiß in der Kunst und durch seine übrigen Vorzüge die Liebe aller, welche jener edlen Familie angehörten. Er arbeitete in seiner Jugend viele Dinge, die man, weil deren viele waren, eben nicht beachtete; Ruhm und Namen aber verdiente er sich durch eine Verkündigung von Sandstein, welche in Santa Croce zu Florenz beim Altar der Kapelle der Cavalcanti aufgestellt wurde. Rings um diese brachte er ein Zierat nach groteskem Geschmack an, mit mannigfaltigem Basament, die oben im Rundbogen endigt, wo sechs Englein einige Laubgewinde tragen und sich umfassen, als ob sie, schwindelnd vor der Tiefe, einander zu halten strebten. Ganz besondere Kunst zeigte er bei der Gestalt der Jungfrau, welche, erschreckt durch das plötzliche Erscheinen des Engels, sich schüchtern, voll sittsamer Ehrfurcht und höchster Anmut zu dem wendet, der sie grüßt, sodaß man in ihrem Angesicht jene Demut und Dankbarkeit erkennt, welche sich bei einem, der unerwartet eine Gabe empfängt, um so stärker ausspricht, je größer die Gabe ist. Die Gewänder der Madonna und des Engels wußte Donato schön zu ordnen, und gab ihnen einen meisterhaften Faltenwurf, indem er sich bemühte die menschliche Gestalt hindurch erkennen zu lassen und die Schönheit der Alten wieder zu finden, welche viele Jahre verborgen gelegen hatte. Kurz, er zeigte soviel Leichtigkeit und Kunst bei diesem Werk, daß man weder von der Zeichenkunst und vom Meißel, noch von Einsicht und Übung mehr wünschen kann. In der selben Kirche arbeitete er unter dem Mittelschiff, neben dem Bilde von Taddeo Gaddi, mit ungewöhnlicher Mühe ein Kruzifix von Holz, und als er es beendet hatte und ihm schien, er habe etwas Seltenes vollführt, zeigte er es dem Filippo Brunelleschi, seinem vertrauten Freund, um dessen Meinung zu hören. Filippo, der nach den Reden Donatos etwas viel Besseres erwartet hatte, als vor ihm stand, lächelte ein wenig, und Donato, der dieses sah, bat ihn bei der Freundschaft, die zwischen ihnen bestand, er sollte ihm sagen, was er davon halte? „Mir scheint," erwiderte Filippo freimütig, „du habest einen Bauern ans Kreuz geheftet, und nicht die Gestalt eines Christus, der zart gebaut und der schönste Mann gewesen ist, der jemals geboren wurde." Donato, der auf ein Lob gehofft hatte, fühlte sich innerlich verletzt, mehr noch als er selbst glaubte und antwortete: „Wenn es so leicht wäre, etwas zu machen, als es zu beurteilen, so würde mein Christus dir wohl ein Christus scheinen und nicht ein Bauer; nimm ein Stück Holz und versuche selbst einen zu formen." Filippo sagte kein Wort mehr, ging nach Hause und fing an, ohne daß jemand es wußte, ein Kruzifix zu arbeiten, wobei er Donato zu übertreffen suchte, damit er nicht sein eignes Urteil Lügen strafe, und führte das Werk nach vielen Monaten zu höchster Vollendung. Eines Morgens hierauf bat er Donato zum Essen zu sich, und Donato nahm seine Einladung an; als sie daher zusammen nach der Wohnung Filippos gingen, kaufte dieser einiges auf dem alten Markt und sagte, indem er es Donato gab: „Gehe mit diesen Dingen in mein Haus und warte auf mich, ich komme gleich nach.“ Donato trat in die Wohnung, die zu ebener Erde lag, und sah das Kruzifix Filippos in guter Beleuchtung, blieb stehen, um es zu betrachten und fand es so vollkommen, daß er, überwunden von Staunen und ganz außer sich, die Arme ausbreitete und die Schürze fallen ließ, wo denn alles, was drin war, Eier, Käse und andere Ware in viele Stücke zerbrach, ohne daß dies ihn hinderte zu bewundern und wie einer, der den Verstand verloren hat, stehen zu bleiben. Da trat Filippo hinzu und sagte lächelnd: „Donato, was hast du vor? was wollen wir zu Mittag essen, da du alles zur Erde geworfen hast?“ – „Ich für mich,“ antwortete Donato, „habe für heute mein Teil, willst du das deinige, so nimm dirs. – Doch genug, dir ist vergönnt, den Heiland darzustellen, mir aber den Bauern.“

In S. Michele in Orto zu Florenz arbeitete er für die Zunft der Schlächter die Marmorstatue S. Peters, eine sehr geistvolle und bewundernswerte Gestalt, und für die Zunft der Tischler St. Marcus, den Evangelisten, den er mit Filippo Brunelleschi unternommen hatte, nachher jedoch allein vollendete, womit Filippo einverstanden war. Diese Figur hatte Donatello mit vieler Einsicht in einer Weise ausgeführt, daß, wenn sie auf dem Boden stand, ihre Vorzüglichkeit von solchen nicht erkannt wurde, die kein Urteil in der Sache besaßen. Als deshalb die Vorsteher der Zunft sie nicht aufstellen lassen wollten, bat Donato, sie möchten zugeben, daß er sie an ihren Platz bringe, er werde noch daran herumarbeiten, und es sollte eine andere, als jene erste Figur, zum Vorschein kommen. Dies geschah, er verhüllte sie vierzehn Tage, deckte sie sodann auf, ohne irgend etwas daran getan zu haben, und sie erfüllte jeden mit Bewunderung.

Für die Zunft der Harnischmacher arbeitete er die sehr lebendige Statue des heiligen Georg im Waffenschmuck. Sein Angesicht ziert jugendliche Schönheit, Mut und Tapferkeit, und seine Stellung, die bewundernswert ist, zeigt feurige Kühnheit und einen wunderbaren Ausdruck der Bewegung trotz des Steines, aus dem er besteht, ja sicherlich ist bei neueren Marmorfiguren nicht so viel Leben und Geist gefunden worden, als Natur und Kunst durch die Hand Donatos uns hier vor Augen führten. Auf dem Fußgestell, welches das Tabernakel dieser Statue trägt, sieht man in einem Marmorbasrelief, wie St. Georg den Lindwurm tötet, wobei die Gestalt des Pferdes sehr gerühmt wird, und in dem Giebel ist in Basrelief ein Gott Vater in halber Figur. Donato verfertigte an der Fassade des Glockenturmes von Santa Maria del Fiore vier Gestalten, jede fünf Ellen hoch und stellte in den zwei mittleren Personen den Francesco Soderini, der noch jung war, und den Giovanni di Barduccio Cherichini, dessen Statue jetzt „der Kahlkopf" genannt wird, nach dem Leben dar. Die letztere galt für das schönste und seltenste Werk, das dieser Künstler jemals vollführte; wenn er deshalb etwas beteuern wollte, pflegte er zu sagen: „Es ist so sicher, als mein Glaube an meinen Kahlkopf," und während er daran arbeitete, rief er oft: „Rede, daß dich! – rede doch! –"

Für die Signoria unserer Stadt führte er einen Metallguß aus, der auf dem Markte unter einem Bogen ihrer Loggia angebracht wurde; er stellt die Judith dar, welche dem Holofernes den Kopf abhaut. Es ist ein Werk von großer Trefflichkeit und Meisterschaft, denn so einfach das Gewand und das äußere Ansehen der Judith ist, so erkennt man doch in ihr den kühnen Mut jener Frau und die Kraft, welche ihr durch den Beistand des Himmels kam; im Gesicht des Holofernes dagegen zeigt sich die Wirkung von Wein und Schlaf, sowie der Tod in den Gliedern, welche die Spannkraft verloren haben, und kalt und schlaff herabhängen. Donato verfuhr bei diesem Werke so, daß der Guß zart und sehr schön ausfiel, er ward hernach mit Sorgfalt ausgeputzt und ist fürwahr bewundernswert. Das Postament, ein Balauster von Granit, in einfacher Ordnung, hat nicht minder ein schönes, dem Auge gefälliges Ansehen, so daß Donato selbst damit zufrieden war, und was er früher nicht getan hatte, seinen Namen so darunter setzte: Donatelli opus. Im inneren Hofe des Palastes der Signoria ist von ihm, lebensgroß in Bronze gearbeitet, die nackte Gestalt eines David, welcher dem Goliath den Kopf abgehauen hat; einen Fuß setzt er auf denselben, in der Rechten hält er das Schwert, und diese Gestalt hat soviel Natur, Leben und Weichheit, daß es Künstlern scheint, als müsse sie über einen lebenden Körper geformt sein.

Cosimo verehrte die Kunst und Geschicklichkeit Donatos in hohem Maße und gab ihm zu allen Zeiten Arbeit, Donato dagegen hatte eine solche Liebe zu Cosimo, daß er bei dem leisesten Wink seine Wünsche verstand und ihm stets dienstbar war. Man sagt, ein genuesischer Kaufmann habe von Donato eine Bronzebüste in Lebensgröße verfertigen lassen, welche dieser sehr schön und zugleich sehr leicht arbeitete, weil sie weit verschickt werden sollte. Der Auftrag zu dieser Arbeit war ihm durch Cosimo von Medici zugekommen; als sie aber vollendet war und der Kaufmann bezahlen wollte, schien ihm, Donatello verlange zu viel. Es wurde bestimmt, den Handel durch Cosimo schlichten zu lassen, und dieser befahl, die Büste nach dem oberen Hofe seines Palastes bringen zu lassen, wo sie zur besseren Ansicht zwischen den Zinnen aufgestellt wurde, die nach der Straße gehen. Cosimo fand, als er die Sache ausgleichen wollte, das Gebot des Kaufmanns sei von der Forderung Donatos noch sehr fern und sagte deshalb, dies sei zu wenig. Der Kaufmann, dem es zu viel schien, antwortete, Donato habe nicht viel länger, als einen Monat daran gearbeitet und gewinne den Tag mehr, als einen halben Gulden; da wandte sich Donato beleidigt und voll Zorn an den Kaufmann und sprach: „Im hundertsten Teil einer Stunde hast du vermocht, den Fleiß und die Mühe eines ganzen Jahres zunichte zu machen!" Und damit gab er dem Kopf einen Stoß, daß er auf die Straße stürzte und in viele Stücke zersprang: „Man sieht wohl," setzte er hinzu, „daß du verstehst um welsche Bohnen zu handeln, nicht aber um Statuen." Jenem tat es leid, und er wollte das Doppelte zahlen, wenn er das Werk nur von neuem ausführen möchte; Donato aber ließ sich weder durch seine, noch durch Cosimos Bitten bewegen, dieses zu tun.

DONATO SCVLTORE
FIORENT.

Die Signoria von Venedig, welche Donato hatte rühmen hören, sandte nach ihm, damit er in der Stadt Padua das Denkmal von Gattamelata verfertigte; er ging sehr gern dahin und arbeitete den Reiter von Bronze, der auf dem Platz von S. Antonio steht, wobei er das Schnauben und Brausen des Pferdes und den Mut und die lebendige Kraft des Reiters mit vieler Natur darstellte. Bewundernswert zeigte Donato sich bei der Größe des Gusses in Maß und Richtigkeit aller Verhältnisse, deshalb läßt sein Werk sich in Bewegung, Zeichnung, Kunst, Übereinstimmung und Fleiß mit dem jedes antiken Künstlers vergleichen, und nicht nur wurde es damals mit Verwunderung betrachtet, sondern es versetzt noch heute jedermann in Staunen. – Die Paduaner, welche ihn durch die freundlichsten Liebkosungen festzuhalten strebten und auf alle Weise zu erlangen suchten, daß er ihr Mitbürger werde, übertrugen ihm, an der Staffel des Hauptaltares in der Kirche der Frati Minori das Leben des heil. Antonius von Padua darzustellen, lauter Basreliefs, welche Donato mit so vieler Einsicht vollendete, daß die trefflichen Meister der Kunst sich sehr verwundern, wenn sie die herrlichen mannigfaltigen Zusammenstellungen, die Menge seltsamer Figuren und die fliehende Perspektive betrachten.

Als er nach Toskana zurückkam, verfertigte er in der Dechanei von Monte Pulciano ein Marmorgrabmal mit einer schönen Darstellung. In Florenz, in der Sakristei von S. Lorenzo, ist von ihm ein Handbecken aus Marmor, an welchem auch Andrea Verrocchio arbeitete; und im Hause von Lorenzo della Stufa finden sich Köpfe und Figuren von Donato, die viel Natur und Leben haben. Von Florenz begab er sich nach Rom, damit er die Werke der Alten so viel nachahme, wie nur möglich, und arbeitete in der Zeit, wo er sie studierte, ein steinernes Tabernakel für das Sakrament, welches sich heutigentags in S. Peter befindet. Auf seinem Rückwege nach Florenz kam er durch Siena und unternahm es, eine Bronzetür zu der Taufkapelle von S. Giovanni zu verfertigen. Schon hatte er das Holzmodell gearbeitet, die Wachsformen fast vollendet und sie schon mit dem Mantel umgeben, damit er den Guß vornehmen könne, als der florentinische Goldschmied, Bernadetto di Mona Papera, der sein vertrauter Freund war, auf der Rückreise von Rom nach Siena kam, und entweder um seiner selbst, oder um anderer Ursache willen, es durch Wort und Reden dahin zu bringen wußte, daß Donato mit ihm nach Florenz ging. Hierdurch blieb dieses Werk unbeendet, oder vielmehr unbegonnen, und es ist in jener Stadt von seiner Hand nur die Bronzestatue St. Johannes des Täufers an der Domverwaltung, welcher der rechte Arm vom Ellbogen an fehlt; dieses tat Donato, wie man sagt, weil er nicht völlig bezahlt wurde.

Man erzählt, daß Simone, Bruder Donatos, nachdem er das Modell zum Grabmal von Papst Martin V. ausgeführt hatte, nach Donato geschickt habe, damit er es vor dem Gusse sehe. Donato ging deshalb nach Rom, wohin er zu der Zeit gerade gelangte, als Kaiser Sigismund von Papst Eugen IV. die Krone empfing und sah sich dadurch genötigt, im Vereine mit Simone die Vorbereitungen zu jenem Feste zu leiten, bei welchem er sich Ruhm und viele Ehre erwarb. In der Garderobe von Guidobaldo, Herzog von Urbino, ist von der Hand dieses Meisters ein sehr schöner Marmorkopf, von dem man glaubt, daß er den Vorfahren des Herzogs vom großmütigen Julian von Medici geschenkt worden sei, als er sich an jenem Hofe aufhielt, woselbst eine Menge ruhmwürdiger Männer lebten.

Donato war in allen Dingen so vorzüglich, daß man sagen kann, er sei durch Übung, Urteil und Wissen der erste gewesen, welcher die Bildhauerkunst und gute Zeichenmethode der Neueren zu Ehren gebracht, und er verdient um so größeren Ruhm, als zu seiner Zeit die Altertümer, Säulen, Pfeiler, Triumphbögen noch nicht aufgefunden waren, welche wir nunmehr kennen; ja er ist hauptsächlich Veranlassung gewesen, daß in Cosimo von Medici das Verlangen erwachte, die Werke der Alten nach Florenz zu bringen, welche im Hause der Medici noch jetzt aufbewahrt werden und alle von Donato restauriert sind. Er war freigebig, liebevoll und freundlich und mehr für seine Freunde, als für sich bedacht; niemals nahm er seines Geldes wahr, hatte es in einem Korb liegen, der mit einem Strick an der Decke befestigt war, und seine Gehilfen und Freunde nahmen dort, was sie brauchten, ohne ihm etwas davon zu sagen. Er verlebte ein fröhliches Alter, und als er anfing schwächer zu werden und nicht mehr arbeiten konnte, ward er von Cosimo, wie von anderen seiner Freunde unterstützt.

Man sagt, Cosimo habe, als er starb, seinem Sohn Piero befohlen, Sorge für Donato zu tragen, und dieser gab ihm als treuer Vollzieher der Gebote seines Vaters zu Cafaggiuolo ein Gut von solchem Einkommen, daß er bequem davon leben konnte. Donato hatte hierüber große Freude, denn ihm schien, er sei dadurch mehr als gesichert, nicht vor Hunger zu sterben: kaum aber besaß er es ein Jahr, als er zu Piero zurückkehrte, und auf das Gut förmlich und gerichtlich Verzicht leistete; er versicherte, daß er nicht seiner Ruhe verlustig gehen wollte, um sich mit den häuslichen Sorgen und der Last seines Pächters zu beschäftigen, der ihn alle drei Tage überlaufe, jetzt, weil der Wind ihm den Taubenschlag aufgedeckt habe, dann, weil ihm als Abgabe für die Gemeinde das Vieh weggenommen worden, und dann wegen des Sturmes, welcher Wein und Früchte abgerissen hätte; alle diese Dinge seien ihm so überdrüssig und überlästig, daß er lieber vor Hunger sterben, als sich um so vieles bekümmern wollte. Piero lächelte über die schlichte Einfalt Donatos, er nahm, um ihn von dieser Plage zu erlösen, auf sein dringendes Bitten das Gut zurück und wies auf seiner Bank ein Gehalt an, durch welches er soviel, oder mehr noch in barer Münze erhielt. Hiervon ließ er ihm jede Woche den Anteil auszahlen, der ihm zukam, und Donato, mit dieser Anordnung sehr zufrieden, verlebte als Diener und Freund der Medici froh und sorglos den Überrest seiner Tage. Endlich im dreiundachtzigsten Jahre wurde er sehr gichtbrüchig, daß er gar nichts mehr arbeiten konnte, und lag beständig zu Bett in einem kleinen Haus in der Via del Cocomero, nahe bei den Nonnen von St. Niccolo, welches ihm zugehörte. Von Tag zu Tag wurde es schlimmer mit ihm, und er nahm allmählich an Kräften ab, bis er endlich am 13. Dezember 1466 starb. Seinem Verlangen gemäß, wurde er in der Kirche von S. Lorenzo, nahe bei Cosimo begraben, damit der Körper nach dem Tode dem nahe sei, bei welchem der Geist im Leben stets verweilt hatte.

Der Tod Donatos tat seinen Mitbürgern und Kunstgenossen, wie allen, die ihn gekannt hatten, sehr leid, und es wurde, ihn im Tode mehr zu ehren, als im Leben geschehen war, ein feierliches Leichengepränge in jener Kirche gehalten, wobei alle Maler, Baumeister und Bildhauer, Goldarbeiter, ja, fast alle Bewohner der Stadt der Leiche folgten.

Donato hinterließ der Welt eine solche Menge von Werken, daß man wohl behaupten kann, kein Künstler habe mehr gearbeitet, wie er; an allen Dingen fand er Vergnügen und legte Hand an, ohne zu beachten, ob sie von hohem oder niederem Werte seien; fürwahr aber tat der Bildhauerkunst auch not, daß Donato so vieles vollführte, und sich in jeder Art des Reliefs mit runden, halb erhobenen und ganz flachen Figuren übte, denn gleichwie zur Zeit der alten Griechen und Römer viele zur Vollendung dieser Kunstart beitrugen, so hat er allein durch die Menge seiner Arbeiten sie zu der Vollkommenheit unseres Jahrhunderts gebracht. Künstler müssen deshalb die Herrlichkeit der Bildhauerei mehr ihm, als irgendeinem der neueren Meister zuerkennen; nicht nur hat er ihre Schwierigkeiten erleichtert, sondern auch bei seinen unzähligen Arbeiten Erfindung, Zeichnung, Übung, Urteil und alles zu vereinen gewußt, was man von einem gottbegabten Geist jemals erwarten darf. Donato war sehr entschlossen und rasch, führte, was er arbeitete, mit Leichtigkeit zu Ende und tat immer mehr, als er versprochen hatte.

FRATE GIOVANNI DA FIESOLE (FRA ANGELICO)

Geboren 1387 bei Florenz
Gestorben 1455 in Rom

Maler und Miniator nicht minder als ein vorzüglicher Geistlicher ist der Ordensbruder Giovanni Angelico aus Fiesole gewesen, mit seinem weltlichen Namen Guido genannt, und er verdient um des einen, wie um des anderen willen ein ehrenvolles Gedächtnis. Er hätte mit Gemächlichkeit im Laienstande leben und durch seine Kunst, in der er jung schon erfahren war, sich zu dem, was er besaß, noch so viel verdienen können, wie er nur wollte; als ein Mann von gutem und stillem Gemüt jedoch beschloß er zu seiner Befriedigung und Ruhe, und um seine Seele zu retten, in den Orden der Prädikantenmönche zu treten; denn obwohl man in jedem Beruf Gott dienen kann, meinen doch einige, sie vermöchten im Kloster besser als in der Welt für ihr Seelenheil zu sorgen. Den Guten gelingt dies leicht. Wer aber aus anderen Ursachen Geistlicher wird, bei dem ist es fürwahr ein elendes und unglückliches Ding. In S. Marco in Florenz, dem Kloster Fra

Giovannis, sind von ihm einige Chorbücher so schön in Miniatur gemalt, als man nur denken kann, und in S. Domenico zu Fiesole einige andere den obigen ähnlich, mit unendlichem Fleiß ausgeführt. Bei diesen Büchern ließ er sich jedoch von seinem älteren Bruder helfen, der gleich ihm Miniaturmaler und in dieser Kunst sehr geübt war. Eines der ersten Malerwerke des guten Paters war eine Tafel in der Karthause von Florenz, für die Hauptkapelle bestimmt, die dem Kardinal Acciajuoli gehörte. Man sieht darauf die Madonna mit dem Kind auf dem Arme, zu ihren Füßen einige sehr schöne Engel, welche singen und spielen, zu seiten den heil. Lorenz, die heilige Maria Magdalena, die Heiligen Zenobius und Benediktus, auf der Staffel aber Begebenheiten aus dem Leben der genannten Heiligen, durch kleine Figuren dargestellt, die Giovanni mit unendlichem Fleiß ausführte. Sich selbst jedoch übertraf er und bewies am meisten Einsicht und Geschicklichkeit bei einer Tafel in der Kirche S. Domenico zu Fiesole, neben der Türe linker Hand, wenn man eintritt. In dieser sieht man Christus, welcher die Madonna krönt inmitten eines Chores von Engeln, und darunter eine unendliche Menge von heiligen Männern und Frauen; diese sind aufs herrlichste vollendet, haben die mannigfaltigsten Stellungen und einen ganz verschiedenen Ausdruck der Köpfe, so daß es eine unendliche Freude und Annehmlichkeit ist, sie zu betrachten, ja, es scheint, als könnten jene himmlischen Geister, wenn sie von körperlicher Gestalt umkleidet wären, nicht anders anzuschauen sein; denn alle jene Heiligen, Männer, Frauen haben nicht nur Leben und einen zarten und lieblichen Ausdruck, sondern auch das Kolorit des ganzen Werkes ist, als ob es von der Hand eines Heiligen oder eines Engels vollführt wäre, wie sie selbst sind. Deshalb wurde dieser wahrhaft gottesfürchtige Geistliche mit Recht Frate Giovanni Angelico, das heißt der engelgleiche Bruder Giovanni, genannt. An der Staffel sind Begebenheiten aus dem Leben der Mutter Gottes und des heiligen Dominicus wunderbar schön gemalt, und was mich anbelangt, kann ich in Wahrheit sagen, daß dieses Werk, so oft ich es betrachte, mir immer wieder als neu erscheint, und ich mich nie daran satt sehen kann. In der Kapelle der Nunziata zu Florenz, die im Auftrag Cosimos von Medici ausgebaut wurde, verzierte er die Tür des Silbergerätschrankes mit kleinen Figuren, die sehr fleißig gearbeitet sind, und malte außerdem eine solche Menge von Dingen, welche sich in den Häusern der florentinischen Bürger zerstreut finden, daß ich bisweilen erstaune, wie ein einziger Mensch, wenn auch in vielen Jahren, dieses alles zu Ende führen konnte. – Für die Tempelbrüder von Florenz malte er eine Tafel mit dem toten Christus, und in der Kirche der Mönche der Angeli das Paradies und die Hölle, lauter kleine Figuren, bei denen er mit richtigem Urteil die Seligen schön und jubilierend, die Verdammten aber, welche für die Qualen der Hölle bestimmt sind, mit trauriger Gebärde darstellte, sodaß sich in ihren Gesichtern das Bewußtsein des Unrechtes und der Schuld ausspricht. Die Seligen sieht man in himmlischen Tänzen zu den Pforten des Paradieses eingehen, die Verdammten werden von Teufeln zur ewigen Strafe fortgerissen. Dies Werk ist in der Kirche der Angeli rechter Hand, wenn man gegen den Hauptaltar geht, wo der Priester steht, wenn Messe gelesen wird. Für die Nonnen von S. Pietro Martire, die heutigen Tages im Kloster Santa Felice in Piazza wohnen, welches dem Camaldolenserorden gehörte, stellte er auf einer Tafel die Madonna dar, St. Johannes den Täufer, St. Dominicus, St. Thomas, St. Peter den Märtyrer und viele kleine Figuren. Eine andere Tafel von ihm sieht man im Mittelschiff von S. Maria Nuova.

Durch alle diese Arbeiten wurde der Name Fra Giovannis in ganz Italien berühmt, daher sandte Papst Nicolaus V. nach ihm und ließ ihn nach Rom kommen, woselbst er in der Kapelle des Palastes, in welcher der Papst Messe hört, eine Kreuzabnahme samt einigen schönen Bildern vom heiligen Laurentius ausführte, und ein paar sehr wohl gelungene Bücher in Miniatur malte. In der Minerva ist von ihm die Tafel am Hauptaltar und eine Verkündigung, die jetzt an der Wand neben der großen Kapelle aufgehangen ist. Für den selben Papst verzierte er im Palast die Kapelle des Sakraments, welche Paul III. zerstörte, um die Treppe nach jener Seite zu führen, und hatte bei diesem in seiner Art herrlichen Werk in Fresko einige Begebenheiten aus dem Leben Jesu gemalt, wo er viele merkwürdige Personen jener Zeit nach der Natur darstellte. Diese Bildnisse würden heutigen Tages verloren sein, wenn nicht Giovio die folgenden für sein Museum hätte abzeichnen lassen: Papst Nicolaus V., Kaiser Friedrich, der zu jener Zeit nach Italien kam, den

Mönch Antonin, der nachmals Erzbischof von Florenz wurde, den Biondi aus Forli und Ferrante aus Aragonien. Der Papst, welchem mit Recht schien, Fra Giovanni sei ein Mann von sehr heiligem Lebenswandel und friedlich und bescheiden, beschloß, das Erzbistum von Florenz, welches damals erledigt wurde, ihm, als einem Manne, den er dessen würdig erachtete, zu übertragen. Giovanni, der solches vernahm, bat Se. Heiligkeit dringend, es einem anderen zu übergeben, er fühle sich nicht geschickt, Völker zu beherrschen; in seinem Orden aber befinde sich ein Bruder, der gottesfürchtig, liebreich gegen Arme, erfahren in Führung von Geschäften und weit besser als er geeignet sei, jene Würde zu übernehmen. Der Papst erinnerte sich, daß wahr sei, was jener sagte, und erfüllte sein Begehren, indem er zum Erzbischof von Florenz den Frate Antonino vom Orden der Predigermönche ernannte, einen wegen seiner Frömmigkeit und Gelehrsamkeit berühmten Mann, der vollkommen wert war, daß in unseren Tagen Hadrian VI. ihn kanonisierte.

Eine große Gutmütigkeit und fürwahr eine seltene Handlung war es, daß Fra Giovanni die Würden und Ehren und das bedeutende Amt, welches ein mächtiger Fürst ihm antrug, dem abtrat, welchen er mit richtigem Blick und offenem Herzen für deren würdiger achtete, als sich selbst. Möchten nur die Geistlichen unserer Tage von diesem heiligen Manne lernen, nicht Ämter an sich zu reißen, die sie nicht würdig versehen können, und sie denen überlassen, welche ihrer zumeist wert sind, ja wollte Gott, daß alle Geistlichen (das sei un-

FRA GIOVANNI DA FIESOLE
PITTORE.

beschadet der Guten gesagt) ihre Zeit wie dieser wahrhaft engelgleiche Bruder im Dienste Gottes zu Nutzen der Welt und ihrer Mitmenschen hinbrächten. Was kann und darf man sich Größeres wünschen, als durch ein heiliges Leben die Seligkeit des Himmels, und durch sein Wirken dauernden Ruhm auf Erden zu erwerben? Ein so hohes und seltenes Vermögen in der Kunst aber, als Giovanni besaß, konnte sich in Wahrheit nur bei einem Menschen von frommem Lebenswandel entfalten, denn wer geistliche und heilige Gegenstände darstellen will, muß geistlich und fromm gesinnt sein; werden dagegen solche Dinge von Menschen ausgeführt, welche wenig Glauben und Liebe zur Religion haben, so erwecken sie oft unziemliche Begierden und leichtfertige Neigungen, und dadurch geschieht, daß solche Werke wegen Mangels an Sittsamkeit Tadel finden, während man sie als Kunstwerke rühmt. Hierdurch will ich nicht veranlassen, daß jemand für heilig halten möge, was plump und ungeschickt ist, das Schöne und Gute aber für lasciv, wie einige tun, welche, sobald sie männliche oder weibliche oder etwas jugendliche Gestalten sehen, die mit mehr als gewöhnlicher Schönheit geschmückt sind, solche gleich für schlüpfrig erklären und nicht bemerken, mit wie großem Unrecht sie die Einsicht des Malers verdammen, welche den Engeln und Heiligen, die dem Himmel angehören, eine überirdische Anmut gab, gleich wie die Erde und alle irdischen Werke von der Herrlichkeit des Himmels überstrahlt werden. Ja, was schlimmer ist, solche Menschen geben die Verderbtheit ihres eignen Herzens kund, da sie in

Dingen Übles finden und durch sie zu bösen Begierden gereizt werden, welche, wenn die Sittsamkeit in der Tat so von ihnen geehrt würde, wie sie in ihrem törichten Eifer gerne zeigen möchten, in ihrem Herzen nur Verlangen nach dem Himmel erwecken könnten und den Wunsch, sich in allen Dingen dem Schöpfer angenehm zu machen, der als das größte und vollkommenste Wesen alles in Vollkommenheit und Schönheit erschaffen hat. Wenn solche Leute schon durch das bloße Abbild oder den Schatten der Schönheit sich also bewegt fühlen, was muß man glauben, daß sie tun würden, wenn sie lebendigen Schönheiten begegnen, deren Reiz durch leichtfertige Sitten, süße Worte, anmutige Bewegungen und Blicke, welche unbeachtete Herzen hinzureißen vermögen, noch unwiderstehlicher wird? Doch möchte ich nicht, daß man glaubte, ich billige es, daß man in Kirchen fast ganz nackte Gestalten male; wer dies tut, zeigt, daß er keine Ehrfurcht vor dem Orte hat, für den er arbeitet. So sehr es für jeden nötig ist, an den Tag zu legen, was er vermag, so muß doch auf Umstände und Personen, auf Zeit und Raum überall Rücksicht genommen werden.

Fra Giovanni war ein Mann von so schlichtem Wesen und frommen Sitten, daß eines Tages, als Papst Nikolaus V. ihm zu essen geben wollte, er sich ein Gewissen daraus machte, Fleisch ohne Erlaubnis seines Priors zu genießen, der Autorität des Papstes gar nicht gedenkend. Er verachtete alle weltlichen Dinge, lebte rein und fromm und war den Armen ein treuer Freund, weshalb ich denke, daß nun seine Seele ganz dem Himmel angehört. Unausgesetzt übte er sich in der Malerei und wollte nie andere als heilige Gegenstände darstellen. Er hätte reich sein können, kümmerte sich aber nicht darum, sondern behauptete vielmehr, wahrhaft reich sei nur, wer sich mit wenigem begnüge. Er hätte viele beherrschen können, wollte es aber nicht, indem er sagte: Anderen gehorchen sei mit weniger Mühe und Gefahr verbunden. Es stand in seiner Willkür, unter seinen Ordensbrüdern und außerhalb Würden zu erlangen, er achtete ihrer jedoch nicht und sagte, er strebe nach nichts, als der Hölle zu entfliehen und sich dem Paradiese zu nähern. Welche Würde in Wahrheit aber läßt sich auch mit dieser vergleichen, nach der alle Geistlichen, ja alle Menschen streben sollten, die einzig in Gott und einem tugendhaften Leben gefunden wird? Er war menschenfreundlich und mäßig, lebte keusch und fern von den Lockungen der Welt, indem er oft sagte, es solle, wer unsere Kunst übe, ruhig und ohne grübelnde Gedanken bleiben; wer die Werke Christi darstellen wolle, müsse immer bei Christo sein. Niemals ward er unter seinen Ordensbrüdern zornig gesehen, eine große Sache, die mir fast unglaublich scheint; seine Freunde pflegte er einfach und mit großer Freundlichkeit zu vermahnen. Mit größtem Wohlwollen sagte er jedem, der ein Werk von ihm wünschte, er solle den Prior darüber zufriedenstellen, dann werde er es sicher nicht fehlen lassen. Kurz, dieser niemals genug zu rühmende Ordensbruder war demütig und bescheiden in all seinem Tun und Reden, in seinen Malereien gewandt und andächtig, und die Heiligen, die er malte, haben mehr das Ansehen und die Ähnlichkeit von Heiligen, als die irgendeines anderen Meisters. Seine Gewohnheit war, das, was er gemalt hatte, nie zu verbessern oder zu überarbeiten, sondern es stets zu lassen, wie es aufs erste Mal geworden war, weil er meinte, so habe Gott es gewollt. Einige sagen, Fra Giovanni habe nie den Pinsel in die Hand genommen, ohne vorher gebetet zu haben, und nie ein Kruzifix gemalt, ohne daß ihm die Tränen über die Wangen strömten; in den Angesichtern und Stellungen seiner Gestalten aber, erkennt man seinen redlichen und starken Christenglauben. Er starb 1455 in seinem achtundsechzigsten Jahre.

ANTONELLO DA MESSINA

Geboren ca. 1444 wahrscheinlich zu Messina. Gestorben 1493 zu Venedig

Nicht wenige Meister, welche dieser zweiten Manier folgten, haben der Kunst der Malerei so mannigfaltigen Vorteil gebracht, daß man sie um ihrer Arbeiten willen nicht anders, als wahrhaft sinnreich und trefflich nennen kann. Ohne Mühe und Kosten zu scheuen und ohne auf ihren eignen Vorteil zu achten, suchten sie unermüdet die Malerei zu besserem Ziele zu führen. In dieser ganzen Zeit hatte man fortwährend auf Holztafeln und Leinwand nicht anders, als in Tempera gemalt, ein Verfahren, in welchem um das Jahr 1250 Cimabue den Anfang machte, als er in Gemeinschaft mit einigen Griechen arbeitete, und welches von Giotto, wie von allen beibehalten wurde, deren bis jetzt Erwähnung geschehen ist; man beharrte bei dieser Methode, obwohl die Künstler erkannten, daß den Temperamalereien eine gewisse Weichheit und Frische fehle, welche geeignet wäre, den Zeichnungen mehr Anmut, dem Kolorit mehr Reiz zu verleihen, wobei sie auch die

Leichtigkeit vermißten, die Farben ineinander zu verreiben, indem man bis dahin gewöhnlich mit der Spitze des Pinsels schattiert hatte. Viele forschten eifrig nach solch einer Sache, keiner indes hatte eine Methode gefunden, die gut war, wenn sie auch flüssigen Firnis, oder andere Arten von Farben unter die Tempera mischten. Unter vielen, welche diese und ähnliche Dinge umsonst versuchten, waren Alesso Baldovinetti, Pesello und viele andere, deren Werke alle nicht die gehoffte Schönheit und Vollkommenheit erlangten; ja, hätten sie auch gefunden, was sie suchten, so war ihnen doch die Kunst nicht eigen, die Malerei auf Tafeln so haltbar zu machen, wie auf der Mauer, und sie in der Weise aufzutragen, daß man sie waschen könnte, ohne daß die Farben sich vermischten und daß sie jeder Erschütterung zu widerstehen vermochten. Um dieser Dinge willen pflegte eine große Anzahl von Künstlern sich oft zu versammeln, sich zu beraten und zu streiten, ohne daß es Nutzen schaffte. Das selbe Bedürfnis empfanden viele ausgezeichnete Geister, welche sich außerhalb Italiens, in Frankreich, Spanien, Deutschland und anderen Ländern mit der Kunst der Malerei beschäftigten. Auf diesem Punkte standen die Dinge, als ein Maler in Flandern, Johann von Brügge, der sich durch seine Geschicklichkeit in der Kunst einen großen Ruf in jenen Landen erworben hatte, den Versuch machte, verschiedene Arten von Farben in der Malerei anzuwenden; er fand Vergnügen an der Alchimie und mischte bei Bereitung seiner Firnisse und ähnlicher Dinge viele Öle untereinander, wie sinnreiche Menschen auf allerlei Gedanken geraten.

Unter anderem hatte er bei einem Bilde große Mühe aufgewandt und es mit Fleiß zu Ende geführt, zog den Firnis darüber und stellte es, wie Brauch war, zum Trocknen in die Sonne; weil jedoch die Hitze zu groß, oder das Holz schlecht gefugt oder nicht lange genug aufbewahrt worden war, sprang jene Tafel an den Stellen, wo man sie aneinandergepaßt hatte. Johann, welcher den Schaden sah, beschloß, so zu Werke zu gehen, daß ihn bei seinen Arbeiten nie wieder ein solches Mißgeschick treffen könne, und da ihm der Firnis nicht minder zum Überdruß geworden war, als das Malen in Tempera, sann er, einen Firnis zu entdecken, der im Schatten trocknen könne und ihn der Notwendigkeit überhebe, seine Bilder der Sonne auszusetzen. Er versuchte vielerlei Dinge, einzeln und mit anderen gemischt, und erkannte endlich, daß Lein- und Nußöl von allen, die er probierte, am leichtesten trockneten; diese kochte er mit anderen Mischungen und fand so den Firnis, welchen er und alle Maler der Welt lange gewünscht hatten. Er stellte noch andere Versuche an und sah, daß wenn er die Farben mit dieser Art von Ölen anrieb, eine sehr haltbare Mischung entstand, die getrocknet, nicht nur vom Wasser keinen Schaden mehr litt, sondern auch den Farben solches Feuer verlieh, daß sie für sich, ohne Firnis, schon Glanz hatten; am allerwunderbarsten aber schien ihm, daß alles sich viel leichter verbinden ließ, als bei der Tempera. Johann, der sich, wie leicht zu denken ist, sehr über diese Erfindung freute, lieferte nun eine Menge von Arbeiten und diese verstreuten sich zu größtem Vergnügen der Menschen und sehr zu seinem Vorteil in jenem ganzen Lande. Von Tag zu Tag gewann er mehr Erfahrung, vollführte immer größere und bessere Dinge, und bald erscholl überall der Ruf von seiner Erfindung; wodurch nicht nur in Flandern, sondern auch in Italien und in vielen anderen Gegenden der Welt in den Künstlern ein großes Verlangen erwachte, zu wissen, wodurch er seinen Arbeiten eine solche Vollkommenheit zu geben vermöge. Sie sahen seine Werke, ohne zu erkennen, wie er dabei verfahre, fühlten sich aber gezwungen, ihn durch unsterbliches Lob zu feiern und zugleich ihn im edlen Sinne zu beneiden, um so mehr, als er einige Zeit niemand bei der Arbeit zusehen lassen und niemandem sein Geheimnis mitteilen wollte. Da geschah, daß einige florentinische Kaufleute, die in Flandern und Neapel Handel trieben, dem König Alfons ein Ölgemälde schickten, worin Johann eine Menge Figuren dargestellt hatte; es wurde wegen der Schönheit der Gestalten sowohl als wegen der neuen Behandlung der Farben von dem Könige sehr wert gehalten und lockte alle Künstler jenes Reiches herbei, die es durch Lob feierten.

Zu jener Zeit war Antonello aus Messina nach dieser seiner Vaterstadt zurückgekehrt, ein Mann von hellem und richtigem Verstand und erfahren in seinem Beruf. Er hatte sich viele Jahre zu Rom im Zeichnen geübt und sich dann vorerst nach Palermo zurückgezogen, woselbst er eine Menge Arbeiten vollführte und dort, wie überall in seiner Vaterstadt, den Ruf eines geschickten Malers, den er sich erworben hatte, bestätigte. Antonello begab sich, verschiedene Geschäfte zu besorgen, einstmals von

Sizilien nach Neapel, und hörte daselbst, König Alfons habe aus Flandern das obengenannte Bild erhalten, welches Johann von Brügge in Öl in solcher Art gemalt habe, daß man es waschen könne, daß es jede Erschütterung vertrage und in allem vollkommen sei. Antonello suchte es zu sehen, und die Lebendigkeit der Farben wie die Schönheit und Einheit der Malerei übten eine solche Macht über ihn aus, daß er alle anderen Gedanken und Pläne hintenan setzte und sich nach Flandern begab. In Brügge angelangt, erwarb er sich die vertraute Freundschaft Johanns, indem er ihm eine Menge Zeichnungen, die nach italienischer Manier gemacht waren, samt vielen anderen Dingen schenkte. Johann, der zudem schon alt war, faßte wegen dieser Gaben sowohl als wegen der Verehrung, die Antonello ihm zollte, den Entschluß, ihn sehen zu lassen, nach welcher Weise er in Öl male; jener aber schied nicht eher von Brügge, als bis er die langersehnte Methode völlig erlernt hatte. Bald nachher starb Johann, und Antonello verließ Flandern, um sein Vaterland wiederzusehen und Italien des schönen und nützlichen, die Malerei erleichternden Geheimnisses teilhaftig zu machen. Er verweilte nur wenige Monate in Messina und ging dann nach Venedig, woselbst er als Mann, der in hohem Maße dem Vergnügen, und besonders den Freuden der Liebe ergeben war, für sein ganzes übriges Leben zu bleiben beschloß, da er dort eine Lebensweise ganz nach seiner Neigung gefunden hatte. Er fing an daselbst zu arbeiten, und führte viele Ölbilder aus, wie er es in Flandern gelernt hatte. Diese sind in den Häusern der Edelleute ver-

ANTONELLO DA MESSINA
PITTORE.

streut und wurden der Neuheit wegen sehr geschätzt; viele andere schickte er nach verschiedenen Orten, und als er endlich großen Ruf und Namen erlangt hatte, bekam er Auftrag für S. Cassano, eine Parochie jener Stadt, ein Bild zu malen. Er vollführte es nach besten Kräften, ohne Zeit zu schonen, und es wurde sowohl um der Neuheit der Malerei, als um der Schönheit der Figuren willen, die nach guter Zeichnung dargestellt sind, sehr gerühmt und wert gehalten. Als man zudem erfuhr, welch' Geheimnis er von Flandern nach Venedig gebracht hatte, erzeigten ihm die Edelleute jener Stadt bis zum Ende seines Lebens immerdar viele Liebe und Freundlichkeit.

Unter den Meistern, welche damals in Venedig berühmt waren, galt Meister Domenico für sehr vorzüglich; dieser erwies Antonello, als er nach jener Stadt kam, die allergrößten Höflichkeiten und Liebkosungen, wie man nur einem werten und geliebten Freunde tun kann. Antonello, der nicht in freundlichen Sitten von Domenico übertroffen werden wollte, lehrte ihn nach wenigen Monaten das Geheimnis und die Methode, in Öl zu malen; eine seltene Güte und Freundlichkeit, die jenem mehr galt, als irgend sonst ihm etwas hätte wert sein können, und sicherlich mit Recht, denn, wie er erwartet hatte, wurde er deshalb immerdar in seinem Vaterlande geehrt. In Wahrheit steht in gröblichem Irrtum, wer da glaubt, ob er auch mit Dingen, die ihm nichts kosten, zurückhaltend und geizig sei, müsse doch jedermann, wie man sagt, um seiner schönen Augen willen ihm dienstbar sein. Die Höflichkeit des Venezianers Dominico entlockte dem Antonello das Geheimnis, welches er mit vieler Mühe und Anstrengung erlangt hatte, und vielleicht für große Summen Geldes keinem anderen kund gegeben hätte. – Antonello ward aber krank und starb in seinem neunundvierzigsten Lebensjahre an einem Brustleiden. Die Meister seines Berufes, dankbar für das Geschenk, welches er der Kunst durch Überbringung der neuen Methode verliehen hatte, ehrten ihn durch ein feierliches Begräbnis, wie die Grabschrift beweist, welche ihm gesetzt wurde.

FRA FILIPPO LIPPI

Geboren um 1406 zu Florenz
Gestorben 1469 zu Spoleto

Fra Filippo di Tommaso Lippi, der Karmelitermönch, zu Florenz geboren in einer Gegend, die man Ardiglione nennt und die unterhalb der Ecke alla Cuculia, hinter dem Kloster der Karmelitermönche gelegen ist, blieb nach dem Tode seines Vaters Tommaso im Alter von zwei Jahren als eine arme schutzlose Waise in der Welt zurück, denn auch seine Mutter war bald nach seiner Geburt gestorben. Mona Lappaccia, die Schwester seines Vaters, nahm ihn in Obhut und zog ihn bis in sein achtes Jahr mühevoll auf, von da an aber vermochte sie ihn nicht mehr zu erhalten, und gab ihn, damit er Mönch werde, in das oben genannte Kloster del Carmine. Dort zeigte er zu allen mechanischen Beschäftigungen viel Geschick und Erfindungsgeist, in Erlernung der Wissenschaften dagegen Unbeholfenheit und Ungeschick. Er wollte seinen Geist nie dabei anstrengen und sich nie mit ihnen befreunden.

Der Knabe ward mit seinem weltlichen Namen Filippo genannt und stand im Noviziat gleich allen übrigen unter Aufsicht des lateinischen Lehrers, damit man sehe, was er zu leisten vermöge. Anstatt jedoch zu studieren, ließ er nicht ab, auf seine und der anderen Bücher Fratzen und Figuren zu zeichnen, und der Prior beschloß endlich, ihm auf alle Weise behilflich zu sein, daß er das Malen erlerne. Zu jener Zeit hatte Masaccio die Kapelle des Klosters del Carmine neu gemalt, und diese gefiel, weil sie schön war, dem Filippo sehr wohl. Jeden Tag ging er zu seinem Vergnügen dahin, sich in Gesellschaft der übrigen Knaben im Zeichnen zu üben, und übertraf alle weit an Geschick und Kenntnis, sodaß man sicher glaubte, er werde mit der Zeit Seltenes leisten. Nicht erst in reifen, sondern in frühen Jahren schon vollführte er so herrliche Werke, daß es als ein Wunder erschien. Sehr jung noch malte er im Klostergang, nahe bei dem Gemälde der Kircheneinweihung von Masaccio, mit grüner Erde einen Papst, der die Ordensregel der Karmeliter bestätigt; und auf vielen Wänden der Kirche sind andere Freskobilder von ihm ausgeführt, vornehmlich ein Johannes der Täufer, samt einigen Begebenheiten aus dessen Leben. Indem er es so jeden Tag besser machte, eignete er sich die Weise des Masaccio dergestalt an, daß seine Arbeiten denen jenes trefflichen Künstlers immer ähnlicher wurden, und viele sagten, der Geist Masaccios habe in Fra Filippo seinen Wohnsitz genommen. In der selben Kirche, an einem Pfeiler neben der Orgel, malte Fra Filippo den heiligen Martialis, eine Figur, welche ihm unendliches

Lob erwarb, weil sie den Vergleich mit den Arbeiten Masaccios bestand, und da er sich deshalb von jedermann laut gepriesen hörte, faßte er mit siebzehn Jahren mutig den Entschluß und trat aus dem geistlichen Orden. Er begab sich nach der Mark von Ancona, und als er dort eines Tages mit mehreren seiner Freunde eine Lustfahrt auf dem Meere machte, wurden sie sämtlich von einem umherkreuzenden maurischen Kaperschiff aufgefangen und nach der Berberei gebracht. Man beschwerte sie mit Ketten und hielt sie als Sklaven. Achtzehn Monate hatte Filippo, sehr zu seinem Verdruß, bereits dort verweilen müssen, als ihm einstmals der Gedanke kam, seinen Herrn, den er oft gesehen hatte, zu zeichnen; er nahm eine ausgebrannte Kohle vom Feuer und stellte ihn auf einer weißen Wand in seiner maurischen Kleidung ganz getreu dar. Die übrigen Sklaven berichteten es dem Herrn, weil in jenen Gegenden, wo weder Zeichenkunst noch Malerei gewöhnlich war, die Sache als ein Wunder schien, und dies wurde die Veranlassung, daß man ihn von den Ketten befreite, die er so lange getragen hatte. Fürwahr gereicht es dieser herrlichen Kunst sehr zum Ruhm, daß sie da, wo Macht war, zu strafen und zu verdammen, das Gegenteil wirkte, und anstatt zu Verfolgung und Tod, zu Liebkosungen und zu dem Geschenk der Freiheit führte. Denn nachdem Filippo seinem Herrn einige Bilder mit Farben gemalt hatte, ward er sicher nach Neapel zurückgeleitet. In jener Stadt verfertigte er im Auftrag des Königs Alphons, damaligen Herzogs von Kalabrien, ein Temperagemälde auf Holz für die Kapelle des Schlosses, wo

FRA FILIPPO LIPPI
PITTORE FIOR.

heutigentags die Wache ist. Bald nachher jedoch kam ihm das Verlangen, nach Florenz zurückzugehen; er blieb einige Monate daselbst und malte für die Nonnen von S. Ambrogio eine schöne Altartafel, wodurch er dem Cosimo von Medici bekannt wurde, der ihn sehr lieb gewann.

Für die Kapelle der Kirchenverwalter von S. Lorenzo malte er auf Holz eine Verkündigung, und für die Kapelle della Stufa eine andere in der selben Weise, welche jedoch nicht beendet ist. In einer der Kapellen von St. Apostolo der selben Stadt ist von ihm eine Tafel, welche die Madonna von mehreren Figuren umgeben darstellt, und zu Arezzo, in der Kapelle S. Bernardo bei den Mönchen von Monte Oliveto, verfertigte er im Auftrag des Herrn Carlo Marsuppini die Altartafel mit der Krönung Mariä und vielen Heiligen umher, welche sich so frisch erhalten hat, als habe Fra Filippo sie jetzt erst beendet. Hierbei ward er von Herrn Carlo erinnert, auf die Hände zu achten, die er male, denn an seinen Arbeiten werde vieles sehr getadelt; Fra Filippo, der solchen Tadel meiden wollte, suchte von jener Zeit an seine Gestalten meist durch Gewänder oder sonst schicklich zu verhüllen. In jenem Bilde aber stellte er Herrn Carlo nach dem Leben dar. Für die Nonnen von Annalena zu Florenz malte er auf eine Tafel die Geburt Christi; einige seiner Arbeiten sind in Padua, und nach Rom sandte er dem Kardinal Barbo zwei Bilder mit kleinen Figuren, vortrefflich und sehr fleißig vollendet. Denn alle seine Arbeiten waren mit seltener Anmut und der zartesten Verschmelzung der Farben ausgeführt; deshalb stand er bei Künstlern immer in Wert, auch die neueren Meister feiern ihn durch größtes Lob, und so lange seine herrlichen Bestrebungen vor der Zerstörung der Zeit geschützt bleiben, wird jedes Jahrhundert ihn verehren.

In Prato, nahe bei Florenz, woselbst Filippo einige Verwandte hatte, verweilte er mehrere Monate in Gesellschaft des Karmeliters Fra Diamante, welcher sein Gefährte im Noviziat gewesen war, und vollendete in der ganzen Umgegend eine Menge Arbeiten. Dort erhielt er von den Nonnen von Santa Margherita Auftrag, die Tafel für den Hauptaltar zu malen, und während er hiermit beschäftigt war, erblickte er eines Tages die Tochter des Florentiners Francesco Buti, welche in jenem Kloster entweder unter Aufsicht stand oder Nonne werden sollte. Fra Filippo betrachtete Lucrezia – dies war der Name des Mädchens – und da sie schön und anmutig war, wußte er die Nonnen dahin zu bewegen, daß er sie zeichnen und dieses Porträt für die Mutter Gottes in dem Altarbilde verwenden durfte. Bei dieser Veranlassung verliebte er sich noch mehr, und fand endlich Mittel und Wege, Mona Lucrezia jenen Nonnen gerade an dem Tag zu entführen, wo sie ausging, den Gürtel der Jungfrau zu sehen, eine heilige Reliquie, die man zu Prato aufbewahrt. Die Nonnen waren durch dies Ereignis sehr beschämt, und der Vater Lucrezias wurde niemals wieder froh; er wandte alle Mittel an, sie wieder zu bekommen, doch wollte sie nicht zurückkehren, entweder aus Furcht oder aus einem anderen Grunde. Sie blieb bei Filippo, dem sie einen Sohn gebar, welcher nach dem Vater Filippo genannt und später gleich ihm ein berühmter Maler wurde.

Fra Filippo war ein Freund fröhlicher Menschen und lebte immerdar vergnügt. Er ließ Fra Diamante die Kunst der Malerei lernen und dieser vollendete viele Bilder in der Karmeliterkirche zu Prato, gelangte in Nachahmung der Manier seines Meisters zu großer Vollkommenheit, und erwarb sich dadurch viele Ehre.

Fra Filippo starb 1468 in seinem siebenundfünfzigsten Lebensjahre, und übertrug in seinem Testament dem Fra Diamante die Sorge für Filippo, seinen Sohn. Dieses Kind, erst zehn Jahre alt, lernte von Fra Diamante die Kunst und kehrte mit ihm nach Florenz zurück.

JACOPO, GIOVANNI UND GENTILE BELLINI

Jacopo geboren um 1400, gestorben 1464. – Gentile geboren 1427, gestorben 1507. – Giovanni geboren um 1428, gestorben 1516. Alle drei zu Venedig oder auf venetianischem Gebiet (Padua)

Allmählich steigt das, was auf natürlichen Gaben beruht, mag sein Beginn auch klein und unbedeutend scheinen, mehr und mehr empor und läßt nicht nach, bis der höchste Gipfel des Ruhmes erreicht ist, wie man deutlich an dem geringen Anfang der Familie Bellini erkennen kann und an der Höhe, zu welcher sie nachmals in der Malerei gelangte.

J a c o p o B e l l i n i, Maler zu Venedig, und ein Schüler von Gentile da Fabriano, wetteiferte mit Domenico, welcher den Andrea dal Castagno in Öl malen lehrte, und obwohl er sich sehr mühte, in der Kunst vorzüglich zu werden, gelangte er doch nicht zu Namen und Ruf, bis Domenico Venedig verlassen hatte. Von jener Zeit an hatte er in jener Stadt keinen Nebenbuhler mehr, der ihm gleich gewesen wäre; sein Ruf stieg, wie seine Werke sich vervollkommneten, und nicht nur galt er für den gerühmtesten und größten Maler seines Berufes, sondern die Ehre des Namens, den er sich in der

Malerei erworben hatte, sollte in seiner Familie noch gesteigert werden, da ihm zwei Söhne geboren waren, beide mit klarem und richtigem Verstande begabt, und beide von Neigung zur Kunst getrieben. Der eine hieß Giovanni, der andere Gentile, ein Name, den Jacopo ihm gab, weil er das Andenken seines Lehrers Gentile da Fabriano mit großer Liebe bewahrte, der ihm zugleich wie ein zärtlicher Vater gewesen war. Als die beiden Knaben ein wenig heranwuchsen, unterrichtete Jacopo selbst sie mit allem Fleiß in den Anfängen der Zeichenkunst; bald übertrafen sie den Vater weit, und dieser hatte hierüber eine große Freude, ermunterte sie und sagte, er wünsche, sie möchten sich den Ruhm erwerben, der den Toskanern zuteil geworden sei, nämlich alle Kraft aufgeboten zu haben, um einer den anderen zu übertreffen; Giovanni sollte ihn besiegen, Gentile beide, je nachdem die Kunst sich von einem auf den anderen vererbe.

Die ersten Arbeiten, welche dem Jacopo Ruhm erwarben, waren die Bildnisse des Giorgio Cornaro und der Katharina, Königin von Zypern; eine Tafel, welche er nach Verona schickte, die Passion Christi mit vielen Figuren darstellend, unter welchen er selbst sich nach der Natur abbildete, und ein Gemälde von dem Wunder des heiligen Kreuzes, das, wie man sagt, in der Scuola di San Giovanni Evangelista aufbewahrt wird. Alle diese und viele andere Werke unternahm er mit Hilfe seiner Söhne und führte das letztere Bild auf Leinwand aus, ein Verfahren, welches fast immer in jener Stadt gebräuchlich war, wo man wenig nur auf Tafeln von

Pappel- oder Espenholz zu malen pflegte, wie in anderen Gegenden üblich ist. Dieses Holz wächst meist längs Flüssen oder sonst an Wassern, ist zart und zur Malerei vortrefflich, weil es mit Wasser aneinandergefugt, sehr fest hält. Geschieht es bei den Venezianern ja einmal, daß sie auf Tafeln arbeiten, so nehmen sie dazu nur Tannenholz, woran dieses Land durch den Etschfluß großen Reichtum hat, der es in Menge aus Deutschland zuführt, ungerechnet, daß aus Dalmatien auch viel dergleichen dahin kommt. Sei es nun, daß in jener Stadt gewöhnlich ist, auf Leinwand zu malen, weil sie nicht Spalten bekommt, noch fault, oder weil man den Bildern beliebige Größe geben und sie leicht ohne viele Kosten und Mühe nach anderen Orten versenden kann, oder sei es aus irgendeinem anderen Grunde: die ersten Arbeiten von Jacopo und Gentile wurden auf Leinwand ausgeführt, und Gentile malte nachher für sich allein zu dem oben genannten Gemälde vom heiligen Kreuze sieben oder eigentlich acht Bilder. Er stellte darin das Wunder vom Kreuz Christi, einer heiligen Reliquie jener Bruderschaft dar, welches sich in folgender Weise begab: Das Kreuz war, ich weiß nicht durch welchen Zufall, von der Brücke della Paglia in den Kanal gefallen, und da viele das Holz vom Kreuze Christi daran verehrten, stürzten sie sich ins Wasser, um es wieder aufzufinden; Gott aber wollte, daß keiner dessen würdig war, als der Guardian der Bruderschaft. Gentile, der diese Begebenheit darstellte, zeichnete perspektivisch viele Häuser am großen Kanal, die Brücke della Paglia, den St. Markusplatz und eine lange Prozession von

Männern und Frauen, die der Geistlichkeit nachfolgen. Viele sind ins Wasser gesprungen, andere im Begriff, es zu tun, viele halb untergetaucht, andere in verschiedenen schönen Stellungen abgebildet und endlich noch sieht man den Guardian, der die Reliquie bringt. Auf dieses Werk verwandte Gentile in Wahrheit unendlichen Fleiß, dies bezeugen die große Menge Figuren, das Zurücktreten der Gestalten im Hintergrund und die vielen Bildnisse nach der Natur, worunter vornehmlich fast alle damaligen Mitglieder jener Kongregation oder Brüderschaft zu erkennen sind. Mit vielem Sinn ist dargestellt, wie das Kreuz wieder errichtet wird, und alle diese Bilder, auf Leinwand gemalt, erwarben Gentile großen Ruhm. Jacopo zog sich im Laufe der Jahre ganz zurück und er und seine Söhne übten jeder für sich seine Kunst; ich werde jedoch von Jacopo sonst nichts mehr erwähnen; denn da seine Arbeiten im Vergleich mit denen der Söhne eben nicht ausgezeichnet sind, und er, bald nachdem er sich von ihnen getrennt hatte, starb, so scheint mir besser, ausführlich nur von Giovanni und Gentile zu erzählen. Verschweigen aber will ich nicht, daß, obschon jeder der Brüder für sich wohnte, sie dennoch die größte Achtung für einander und beide für den Vater hegten; sie feierten einander gegenseitig durch Lob, jeder ordnete sein Verdienst dem des anderen unter und sie suchten beide bescheiden einander nicht minder in Güte und Artigkeit, als in der Kunst zu übertreffen.

Die ersten Arbeiten Giovannis waren einige Bildnisse nach der Natur, die sehr wohl gefielen, vornehmlich eines des Dogen Loredano, welches nach anderer Meinung den Giovanni Mozzenigo, Bruder des Piero, der lange vor Loredano Doge war, vorstellt. Giovanni malte in der Kirche S. Giovanni für den Altar der heiligen Katharina von Siena ein ziemlich großes Bild: die Madonna in sitzender Stellung mit dem Sohne auf dem Arm, umgeben von den Heiligen Dominicus, Hieronymus, Katharina, Ursula und zwei anderen Jungfrauen. Zu Füßen der Madonna stehen drei sehr schöne Kinder, die aus einem Buche singen, und über ihr sieht man die Wölbung eines Gebäudes in ihrer Vertiefung dargestellt. Dieses Werk gehört zu den besten, die bis auf jene Zeit in Venedig ausgeführt worden waren. Jene lobenswerten Arbeiten waren Ursache, daß einige Edelherren übereinkamen, es werde wohlgetan sein, mit Hilfe so vorzüglicher Meister im großen Saale eine Verzierung von Gemälden auszuführen und darin alle Herrlichkeiten ihrer bewundernswerten Stadt, alles Große, alle Kriegstaten und Unternehmungen, samt anderen ähnlichen Dingen darzustellen, die würdig wären, für die Nachgeborenen im Bilde aufbewahrt zu werden, so daß bei dem Nutzen und Vergnügen, welches das Lesen geschichtlicher Begebenheiten bringt, auch dem Auge und Verstand Vergnügen bereitet werde, indem man, von kunstvoller Hand gemalt, die Bildnisse berühmter Männer und die Taten so vieler Edelleute vor sich sehe, die eines ewigen Gedächtnisses wert sind. Giovanni und Gentile, deren Ruf immer höher stieg, erhielten Auftrag, dies Werk zu übernehmen und sogleich zu beginnen. Hier steht jedoch zu erwähnen, daß Antonio aus Venedig lange vordem die Verzierung des selben Saales begonnen und dort ein großes Bild gemalt hatte, als Neid und Bosheit ihn zwangen, fortzugehen und dieses ehrenvolle Werk nicht weiter zu führen.

Um die selbe Zeit wurden durch einen Gesandten mehrere Bildnisse zu dem Großherrn nach der Türkei gebracht, und erregten bei diesem viel Staunen und Bewunderung; er nahm sie gern an, obschon den Mohammedanern nach ihrem Gesetze Bilder verboten sind, und rühmte ohne Ende die Geschicklichkeit des Künstlers; ja was mehr sagt, er verlangte, man solle ihm denselben schicken. Der Senat hielt dafür, Giovanni sei in einem Alter, wo er schwer Mühseligkeiten ertragen könne, und wollte die Stadt Venedig nicht gern seiner berauben, um so weniger, als er gerade die Malereien im großen Ratssaale unter den Händen hatte. Deshalb wurde der Beschluß gefaßt, seinen Bruder Gentile hinzusenden, der das selbe leisten werde wie Giovanni. Gentile rüstete sich zur Reise und wurde auf einem venezianischen Schiffe wohlbehalten nach Konstantinopel geführt, wo er vom Sachverwalter der Signoria dem Mohammed vorgestellt wurde. Dieser nahm ihn mit Freuden auf und erzeigte ihm, als einer seltenen Erscheinung, viele Liebkosungen. Vornehmlich war dieses der Fall, nachdem Gentile ein höchst anmutiges Gemälde überreicht hatte, welches der Großherr sehr bewunderte; er konnte fast nicht begreifen, wie ein Sterblicher solche Göttlichkeit in sich trage, daß er die Natur mit solcher Treue nachzuahmen vermöge. Gentile war noch nicht lange in Konstantinopel, als er den Kaiser Mohammed sehr gut

GIOVANNI BELLINI PITTOR
VINIZIANO

nach dem Leben darstellte, was dort als ein Wunder erschien. Der Großherr, der viele Proben seiner Geschicklichkeit gesehen hatte, fragte ihn einstmals, ob er Mut habe, sich selbst zu malen. „Gewiß kann ich das," entgegnete Gentile und malte sich im Verlauf von wenig Tagen nach dem Spiegelbild so ähnlich, daß er wie lebend erschien. Er brachte sein Konterfei dem Sultan, der sich sehr darüber verwunderte und nicht anders glaubte, als jener habe einen göttlichen Geist im Geleit, ja, wäre nicht, wie ich vorn schon sagte, den Türken diese Kunst verboten, so würde der Kaiser Gentile niemals entlassen haben. Nun aber gebot er eines Tages, entweder aus Furcht, daß man darüber murren möchte, oder sonst aus einem Grunde, er solle zu ihm kommen, ließ ihm vorerst für alle gehabten Freundlichkeiten danken, lobte ihn als einen vortrefflichen Meister und sagte endlich, er möge sich eine Gnade ausbitten, welche er nur immer wolle, sie werde sicherlich Gewährung finden. – Gentile, der bescheiden und rechtschaffen war, verlangte nichts als einen Gnadenbrief, worin er ihn dem ehrwürdigen Senat seiner herrlichen Vaterstadt Venedig empfehlen möchte. Dies geschah mit soviel Wärme, als nur möglich war, und er wurde entlassen, reich beschenkt und mit der Ritterwürde bekleidet. Unter den Geschenken, welche er vom Großherrn beim Abschied erhielt, war außer vielen Privilegien eine Kette, nach türkischer Weise gearbeitet, an Gewicht zweihundertfünfzig Scudi in Gold, die ihm um den Hals gehangen wurde, und diese wird noch jetzt bei seinen Erben in Venedig aufbewahrt.

Gentile verließ Konstantinopel und kehrte nach einer glücklichen Fahrt in sein Vaterland zurück, dort wurde er nicht nur von seinem Bruder, sondern fast von der ganzen Stadt mit Jubel empfangen, denn alle freuten sich der Ehre, welche Mohammed seinem Talent erwiesen hatte. Er stellte sich dem Dogen und den Senatoren vor, die ihn freundlich aufnahmen und sehr rühmten. Weil er ihrem Wunsche gemäß den Kaiser höchlich zufriedengestellt hatte, bestimmten sie einen Jahrgehalt von zweihundert Scudi, und dieser wurde ihm bis zum Ende seines Lebens ausgezahlt.

Gentile führte nach seiner Rückkehr wenig Arbeiten mehr aus; endlich, dem achtzigsten Jahre nahe, ging er zu einem besseren Leben über und wurde 1501 von Giovanni, seinem Bruder, in S. Giovanni und Paolo ehrenvoll begraben.

Dieser blieb nach dem Tode Gentiles, den er immer zärtlich geliebt hatte, verwaist und einsam in der Welt zurück, und obschon hoch in Jahren, arbeitete er doch noch einiges zum Zeitvertreib. Vornehmlich beschäftigte er sich, Bildnisse nach dem Leben zu malen, und führte dadurch in jeder Stadt den Brauch ein, daß, wer irgend einen Rang einnahm, sich von ihm oder einem anderen malen ließ. Daher sind in allen venezianischen Häusern eine Menge Bildnisse, und man findet bei vielen adligen Familien ihre Voreltern bis ins vierte Glied, bei manchen noch weiter zurück, abgebildet; eine Sitte, die immer lobenswert und auch bei den Alten üblich war. Wem sollte es nicht ein unendlich Vergnügen bereiten, der Zierde gar nicht zu gedenken, wenn er die Bilder seiner

Ahnen sieht? Besonders, wenn sie in den obersten Staatsämtern sich auszeichneten, durch herrliche Taten im Krieg und Frieden oder Gelehrsamkeit oder andere merkwürdige und seltene Vorzüge berühmt waren. Und aus welch anderem Grunde stellten die Alten die Bildnisse großer Männer mit ehrenvollen Unterschriften an öffentlichen Plätzen auf, als um die Nachgeborenen für Tugend und Ruhm zu begeistern?

Giovanni erreichte das neunzigste Jahr und starb endlich an Altersschwäche. Durch die schönen Werke, die er in Venedig, seiner Vaterstadt, und andern Orten vollführt hatte, hinterließ er ein unsterbliches Gedächtnis seines Namens und wurde in der selben Kirche und Gruft, in welcher er seinen Bruder Gentile begraben hatte, ehrenvoll beigesetzt. Es fehlte in Venedig nicht an solchen, welche suchten, ihn durch Sonette und Epigramme im Tod zu ehren, wie er im Leben sich und seinem Vaterlande Ruhm erworben hatte.

DOMENICO GHIRLANDAJO

Geboren 1449 zu Florenz. Gestorben 11. Januar 1494 daselbst

Domenico di Tommaso del Ghirlandajo, den man wegen der Vorzüge, Herrlichkeit und Menge seiner Werke einen der ersten und trefflichsten Meister seiner Zeit nennen kann, war von der Natur zum Maler bestimmt, obwohl diejenigen, unter deren Obhut er stand, anderes mit ihm vorhatten. Solch entgegengesetztes Streben hindert oft das fruchtbare Gedeihen vorzüglicher Geister, beschäftigt sie mit Dingen, für die sie kein Geschick haben, und lenkt sie von denen ab, welche ihnen naturgemäß sind. Domenico ließ sich jedoch nicht abhalten, dem Triebe seines Herzens zu folgen, erwarb dadurch sich und den Seinen viel Ehre, brachte der Kunst großen Gewinn und war die Freude seines Zeitalters.

Sein Vater bestimmte ihn für seine eigene, nämlich die Goldschmiedekunst, in welcher er ein mehr als vorzüglicher Meister war; er hat den größten Teil der silbernen

Exvotos im Schrank der Nunziata zu Florenz und die silbernen Lampen in der Kapelle gearbeitet, welche im Jahre 1529 bei Bestürmung der Stadt eingeschmolzen worden sind. Tommaso hatte ferner den Kopfputz der florentinischen Mädchen erfunden, welchen man Ghirlanden nennt, und erhielt deshalb den Namen Ghirlandajo, nicht nur als Erfinder, sondern auch, weil er deren eine unendliche Menge von so großer Schönheit verfertigt hatte, daß es schien, als wollten nur die gefallen, die aus seiner Werkstatt kamen. Domenico, der also in der Werkstatt arbeiten mußte, fand aber keinen Gefallen an der Goldschmiedekunst und beschäftigte sich daher fortwährend mit Zeichnen. Die Natur hatte ihm einen klaren Verstand geschenkt und viel Geschmack und Urteil für die Malerei; daher erwarb er sich bald eine große Fertigkeit, Schnelle und Leichtigkeit, und brachte es, wie man sagt, schon in frühester Jugend, als er noch Goldarbeiter war, so weit, daß er die Leute, welche an seiner Werkstätte vorübergingen, sehr ähnlich nachzeichnete. Von dieser Fähigkeit geben noch jetzt in seinen Werken viele wohlgetroffene Bildnisse ein gültig Zeugnis. Seine ersten Malereien verfertigte er in der Kapelle der Vespucci in Ognissanti; dort stellte er einen toten Christus mit mehreren Heiligen dar, und oberhalb eines Bogens eine Barmherzigkeit, bei der er das Bildnis von Amerigo Vespucci anbrachte, der nach Indien schiffte. Hierdurch gewann er großen Namen und Ruf und erhielt Auftrag, für Francesco Sassetti eine Kapelle in Santa Trinita mit Begebenheiten aus dem Leben des heiligen Franciscus zu verzieren; ein

Werk, welches er bewundernswert, mit viel Anmut, Zartheit und Liebe ausführte.

In der Kirche von Cestillo malte er eine Tafel, welche David und Benedetto, seine Brüder, vollendeten, eine Heimsuchung Mariä, worin man einige sehr an- mutige weibliche Köpfe findet. Für die Kirche der In- nocenti arbeitete er in Tempera eine Tafel mit der An- betung der Könige, ein sehr gerühmtes Werk, in welchem sich viele jüngere und ältere Gesichter von mannigfal- tiger Schönheit der Züge und Mienen finden. Vornehm- lich erkennt man im Haupt der Madonna jene sittige Schönheit und Anmut, welche die Kunst der Mutter des Gottessohnes verleihen kann.

Papst Sixtus IV. berief Domenico nach Rom, in Gesell- schaft anderer Meister seine Kapelle zu verzieren. Dort stellte er den Heiland dar, welcher den Petrus und An- dreas von den Fischernetzen abruft, und die Auferstehung des Herrn, die heutigen Tages zum größten Teil zu- grunde gegangen sind, weil sie oberhalb der Tür an- gebracht waren, bei welcher nachmals der Tragbalken Schaden litt, sodaß ein neuer dafür eingesetzt werden mußte. Zur Zeit, als Domenico in Rom war, lebte in jener Stadt Francesco Tornabuoni, ein geehrter und reicher Kaufmann und vertrauter Freund Domenicos. Diesem war seine Frau im Wochenbett gestorben, und er hatte ihrem edlen Stande gemäß zu ihrem ruhmvollen Gedächtnis ein Grabmal in der Minerva setzen lassen, wovon in der Lebensbeschreibung von Andrea del Ver- rocchio weiter die Rede sein wird. Die Wand, an wel- cher dies Denkmal stand, sollte Domenico verzieren

und außerdem noch ein kleines Temperabild malen. Er stellte auf jener Fläche vielerlei Begebenheiten dar, zwei von Johannes dem Täufer und zwei von der Madonna, welche damals sehr gerühmt wurden; auch fand Francesco ein großes Vergnügen daran, und als dieser Künstler ehrenvoll und mit vielem Gelde nach Florenz zurückkehrte, empfahl er ihn brieflich seinem Verwandten Giovanni, dem er schrieb, wie er bei jenem Werke sich von Ghirlandajo wohl bedient gesehen habe, und wie sehr der Papst durch seine Malereien zufriedengestellt sei.
Giovanni, der dies vernahm, faßte den Gedanken, ihn bei irgendeinem großartigen Werke zu beschäftigen, zu seines eigenen Namens ehrenvollem Gedächtnis und zu Domenicos Ruhm und Gewinn. In Begünstigung dieses Vorhabens wollte der Zufall, daß die Hauptkapelle in Santa Maria Novella, dem Kloster der Prädikanten-Mönche, welche vordem von Andrea Orgagna ausgemalt worden war, sehr durch Nässe gelitten hatte, weil das Dach der Wölbung schlecht gedeckt gewesen war. Viele Bürger erboten sich, die Kapelle ausbessern oder vielmehr neu machen zu lassen; sie gehörte jedoch der Familie Ricci, und diese wollte es nie zugeben; sie selbst konnte nicht soviel Kosten aufwenden und ebensowenig sich entschließen, ihre Ausschmückung einem andern zu überlassen, weil sie fürchtete, sie möchten des Patronatsrechtes und ihres Wappens daselbst verlustig gehen, welches noch von ihren Voreltern herstammte. Giovanni, der großes Verlangen trug, Domenico möge ihm dort ein Gedächtnis stiften, suchte jenen

Handel auf verschiedenen Wegen auszugleichen, und versprach endlich der Familie Ricci, er für sich allein wolle alle Kosten tragen, sie auf irgendeine Weise entschädigen und ihr Wappen am ausgezeichnetsten und ehrenvollsten Platz in jener Kapelle anbringen lassen. So kamen sie überein, und nachdem ein feierlicher Kontrakt abgeschlossen war, seinem Inhalt nach genau wie ich oben erzählt habe, übertrug Giovanni dieses Werk dem Meister Domenico. Dieser sollte dieselben Gegenstände malen, welche Orgagna dargestellt hatte; hierfür versprach er dem Künstler zwölfhundert Dukaten in Gold zu zahlen, und im Fall dieses Werk ihm wohl gefiele, zweihundert hinzuzufügen.

Domenico legte Hand daran und ließ nicht nach, bis er es im Verlauf von vier Jahren vollendet hatte. Dies geschah im Jahre 1485 zu größter Befriedigung Giovannis, welcher sich für sehr wohl bedient erklärte und freimütig gestand, Domenico habe die zweihundert Dukaten über den bedungenen Preis verdient; lieb jedoch würde ihm sein, wenn er sich mit dem ersten Preis begnügen wolle. Domenico, welcher Ruhm und Ehre viel höher als Reichtümer achtete, erließ ihm sogleich alles übrige und versicherte, ihm gelte weit mehr, seinem Wunsche genügt zu haben, als jene Bezahlung zu erlangen. Giovanni ordnete an, daß zwei große Wappenschilder in Stein gearbeitet wurden, eines für die Tornaquinci, das andere für die Tornabuoni, und ließ sie außen an den Pfeilern jener Kapelle anbringen. Im Bogen sind andere Wappen jener Familie, die sich in verschiedene Namen und Glieder verzweigt, die der Giachinotti, der Popoleschi, Marabottini und Cardinali. Zuletzt arbeitete Domenico die Altartafel, und Giovanni gab Befehl, daß in deren goldener Umfassung unter einem Bogen, der den Schluß des Ganzen bildete, ein sehr schönes Tabernakel für das Sakrament angebracht wurde, auf dessen Frontispiz ein Schild kam, eine viertel Elle groß, worauf man das Wappen der Patronatsherren Ricci setzte. Die Kapelle wurde endlich aufgedeckt, alsbald aber auch entstand Lärm und Zank, denn jene suchten voll Eifers ihr Wappen und gingen endlich, da sie es nicht fanden, zum Magistrat der Achte, ihren Kontrakt vorzuweisen. Man befragte die Tornabuoni, und sie erwiderten: dem Vertrage gemäß sei es am ehrenvollsten und ausgezeichnetsten Orte in der Kapelle. Es wurde nachgesehen, und obwohl jene riefen, dort werde man es nicht gewahr, so erhielten sie doch den Bescheid, das Unrecht sei auf ihrer Seite, sie müßten sich zufriedenstellen, ihr Wappen sei zunächst dem heiligen Sakrament und sonach an einem sehr ehrenvollen Platz. Kurz, der Magistrat entschied, daß es bleibe, wo es noch jetzt zu sehen ist. Sollte jemand meinen, diese Erzählung liege außerhalb des Bereiches der Lebensbeschreibungen, die ich aufzeichne, so mag er sich dies nicht verdrießen lassen; sie entschlüpfte meiner Feder und dient, wenn zu sonst nichts, doch um zu zeigen, wie sehr Armut dem Reichtum zur Beute gegeben ist, und wie Reichtum mit Klugheit gepaart gar leicht und ohne Tadel an das gewünschte Ziel gelangt.

Für Giovanni Tornabuoni malte er ferner eine Kapelle auf seinem Landsitz Casso Macherelli, nicht ferne von

DOMENICO GHIRLANDAIO PITT.
FIORENTINO

der Stadt, über dem Fluß von Terzolle, die jetzt durch die Nähe des Stromes halb zusammengestürzt ist, jedoch, obwohl unbedeckt, viele Jahre dem Regen und der Sonne preisgegeben, sich erhalten hat, als ob sie unter Dach gewesen wäre; hieran sieht man, wieviel Freskoarbeiten wert sind, wenn sie mit Urteil ausgeführt und nicht trocken nachgebessert werden. Im Palast der Signoria, in dem Saale, wo die wunderbare Uhr von Lorenzo della Volpaja ist, malte Domenico viele florentinische Heilige und brachte dabei allerhand schöne Zieraten an. Dieser Künstler fand ein solch Gefallen dran, zu arbeiten und jedermann Genüge zu tun, daß er seinen Jungen befahl, jede Arbeit anzunehmen, die in seiner Werkstatt bestellt werde, wenn es auch Ringe zu Damenkörbchen wären; wollten sie sie nicht malen, so wolle er es tun, damit keiner unbefriedigt aus seiner Werkstatt gehe. Wenn dagegen häusliche Geschäfte ihm oblagen, so beschwerte er sich sehr und übertrug deshalb seinem Bruder David die Besorgung der Ausgaben, indem er sagte: „Überlasse mir die Arbeit und kaufe du ein; jetzt, da ich anfange, mit Art und Wesen dieser Kunst bekannt zu werden, tut es mir leid, daß man mir nicht aufträgt, den ganzen Umkreis der Stadtmauer von Florenz mit Historien zu bemalen.“ So zeigte er einen entschlossenen und unverzagten Geist in allem, was er unternahm.

Man sagt, Domenico habe solch eine Sicherheit in der Zeichnung gehabt, daß, als er die Altertümer zu Rom nachzeichnete – Triumphbögen, Bäder, Säulen, Kolosseen, Obelisken, Amphitheater und Wasserleitungen –

er weder Lineal noch Zirkel und Vermessungen zu Hilfe nahm, sondern bloß nach dem Augenmaß arbeitete und wenn er nachmals die Gebäude maß, fand sich seine Zeichnung so richtig, als ob er alles vorher gemessen hätte. Das Kolosseum zu Rom zeichnete er in dieser Weise nach dem Augenmaß und brachte unten eine stehende Figur an, nach der man das Verhältnis des ganzen Gebäudes messen kann; hierüber stellten nach seinem Tod einige Meister Probe an und fanden, daß alles völlig zutreffe. Über einer Tür des Kirchhofes von Santa Maria Nuova sieht man in Fresko von ihm gemalt einen heiligen Michael in schönem Waffenschmuck, mit dem Widerschein des Harnisches, wie vor ihm wenig üblich gewesen war. Für die Abtei von Passignano, welche den Mönchen von Vallombrosa gehört, arbeitete er einiges in Gemeinschaft mit seinem Bruder, und mit Bastiano von S. Gimignano. Diese beiden wurden, ehe Domenico kam, in jenem Kloster sehr schlecht gehalten, und beschwerten sich deshalb beim Abte, den sie baten, ihnen bessere Kost geben zu lassen; es sei nicht anständig, daß er sie wie Handlanger halte. Der Abt versprach dem nachzukommen und entschuldigte sich, es geschehe mehr aus Unwissenheit des Gastmeisters, als aus üblem Willen. Domenico kam, es blieb jedoch beim alten, und David, der den Abt zum anderen Male traf, sagte ihm, er führe nicht um seinetwillen Beschwerde, sondern wegen der Verdienste und Vorzüge seines Bruders. Der Abt, ein unwissender Mensch, gab die selbe Antwort, wie das erstemal. Sie setzten sich am Abend zum Essen und nach gewohnter Art kam der

Gastmeister mit einem Brett, worauf Suppe und die allerabscheulichsten Pastetchen standen. Voll heftigen Zornes stieß David dem Mönch die Suppe um, warf das Brot vom Tisch nach ihm und behandelte ihn so schlimm, daß er halb tot nach der Zelle gebracht wurde. Dadurch entstand, wie sich denken läßt, ein arger Lärm; der Abt, der schon zu Bette lag, glaubte, das Kloster stürze ein, sprang auf und fand den Mönch sehr übel zugerichtet. Er fing an, mit David zu zanken, doch jener rief in Wut: „Gehe mir aus den Augen, Domenicos Geschicklichkeit ist mehr wert, wie alle Schweine von Äbten deiner Art, die je in diesem Kloster gewesen sind!" – Der Abt fühlte sich getroffen und trachtete von Stund' an, sie als ehrenvolle Männer zu behandeln, wie sie waren. Nachdem Domenico dies Werk vollendet hatte, kehrte er nach Florenz zurück. Dort malte er eine Tafel für Carpri und eine andere schickte er nach Rimini an Herrn Carl Malatesti, der sie in seiner Kapelle in S. Domenico aufstellen ließ.

Durch Vermittlung Lorenzos von Medici, welcher bei der Domverwaltung von Siena mit einer Bürgschaft von 20000 Dukaten eingetragen war, wurde Domenico dahin berufen, und fing an, die Fassade des Domes in Mosaik zu arbeiten. Er begann das Unternehmen mit gutem Mut und nach besserer Methode, als vordem üblich gewesen; vom Tode jedoch überrascht, mußte er es unvollendet liegen lassen. Ebenso blieb durch das Hinscheiden des Lorenzo Magnifico von Medici die Kapelle des heiligen Zenobius zu Florenz unvollendet, welche Domenico und der Miniaturmaler Gherardo angefangen hatten, in Mosaik zu verzieren. Über der Seitentür von Santa Maria del Fiore, die nach den Serviten führt, sieht man eine Verkündigung, von Domenico so schön in Mosaik gearbeitet, daß von neueren Meistern nichts Besseres in dieser Art gemacht worden ist. Dieser Künstler pflegte zu sagen: Malerei sei Zeichnung, Mosaik aber die wahre Malerei für die Ewigkeit.

Mit ihm trat, um die Kunst zu erlernen, Bastiano Mainardi von St. Gimignano in Gemeinschaft und wurde ein sehr geübter Freskomaler. Beide Meister gingen zusammen nach Gimignano; dort malten sie die Kapelle der heiligen Fina, ein wohlgelungenes Werk. Domenico, durch die Hilfeleistungen und das freundliche Betragen Bastianos zufriedengestellt und erfreut, achtete ihn so wert, daß er ihm eine seiner Schwestern zur Frau gab. So belohnte ein liebender Lehrer freigebig die Vorzüge seines Schülers, die mit Fleiß und Anstrengung in der Kunst errungen waren, und Freundschaft verwandelte sich in Verwandtschaft. – Aber eben, als sie in Pisa und Siena mehrere große Werke beginnen wollten, erkrankte Domenico an einem schweren pestartigen Fieber, welches ihn nach fünf Tagen des Lebens beraubte. In der Zeit, da er krank wurde, schickten die Tornabuoni ihm ein Geschenk von hundert Dukaten, zum Beweis, wie sie die Liebe und Freundlichkeit und die Dienste erkannten, welche jener Künstler dem Giovanni sowohl, als seinem ganzen Hause erwiesen hatte.

Domenico lebte vierundvierzig Jahre und wurde mit vielen Tränen und kummervollem Herzen von David und Benedetto, seinen Brüdern, und Ridolfo, seinem Sohne, unter feierlichem Leichengepränge in Santa Maria Novella beigesetzt. Sein Verlust gereichte allen seinen Freunden zu großem Schmerz, und viele treffliche ausländische Meister schrieben an seine Hinterbliebenen, um seinen frühzeitigen Tod zu beklagen.

Domenico bereicherte die neue Manier der Mosaikmalerei mehr als irgendein anderer Toskaner von Unzähligen, die sich darin gemüht haben. Dieses beweisen seine Arbeiten, wie wenige es auch sein mögen, und ihm gebührt wegen seiner Vielseitigkeit und seines Verdienstes in der Kunst Ehre und verherrlichendes Lob nach dem Tode.

SANDRO BOTTICELLI

Geboren 1446 zu Florenz. Gestorben den 27. Mai 1510 daselbst

In der Zeit des älteren Lorenzo Magnifico de' Medici, welche fürwahr für Menschen von Geist ein goldenes Zeitalter gewesen ist, lebte Allessandro, nach unserer Sprechweise Sandro, di Botticelli genannt; eine Benennung, deren Anlaß wir sogleich erkennen werden. Sein Vater, Mariano Filipepi, ein florentinischer Bürger, erzog ihn mit Sorgfalt und ließ ihn in allen Dingen unterrichten, die man Kinder lernen läßt, ehe sie einem Berufe bestimmt werden. Obwohl nun der Knabe alles, was er wollte, leicht begriff, war er doch stets unzufrieden und fand an keinem Unterrichte Gefallen, weder am Lesen, noch am Schreiben, noch am Rechnen, sodaß der Vater, ungeduldig über diesen absonderlichen Sinn, ihn aus Verdruß dem Goldarbeitergewerbe bestimmte, und ihn zu seinem Paten Botticello gab, einem ziemlich guten Meister dieser Zunft.

Zu jener Zeit herrschte große Vertraulichkeit, ja ein fast beständiger Verkehr zwischen Goldarbeitern und Malern. Sandro, der viel Geschick besaß und sich ausschließlich mit Zeichnen beschäftigte, wurde durch jenen Umgang von Liebe zur Malerei ergriffen und faßte den Entschluß, sich ihr ganz zu widmen. Er bekannte seinem Vater freimütig dieses Begehren, und wurde zu dem damals trefflichen Meister, dem Karmelitermönch Fra Filippo in die Lehre gegeben, wie Sandro selbst gewünscht hatte. Von jener Zeit an ergab er sich ganz seinem Beruf und ahmte seinen Meister sehr getreu nach; dieser faßte deshalb eine große Liebe zu ihm, unterrichtete ihn mit aller Sorgfalt und brachte ihn bald dahin, daß er eine Stufe in der Kunst erreichte, die ihm niemand zugetraut hätte.

Im Handelsgericht von Florenz, zwischen den Tafeln, auf welchen die beiden Pollajuoli einige Tugenden dargestellt hatten, malte Sandro in früher Jugend eine Figur der Stärke, und in Santo Spirito zu Florenz eine Tafel für die Kapelle der Bardi; er führte sie mit Fleiß und wohl zu Ende und brachte dabei einige Ölbäume und Palmen an, die mit großer Sorgfalt gearbeitet sind. Eine andere Tafel verfertigte er für die Nonnen der Konvertiten und eine für die Nonnen von S. Barnaba. Im Mittelschiff der Kirche von Ognissanti neben der Tür, die nach dem Chor führt, wurde im Auftrag der Vespucci ein St. Augustin in Fresko von ihm gemalt; hierbei strengte er sich nach Kräften an, alle Meister seiner Zeit, vornehmlich den Domenico Ghirlandajo zu übertreffen, der auf der entgegengesetzten Seite den heil.

Hieronymus dargestellt hatte. Seine Arbeit erwarb ihm großes Lob; man erkennt in dem Angesicht St. Augustins das tiefe Nachdenken und den feinen Scharfsinn, welcher Menschen eigen ist, die immer der Erkenntnis hoher und schwieriger Dinge nachforschen.

Sandro kam dadurch in Ruf und erhielt Auftrag für die Werkmeisterschaft von Porta Santa Maria eine Tafel in S. Marco zu malen, eine Krönung der Madonna und einen Engelchor. Das alles wurde von ihm sehr gut gezeichnet und ausgeführt. Im Hause der Medici übernahm er viele Arbeiten für den älteren Lorenzo, darunter eine Pallas in Lebensgröße, auf einem Schilde mit Baumästen, die in Flammen stehen, und einen heiligen Sebastian. Sandro erhielt zu jener Zeit Auftrag, eine kleine Tafel zu malen, mit Figuren in der Größe von dreiviertel Ellen; sie wurde zwischen den zwei Türen an der Vorderseite von Santa Maria Novella aufgestellt, linker Hand, wenn man durch die Mitteltür in die Kirche tritt. Es enthält die Anbetung der Weisen aus dem Morgenland. Man sieht darin so viel Gemütsbewegung in dem ältesten König, daß er, voll Andacht und Zärtlichkeit den Fuß des Heilandes küssend, von Freude durchdrungen scheint, das Ziel seiner langen Reise gefunden zu haben. In dieser Gestalt ist Cosimo der ältere von Medici dargestellt, von allen Bildnissen, die es in unseren Tagen von ihm gibt, das treueste und lebendigste. Der zweite König weiht in Demut dem heiligen Kinde Verehrung und reicht ihm seine Gaben dar. Dies ist Giuliano de Medici, Vater des Papstes Clemens VII. In dem dritten ist Cosimos Sohn Giovanni abgebildet;

auch er kniet vor dem Kinde, scheint ihm anbetend Dank zu zollen und es als den wahren Messias zu begrüßen. Es läßt sich nicht schildern, welche Schönheit Sandro den Köpfen dieses Bildes verlieh; die einen sind von vorne, andere von der Seite, die einen halb abgewandt, andere niedergebogen oder sonst in verschiedener Weise zu sehen, dabei mannigfaltige junge und alte Gestalten, mit allen Eigentümlichkeiten dargestellt, welche die Meisterschaft des Künstlers erkennen lassen; denn er unterschied den Hofstaat der Könige so, daß man gewahr wird, welche dem einen, und welche den anderen zugehören; kurz dieses Werk ist bewundernswert, in Zeichnung, Malerei und Zusammenstellung so schön, daß es heutigen Tages jeden Künstler in Staunen versetzt und seinem Verfertiger damals in Florenz, wie an anderen Orten, einen großen Namen erwarb. Als daher Papst Sixtus die Kapelle in seinem Palast zu Rom erbaut hatte und sie mit Malereien verziert sehen wollte, ernannte er Sandro zum obersten Aufseher über dieses Werk. Dieser malte dort mehrere Bilder; eines wie Christus vom Teufel versucht wird, ein anderes, wie Moses den Ägypter tötet und von den Töchtern Jethro in Midian zu trinken bekommt, endlich, wie Feuer vom Himmel fällt, als die Söhne Aarons opfern wollen; in den Nischen oberhalb dieser Bilder stellt er einige heilige Päpste dar. Durch dieses Bild erlangte Sandro großen Namen und Ruf vor vielen Florentinern und anderen Meistern, die mit ihm um die Wette arbeiteten, und Papst Sixtus belohnte ihn durch eine bedeutende Summe Geldes, die aber Sandro ganz und gar während des Aufenthaltes zu Rom verbrauchte, wo er seiner Gewohnheit gemäß, nach Laune lebte.

Sobald er vollendet hatte, was ihm übertragen worden war, kehrte er schnell nach Florenz zurück. Dort beschäftigte er sich als ein Mann von grübelndem Verstande, Dantes Dichtungen teilweise zu erklären, stellte die Hölle dar, und arbeitete einen Kupferstich davon, eine Beschäftigung, mit welcher ihm viel Zeit verloren ging, denn daß er nicht andere Arbeiten vornahm, brachte große Unordnung in sein Leben. Er mühte sich noch sonst, einige seiner Zeichnungen in Kupfer zu stechen, nach schlechter Manier jedoch, denn der Stich war schlecht gemacht, und das Beste, was man von seiner Hand sieht, ist der Triumph des Glaubens des Fra Girolamo Savonarola aus Ferrara, dessen Sekte er dermaßen anhing, daß er das Malen ganz vernachlässigte und, weil er dadurch alles Einkommen verlor, sich in die größte Verlegenheit stürzte. Ja indem er sich jener Partei völlig anschloß, und, wie man sie zu nennen pflegte, ein Klagebruder (ein piagnone) wurde, entfremdete er sich aller Arbeit und sah sich im Alter so völlig verarmt, daß er fast Hungers gestorben sein würde, hätte nicht Lorenzo von Medici, für den er außer vielen anderen Dingen auch einiges im kleinen Spital von Volterra arbeitete, ihm, so lange er lebte, Unterstützung zukommen lassen, was nachmals von seinen Freunden und wohlhabenden Leuten, die seine Kunst verehrten, fortgesetzt wurde.

Sandro hatte in S. Francesco außerhalb des Tores von S. Miniato ein schönes Bild gemalt: die Madonna in runder Umfassung, umgeben von mehreren Engeln in Lebensgröße. Diesem Werke sehr ähnlich verfertigte Biagio, einer seiner Zöglinge, ein rundes Bild, und wollte es gern verkaufen. Sandro, welcher dieses wußte, verkaufte es an einen Bürger für den Preis von sechs Goldgulden, und da er von Natur fröhlich war, und mit seinen Schülern und Freunden gern Scherz trieb, sagte er zu Biagio: „Endlich habe ich doch dein Bild verkauft, wir müssen es diesen Abend in der Höhe aufhängen, weil es dadurch ein besseres Ansehen gewinnt; morgen früh gehe ich nach dem Hause des Bürgers und hole ihn hierher, damit er dein Bild an günstigem Ort betrachte und du das Geld bekommst." – „O, Meister," rief Biagio, „wie wohl habt Ihr getan!" – lief nach der Werkstatt, befestigte sein Bild an einem ziemlich hohen Platz und ging von dannen. Unterdes verfertigte Sandro mit Jacopo, einem anderen seiner Schüler, acht Mützen aus Papier, in der Form, wie sie die florentinischen Bürger zu tragen pflegten, und befestigte sie mit weißem Wachs auf den Häuptern der acht Engel, die in jenem runden Bilde die Madonna umgaben. Der Morgen kam, mit ihm Biagio in Begleitung des Bürgers, welcher die Malerei gekauft hatte und um den Scherz wußte; sie traten in die Werkstatt, Biagio wendete seine Augen nach oben und erblickte seine Madonna, nicht mehr im Kreise der Engel thronend, sondern inmitten florentinischer Senatoren, mit jenen seltsamen Kapuzen. Schon wollte er anfangen zu schelten und sich bei dem Käufer entschuldigen; er merkte jedoch, daß jener nichts erwähnte, ja das Bild sehr lobte, und schwieg deshalb still,

SANDRO BOTTICELLI PITT.
FIORENTINO

ging mit dem Bürger nach dessen Wohnung zurück, erhielt die Bezahlung der sechs Gulden, wie mit seinem Meister ausgemacht war, und kehrte nach der Werkstatt zurück. Unterdes hatten Sandro und Jacopo die Papiermützen weggenommen; nun erschienen ihm seine Engel wieder als Engelgestalten, und nicht als bemützte Bürger; er staunte, wußte nicht, was er vorbringen sollte, und sprach endlich zu Sandro: „Meister, ich weiß nicht, ob ich träume oder wache; als ich vorhin kam, hatten diese Engel rote Mützen auf, und jetzt ist nichts davon zu sehen; wie geht das zu?“ – „Du bist nicht recht bei Troste, Biagio,“ antwortete Sandro, „das Geld hat dir den Kopf verrückt, glaubst du, wenn dem so wäre, würde der Bürger noch dein Werk gekauft haben?“ – „Daß er nichts darüber sagte,“ entgegnete Biagio, „ist freilich wahr, bei allem dem scheint es mir ein seltsam Ding.“ – Bald standen alle die anderen Malerjungen um ihn her, und redeten so lange, bis er endlich selbst glaubte, es sei eine Einbildung gewesen.

Sandro wohnte einstmals neben einem Tuchweber, der wohl acht Stühle aufgerichtet hatte; waren diese alle im Gang, so entstand durch das Treten der Arbeiter und das Zurückschlagen der Aufzüge ein Geräusch, welches nicht nur den armen Sandro fast taub machte, sondern auch das ganze Haus, das nicht mehr allzu fest und stark war, in solchem Maß erschütterte, daß er aus dem einen, wie aus dem anderen Grunde weder arbeiten, noch in seiner Wohnung aushalten konnte. Mehrmals bat er den Nachbar, er solle dieser Beschwerde ein Ende machen, jener aber entgegnete: er wolle und könne in seinem Hause tun, was ihm gefalle. Hierüber aufgebracht, ließ Sandro auf seine Mauer, die höher als jene des Nachbarn und nicht sehr stark gebaut war, im Gleichgewicht einen großen, mehr als eine Fuhre schweren Stein legen, welcher bei der schwächsten Bewegung der Mauer zu fallen und Dach, Gebälk, Gewebe und Arbeiter des Nachbars zu zerschmettern drohte. Erschreckt durch die Gefahr, kam dieser voll Hast zu Sandro, mußte jedoch als Antwort seine eigene Rede vernehmen: er könne und wolle in seinem Hause tun, was ihm gefalle. Ein anderer Bescheid war nicht zu erlangen, und es blieb dem Weber nichts übrig, als zu billigem Vergleich zu schreiten und mit Sandro gute Nachbarschaft zu halten. Sandro, sagt man, hatte eine große Liebe zu allen, die sich im Studium der Kunst eifrig zeigten; auch verdiente er ziemlich viel Geld; weil er jedoch schlecht wirtschaftete, ging durch seine Unachtsamkeit alles zugrunde. Endlich alt, zur Arbeit untauglich und so unbehilflich geworden, daß er mit zwei Stöcken gehen mußte, starb er im achtundsiebzigsten Jahre, nachdem er länger schon krank und elend gewesen war, und wurde 1515 in Ognissanti zu Florenz begraben.

Sandro zeichnete überaus schön und sehr viel, deshalb suchten die Künstler, welche nach ihm kamen, lange Zeit sich Zeichnungen von seiner Hand zu verschaffen, und wir besitzen in unserer Sammlung einige, die mit viel Übung und Einsicht gearbeitet sind. Er war in seinen Kompositionen reich an Gestalten; dieses bezeugen die Stickereien am Schmuck des Kreuzes, welches die Mönche von Santa Maria Novella bei Prozessionen umhertragen, und die ganz nach seiner Zeichnung gearbeitet sind. Kurz dieser Künstler verdient großes Lob wegen alles dessen, was er mit Fleiß vollführte, wie es bei dem Bilde der drei Könige in Santa Maria Novella der Fall war; dies ist bewundernswert, und nicht minderes Lob verdient ein kleines rundes Bild von seiner Hand im Zimmer des Priors der Angeli zu Florenz, mit einer Menge kleiner, aber äußerst anmutiger Gestalten, die sehr zierlich gemalt sind.

ANDREA DEL VERROCCHIO

Geboren 1445 zu Florenz
Gestorben 1488 zu Venedig

Holzschneider, Bildhauer, Goldarbeiter, Perspektivzeichner, Maler und Musiker war der Florentiner Andrea del Verrocchio. Er hatte jedoch in der Bildhauer- und Malerkunst eine etwas harte und schroffe Methode, gleich jemand, der sie mehr durch unendliches Studium, als durch Gabe der Natur erwirbt. Hätte ihm von dieser Gabe nicht mehr gefehlt, als er durch außergewöhnlichen Fleiß und seltenes Studium ersetzte, so würde er in diesen Künsten vortrefflich geworden sein; zu größter Vollendung aber fordern sie Studium und Naturanlage vereint; wo eines von beiden fehlt, wird selten ihr höchster Grad erreicht, wenn auch Studium und Fleiß zu höherer Stufe führen. Diese waren bei Andrea größer als bei irgendeinem anderen, und er wird deshalb unter die seltenen und ausgezeichneten Meister der Kunst gezählt. In seiner Jugend beschäftigte er sich mit den Wissenschaften, und ganz vornehmlich mit Geometrie. Zur Zeit, als er die Goldschmiedekunst übte, verfertigte er außer vielen anderen Dingen einige Knöpfe zu Pluvialen, die sich in Santa Maria del Fiore befinden. An Grosseriearbeiten hat man von ihm ein Becken, ringsum mit Laubwerk, Tieren und mancherlei Seltsamkeiten verziert, welches so schön ist, daß alle Künstler davon wissen, und von dem selben Meister ist ein anderes Becken, worauf man einen sehr anmutigen Kindertanz sieht. Durch diese Dinge gab er einen Beweis seiner Geschicklichkeit, und der Magistrat der Kaufleute verlangte, er solle für die Ecken des Altars von S. Giovanni zwei Reliefkompositionen in Silber arbeiten, die ihm, als sie vollendet waren, großes Lob erwarben.

Zu jener Zeit fehlten in Rom einige der großen silbernen Apostel, die gewöhnlich in der Kapelle des Papstes auf dem Altare stehen, gleich anderem Silberzeug, welches man eingeschmolzen hatte. Es wurde nach Andrea gesandt, und ihm unter großer Begünstigung von Papst Sixtus IV. der Auftrag gegeben, alles dort Nötige zu fertigen; er aber führte alles mit viel Einsicht und Fleiß zu Ende. Während seines Aufenthaltes in Rom lernte Andrea, wie die vielen Statuen und anderen Altertümer jener Stadt in hohem Wert standen; sah, daß der Papst das Bronzepferd von S. Giovanni Laterano aufstellen ließ, und daß man nicht nur vollständige Werke, sondern auch Bruchstücke, wie sie jeden Tag gefunden wurden, in Ehren hielt; deshalb beschloß er, sich zur Bildhauerkunst zu wenden, gab die Goldschmiedekunst völlig auf und versuchte einige kleine Figuren in Bronze zu gießen, die sehr gerühmt wurden. Nun stieg ihm der Mut, und bald fing er an, auch in Marmor zu arbeiten. Zu jener Zeit war die Gattin des Francesco Tornabuoni im Wochenbett gestorben; ihr Gemahl, welcher sie sehr geliebt hatte, wollte ihr im Tode jede mögliche Ehre erweisen und gab Andrea den Auftrag, ihr Grabmal zu verfertigen. Dieser stellte auf einer Platte über dem Marmorsarkophag die Verstorbene dar, dann Geburt und Tod, dabei drei Gestalten, welche die drei Tugenden versinnlichen, und dies Werk, als seine erste Marmorarbeit für rühmenswert anerkannt, wurde in der Minerva errichtet.

Mit viel Geld und Ruhm und Ehren kehrte er nach Florenz zurück, und erhielt dort den Auftrag, einen David in Bronze, zwei und eine halbe Elle hoch, zu arbeiten, den man nach seiner Vollendung mit großem Lobe des Meisters oben an der Treppe aufstellte, wo sich die Kette befand. – Durch alles dieses erlangte Andrea den Namen eines trefflichen Meisters, vornehmlich in Ausführung von Metallwerken, an denen er viel Gefallen fand. Er schuf in S. Lorenzo das Grabmal von Giovanni und Piero, Söhnen des Cosimo de' Medici, ganz im runden aus Erz. Der Porphyrsarg dieses Grabmales wird von vier bronzenen Eckverzierungen getragen, deren Laubwerk sehr schön und mit großem Fleiße gearbeitet ist, gleichwie man von dem ganzen Werke sagen kann, daß weder in Ziselier- noch in Gußarbeit Besseres zu leisten wäre. Es wurde zwischen der Kapelle des Sakramentes und der Sakristei errichtet, und Andrea zeigte bei dieser Veranlassung seine Einsicht in der Baukunst, denn er stellte das Grabmal in die Öffnung eines Fensters von fünf Ellen Breite und etwa zehn Ellen Höhe auf ein Postament, welches die Kapelle des Sakramentes von der alten Sakristei trennt. Zur Ausfüllung des Raumes über dem Sarkophag bis zur Fensterwölbung brachte er ein Mandorlengitter von Bronzestricken an, welches ein sehr natürliches Ansehen hat und an einigen Stellen mit Gewinden und anderen schönen Phantasien geziert ist; lauter bemerkenswerte Dinge, mit viel Übung, Urteil und Erfindung ausgeführt. Der Bildhauer Donatello hatte für den Magistrat der Sechse von der Kaufmannschaft das Marmortabernakel gearbeitet, welches heutigen Tages am Oratorium von Or San Michele dem heil. Michael gegenüber aufgestellt ist; hierbei sollte ein heil. Thomas von Bronze angebracht werden, der die Hand in Jesu Wunde legt; diese Figuren jedoch wurden damals nicht ausgeführt, weil unter denen Streit entstand, welchen die Sorge dafür zukam. Die einen waren der Meinung, die Ausführung solle dem Donatello übertragen werden, die anderen, dem Lorenzo Ghiberti; solange diese beiden lebten, waren die Sachen auf demselben Punkt geblieben; nun endlich wurde dem Andrea die Ausführung jener beiden Statuen übergeben. Er arbeitete Modelle und Formen, nahm den Guß vor, und sie kamen so wohlbehalten, vollständig und schön zum Vorschein, daß es sehr zu rühmen ist; als er daher Hand anlegte, sein Werk auszuputzen und zu beenden, brachte er es zu jener Vollkommenheit, in der es nunmehr vor uns steht und die nichts zu wünschen übrig läßt.

Der Ruf Andreas vermochte nunmehr in dieser Kunst

nicht weiter zu steigen, und da er zu den Menschen gehörte, denen nicht genügt, in einem Dinge vollkommen zu sein, beschloß er, seinen Geist dem Studium der Malerei zuzuwenden. Er zeichnete den Karton zu einer Schlacht von lauter nackten Gestalten sehr gut mit der Feder, um ihn in Farben auf der Mauer auszuführen, und entwarf noch einige andere Kartons zu historischen Bildern, die er zu malen anfing, aus irgendeinem Grunde aber liegen ließ.

Zur Zeit des Andrea Verrocchio war endlich die Kuppel von Santa Maria del Fiore fertig gemauert, und man beschloß nach langer Beratung, es solle die kupferne Kugel verfertigt werden, welche gemäß der Bestimmung Brunelleschis auf die oberste Höhe des Gebäudes kommen mußte. Die Sorge dafür wurde dem Andrea übertragen; er arbeitete sie vier Ellen hoch und wußte sie sodann auf einem Knopf in solcher Weise zu befestigen und anzuketten, daß mit Sicherheit das Kreuz darauf gesetzt werden konnte. Sobald das Werk vollendet war, wurde es zu großem Vergnügen und Ergötzen der Menge an seinen Platz gebracht, und gewiß tat es not, bei dessen Vollführung viel Fleiß und Verstand aufzubieten, damit man, wie der Fall ist, von unten hineinkommen könne und die Kugel samt dem Kreuz so wohl befestigt sei, daß weder Sturm noch Winde ihnen Schaden zu bringen vermögen.

Andrea hatte niemals Ruhe, er führte immer Maler- oder Bildhauerwerke aus, bisweilen zweierlei Arbeiten auf einmal; er meinte dadurch zu verhindern, daß ihm nicht eine einzelne Sache zum Überdruß werde, wie dieses vielen geschieht; und obschon er die oben genannten Kartons nicht zur Ausführung brachte, übernahm er doch einige andere Malereien, darunter eine Tafel für die Nonnen von S. Domenico zu Florenz, wobei er ziemlich Gutes geleistet zu haben meinte. Dieses war die Ursache, daß er bald nachher in S. Salvi für die Mönche von Vall'ombrosa eine andere malte, welche darstellt, wie Christus von Johannes die Taufe empfängt. – Hierbei half ihm Lionardo da Vinci, der damals noch sehr jung und sein Schüler war; von ihm ist in jenem Gemälde ein Engel, welcher besser gelang als die übrigen Dinge; weshalb Andrea, der dieses erkannte, beschloß, keinen Pinsel mehr anzurühren, da Lionardo, so jung noch, in dieser Kunst Besseres geleistet hatte.

Unterdessen wollten die Venezianer die großen Verdienste des Bartolommeo aus Bergamo, der ihnen viele Siege errungen hatte, durch ein Denkmal ehren; sie glaubten dadurch den Mut anderer zu stärken, und da der Ruf Andreas zu ihnen gedrungen war, beriefen sie ihn und trugen ihm auf, die Reiterstatue jenes Feldhauptmanns zu verfertigen, die auf dem Platze S. Giovanni und Paolo errichtet werden sollte. Schon hatte Andrea das Modell zum Pferde vollendet und angefangen, es mit Rüstzeug zu versehen, um es in Bronze zu gießen, als unter Begünstigung einiger Edelherren der Entschluß gefaßt wurde, Vellano aus Padua solle die Figur, Andrea nur das Pferd arbeiten. Kaum war dieser hiervon unterrichtet, so zerbrach er Kopf und Füße seines Modells und kehrte ganz erbittert und

ANDREA VERROCCHIO PITTOR,
SCVL. ET ARCH. FIOR.

ohne ein Wort zu sagen, nach Florenz zurück. Hierauf ließ die Signoria von Venedig ihm kund tun, er solle nie mehr wagen, nach ihrer Stadt zu kommen, wenn er nicht seines Kopfes verlustig gehen wolle. Auf diese Drohung entgegnete Andrea in einem Briefe, er werde sich wohl davor hüten, denn es stehe nicht in ihrer Macht, den Menschen für abgeschnittene Köpfe neue aufzusetzen, nicht einmal seinem Pferd, dem er einen schöneren anstatt des zerbrochenen hätte wiedergeben können. – Diese Antwort war den Herren nicht mißfällig, sie beriefen Andrea mit verdoppeltem Gehalt nach Venedig zurück; er kam, stellte sein Modell wieder her und goß es in Bronze, konnte es jedoch nicht ganz zu Ende bringen, denn er erkältete sich bei der Arbeit des Gießens sehr heftig und starb nach wenig Tagen in jener Stadt. Bei diesem Werke war nur noch wenig auszuputzen, und es kam an seinen bezeichneten Platz; außerdem blieb durch den Tod Andreas auch zu Pistoja eine seiner Arbeiten unvollendet: das Grabmal des Kardinals Forteguerra, mit den drei theologischen Tugenden und einem Gottvater darüber geziert, welches der florentinische Bildhauer Lorenzetto zu letzter Vollkommenheit brachte.

Andrea war, als er starb, sechsundfünfzig Jahre alt, und sein Tod geschah seinen Freunden und Schülern, deren sehr viele waren, sehr leid; vor allen dem Bildhauer Nanni Grosso, einem Mann, so eigentümlich in der Kunst wie im Leben. Man sagt, wenn dieser Nanni außer seiner Werkstatt, und vornehmlich, wenn er für Mönche und Ordensbrüder gearbeitet, habe er stets verlangt, daß ihm die Tür zum Gewölbe oder Keller offen stehe, damit er, ohne vorher Erlaubnis zu begehren, trinken könne, so oft er wolle. Außerdem erzählt man, er sei einstmals, von irgendeiner Krankheit völlig genesen, aus Santa Maria Nuova gekommen; seine Freunde besuchten ihn und fragten, wie es ihm gehe. „Schlecht," war seine Antwort. – „Wie," riefen sie, „du bist ja wieder ganz hergestellt!" – „Und dennoch," sagte er, „geht es mir schlimm, denn mir täte ein wenig Fieber not, damit ich im Spitale bequem und mit guter Bedienung verweilen könnte." Nanni lag zum anderen Male krank im Spitale, und da endlich seine Sterbestunde nahte, hielt man ihm ein hölzernes Kruzifix vor, schlecht und grob gearbeitet; als er dieses sah, bat er flehentlich, es wegzunehmen und ein anderes zu bringen, was Donato gearbeitet hatte, und versicherte, wenn sie jenes nicht wegtäten, werde er in Verzweiflung sterben. So großes Mißfallen erweckten in ihm die schlechten Werke seiner Kunst.

Andrea fand viel Vergnügen daran, in Gips zu formen und Abgüsse zu machen. Man pflegt diesen Gips aus einem sehr weichen Stein zu bereiten, den man in Volterra, Siena und vielen anderen Gegenden Italiens gräbt; am Feuer gebrannt, fein gestoßen und mit lauem Wasser geknetet, wird er so weich, daß man damit abformen kann, was man will, verhärtet und verdichtet dann aber so, daß man ganze Figuren darin ausgießen kann. Mit solchen Formen pflegte Andrea natürliche Gegenstände abzuformen, um sie mit größerer Bequemlichkeit vor Augen zu haben und nachzuahmen: Hände, Füße, Knie,

Beine, Arme und Rümpfe. Nachher fing man zu seiner Zeit auch an, mit wenig Kostenaufwand in dieser Art die Angesichter von Verstorbenen nachzuahmen, und es sind deshalb in allen Häusern in Florenz über Kaminen, Türen, Fenstergesimsen und anderen Vorsprüngen eine unendliche Menge solcher Bildnisse zu sehen, so gut ausgeführt, daß sie der Natur gleich erscheinen. Dieser Brauch, welcher von da an stets fortdauerte, hat mir zu großem Nutzen gereicht, indem ich dadurch viele Bildnisse erhielt, welche ich bei den Gemälden im Palast des Herzogs Cosimo anbrachte, und sicherlich müssen wir der Kunst Andreas großen Dank zollen, der dieses Verfahren zuerst in Ausführung brachte. Von dem an wurden besser gearbeitete Bilder nicht nur in Florenz, sondern an allen Andachtsorten verfertigt, nach welchem die Menschen strömen, um für irgendeine empfangene Gnade Votivbilder oder, wie man sagt, Wunderbilder zu spenden. Vordem hatte man dazu kleine Silberfiguren oder bloße Schildereien oder auch sehr ungeschickt gearbeitete Wachsbildchen gebraucht; nun aber fing man an, sie nach besserer Manier zu arbeiten, und da Andrea in naher Freundschaft mit dem Wachsarbeiter Orsino stand, der in seiner Kunst ein geschickter Meister war, fing er an, ihn zu unterrichten, wie er darin ganz vollkommen werden könne. Veranlassung zu einem Werk der Art fand sich, als in Santa Maria del Fiore Julian von Medici ermordet und Lorenzo, sein Bruder, verwundet worden war; denn die Freunde und Verwandten Lorenzos bestimmten, aus Dankbarkeit für seine Errettung solle sein Bildnis an viele Orte gestiftet werden.

Sie ließen demnach von Orsino mit Hilfe Andreas drei Bilder in Lebensgröße von Wachs verfertigen; das Gerüst im Inneren wurde, wie ich schon anderwärts gesagt habe, von Holz ausgeführt, mit gespaltenem Rohr durchflochten und mit wachsüberzogenem, schön gefaltetem Tuch so wohl umkleidet, daß man nichts Besseres und mehr der Natur Getreues sehen kann. Köpfe, Hände und Füße wurden hohl, von stärkerem Wachs, nach der Natur gebildet und mit Ölfarben bemalt, auch mit natürlichen Haaren und anderem nötigen Schmuck versehen, welches alles so gut gemacht war, daß diese Figuren nicht aus Wachs, sondern lebende Menschen zu sein schienen. Dies ist noch an jeder dieser drei Gestalten zu sehen. Die eine steht in der Kirche der Nonnen von Chiarito in der Via von S. Gallo vor dem Kruzifix, welches Wunder tut; sie ist in das Gewand gekleidet, welches Lorenzo trug, als er in der Kehle verwundet wurde und sich verbunden am Fenster seines Hauses dem Volke zeigte, welches herzugeströmt war, um zu wissen, ob er lebe oder tot sei, ob es sich freuen oder Rache nehmen solle. Die zweite Figur, mit dem Lucco, dem gewöhnlichen florentinischen Bürgerkleid, angetan, steht in der Kirche der Annunziata bei den Serviten über der kleinen Tür neben dem Tisch, wo die Wachskerzen verkauft werden. Die dritte wurde vor der Madonna in Santa Maria degli Angeli zu Assisi aufgestellt, wo Lorenzo von Medici von der Kirche bis zum Tor von Assisi, welches nach S. Francesco führt, den ganzen Weg hatte mit Backsteinen belegen und auch die Quellen herstellen lassen, die unter Cosimo, seinem

Ältervater, dahin geleitet worden waren. Um indes noch einmal auf die Wachsbilder zu kommen, so sind alle diejenigen in der Servitenkirche von Orsino gearbeitet, bei denen unten als Zeichen ein großes O steht, welches ein R umschließt, mit einem Kreuz darüber, und diese alle sind so schön, daß wenige nachmals diesen Meister erreicht haben. Diese Kunst hat sich bis auf unsere Tage erhalten, ist jedoch eher im Abnehmen als im Zunehmen, entweder weil weniger Frömmigkeit herrscht oder aus sonst irgendeinem anderen Grunde.

ANDREA MANTEGNA

Geboren 1431 zu Vicenza
Gestorben 1506 zu Mantua

Talente gebrauchen zu ihrer Förderung Anerkennung, das weiß jeder, der aus angeborener Gabe etwas schafft und dabei einige Belohnung erntet; denn wer Ehre und Vergeltung zu hoffen hat, empfindet weder Last noch Beschwerden, ja er fühlt sich stets mutiger und stärker, da seine Kunst jeden Tag mehr hervortritt und strahlender wird. Gewiß indes ist, daß Verdienste selten nur in dem Maße erkannt, gewürdigt und belohnt werden, wie es bei Andrea Mantegna geschah. Von niederm Stande in der Gegend von Mantua geboren, hütete er als Knabe die Herden und wurde später vom Schicksal und seinem Talent so hoch erhoben, daß ihm der Adel zuteil ward, wie ich an seinem Ort erzählen will. Er kam schon ziemlich herangewachsen nach der Stadt und lernte die Kunst der Malerei unter dem paduanischen Maler Jacopo Squarcione. Hiervon erzählt Herr Girolamo Campagnuola in einer lateinischen Epistel an den griechischen Philosophen Leonico Timeo; er schreibt darin von einigen alten Malern, die zu Padua den Herren von Carrara dienstbar waren, und sagt, jener Jacopo hätte nicht nur den Mantegna in sein Haus genommen, sondern auch bald nachher, aus Freude über seine seltenen Geistesgaben, ihn als Sohn adoptiert.

Squarcione wußte, daß er nicht der allervorzüglichste Maler der Welt sei, und da er wünschte, Andrea möchte mehr lernen, als er selbst konnte, so ließ er ihn fleißig an Gipsabgüssen studieren, die nach Antiken gemacht waren, und nach Gemälden, die er von verschiedenen Orten, vornehmlich aus Toskana und Rom kommen ließ. Durch diese und andere gute Anweisungen lernte Andrea in seiner Jugend recht viel, und ein mächtiger Sporn zum Fleiße war ihm außerdem der Wetteifer mit Marco Zoppo aus Bologna, Dario aus Trevigo und Niccolo Pizzolo aus Padua, alles Schüler seines Adoptivvaters und Meisters. Andrea, noch nicht älter als siebzehn Jahre, hatte die Tafel für den Hauptaltar von Santa Sofia zu Padua gemalt; diese ist so schön, daß sie von einem alten geübten Meister, nicht aber von einem Jünglinge herzurühren scheint, und Squarcione, welcher Auftrag erhielt, die Kapelle des heil. Christoph in der Kirche der Eremitaner von S. Augustin in Padua mit Malereien zu verzieren, übergab diese Arbeit seinen beiden Schülern Andrea Mantegna und Niccolo Pizzolo. Dieser letztere stellte dort einen Gottvater dar, in Majestät zwischen den Kirchenvätern thronend, ein Werk, welches nachmals für nicht minder gut galt, als die Bilder Andreas in der selben Kapelle. Niccolo, der nur wenig, aber lauter gute Arbeiten vollführte, würde sicher trefflich geworden sein, wenn er an der Malerei soviel Gefallen gefunden hätte, wie an Waffenübungen, und würde vielleicht auch länger gelebt haben; so aber hatte er stets das Schwert in Händen, machte sich viel Feinde, und wurde einstmals, als er von der Arbeit ging, angefallen und meuchlings getötet. Er hinterließ, soviel ich weiß, keine Werke, als noch einen anderen Gottvater in der Kapelle von Urbano Perfetto. Andrea, der nun allein blieb, malte in der genannten Kapelle die vier Evangelisten, welche für sehr schön galten, und hierdurch und durch andere Arbeiten fing er an, große Erwartungen von sich zu erregen, sodaß man von ihm hoffte, er werde das Ziel erreichen, zu dem er nachmals gelangte. Er schloß sich dem Venetianer Bellini, Vater von Giovanni und Gentile, an, indem er eine seiner Töchter, eine Schwester Gentiles, zur Frau nahm. Spuarcione, als er dieses hörte, erzürnte sich so sehr mit Andrea, daß sie von nun an stets Feinde waren, und in demselben Maße, wie Squarcione vordem die Arbeiten Andreas gerühmt hatte, tadelte er sie nunmehr öffentlich. Vor allem schalt er ganz rücksichtslos die Malereien in der oben genannten Kapelle von S. Christofano; er sagte, dieses Werk tauge gar nichts, denn Andrea habe dabei die antiken Marmorarbeiten nachgeahmt, an denen man die Kunst der Malerei nicht vollkommen erlernen könne; der Stein habe immer Härte und nicht die zarte Weichheit des Fleisches und der Gegenstände der Natur, die sich biegen und verschieden bewegen;

viel besser würde Andrea getan haben, und jene Figuren würden weit vollkommener gewesen sein, wenn er ihnen die Farbe des Marmors anstatt jener vielfachen Naturfarben gegeben hätte, da sie nicht lebenden Gestalten, sondern antiken Marmorstatuen oder ähnlichen Dingen glichen. Solcher Tadel verwundete den Andrea, andererteils aber war er ihm von nicht geringem Nutzen; er sah, daß Squarcione in vielem die Wahrheit redete, und fing nun an, lebende Personen darzustellen; dies verschaffte ihm viel Belehrung, und bei einem Bilde, welches er noch in jener Kapelle zu malen hatte, gab sich deutlich kund, er verstehe das Gute nicht minder aus der Natur zu schöpfen, als aus den Werken der Kunst. Bei alledem blieb er stets der Meinung, die guten antiken Statuen wären vollkommener und in ihren Teilen schöner, als die lebenden Gestalten. Er meinte an jenen Statuen zu erkennen, ihre trefflichen Meister hätten aus vielen lebenden Gestalten alle Vollkommenheiten der Natur, welche selten einer einzigen die ganze Schönheit verleihe, zusammen genommen; deshalb achtete er für nötig, einen Teil dieser, den anderen jener Person nachzubilden; davon aber abgesehen, schienen ihm auch die Statuen bestimmter und deutlicher in den Muskeln, Adern, Nerven und anderen Einzelheiten, welche die Natur bisweilen mit der zarten Weichheit des Fleisches so überdeckt, daß sie gewisse Härten minder zeigt, außer an alten oder sehr mageren Körpern, die aus anderen Rücksichten von Künstlern vermieden werden. Daß Andrea dieser Meinung sehr fest anhing, erkennt man an seinen Werken, die fürwahr nach etwas scharfer Manier gearbeitet und

ANDREA MANTEGNA PITTOR
MANTOANO.

zuweilen mehr einem Steinbild, als einem lebenden Körper ähnlich sind.
Andrea hatte in der Zeit, wo er zu Mantua war, in großer Dienstbarkeit zu dem Marchese Ludovico Gonzaga gestanden; dieser begünstigte und verehrte die Geschicklichkeit Andreas sehr, und ließ ihn im Schloß von Mantua eine kleine Tafel für die Kapelle malen, historische Begebenheiten, in nicht sehr großen aber schönen Figuren dargestellt. An dem selben Orte malte er viele Figuren, die sich, von unten hinauf gesehen, verkürzen, und sehr gerühmt werden, denn obwohl er im Wurf der Gewänder ein wenig hart und kleinlich war, und seine Manier etwas Trockenes hatte, ist doch jeder Gegenstand mit viel Kunst und Fleiß vollendet. Im Auftrag des selben Marchese wurde zu Mantua in einem Saale des Palastes S. Sebastian, der Triumphzug Cäsars von Andrea dargestellt, das beste Werk, welches er je zur Ausführung brachte. Hier sieht man in schönster Ordnung den herrlich verzierten Wagen, den Verspotter des Triumphators, Verwandte, Weihrauch, Wohlgerüche und Opfergeräte, Priester und zum Opfer bekränzte Stiere, Gefangene, von den Soldaten erbeutete Schätze, den geordneten Heereszug, Elefanten, eroberte Feldzeichen, Kunstwerke und Viktorien, und auf verschiedenen Wagen nachgebildete Städte und Festungen; unzählige Trophäen auf Spießen und Stangen, und auch mancherlei Schutzwaffen für Haupt und Rumpf, Geräte, Zieraten und zahllose Gefäße. Unter der Masse der Zuschauer bemerkt man ein Weib, das einen Knaben an der Hand führt, der sich einen Dorn in den Fuß ge-

treten hat, und ihn weinend mit anmutiger sehr natürlicher Gebärde der Mutter weist.

Das Werk Andreas könnte, um es mit einem Worte zu sagen, nicht schöner, noch nach besserer Weise ausgeführt sein, und wenn daher der Marchese ihn vorher schon liebte, so liebte und ehrte er ihn von da an noch weit mehr, ja Andreas Ruf vergrößerte sich in dem Maße, daß als Papst Innocenz VIII. seine Trefflichkeit in der Kunst, gleich den anderen vorzüglichen Eigenschaften, mit denen er wunderbar begabt war, rühmen hörte, er nach ihm sandte, damit Andrea gleich vielen anderen Meistern durch seine Malereien die Wände des Belvedere zieren möchte, dessen Bau eben vollendet war. Angelegentlich vom Marchese empfohlen, der ihn zu größerer Ehre in den Adelstand erhob, begab Mantegna sich nach Rom und wurde vom Papst aufs huldvollste empfangen; dieser befahl ihm alsbald eine kleine Kapelle des genannten Palastes auszuschmücken, und Andrea malte diese mit vielem Fleiß, sodaß Wölbung und Wände eher mit Miniaturen, als mit Freskomalereien geziert zu sein scheinen. Die größten Figuren, gleich allem übrigen in Fresco ausgeführt, sind über dem Altar und stellen den heiligen Johannes vor, welcher Christum tauft; umher sieht man eine Menge Volkes sich entkleiden, um die Taufe zu empfangen; darunter ist die Gestalt eines Mannes, welcher sich den Strumpf ausziehen will, der durch die Feuchte der Haut am Beine klebt; er legt den Fuß über das andere Bein, und zieht den Strumpf umgekehrt mit solcher Anstrengung und Beschwerde herunter, daß eines, wie das andere deutlich in seinem Gesichte zu lesen ist; ein seltsamer Einfall, der zu jener Zeit bei allen, die es sahen, Bewunderung erweckte. Man erzählt, der Papst habe, von seinen vielen Geschäften gehindert, Mantegna nicht so oft Geld gegeben, wie er dessen bedurft hätte; als er in jenem Werke einige Tugenden in grüner Erde malte, brachte er dabei die Bescheidenheit an. Wenige Tage nachher kam Innocenz, die Arbeit zu betrachten und fragte, was diese Figur vorstelle: „Es ist die Bescheidenheit," sagte Mantegna. – „Willst du," entgegnete der Papst, „ihr eine gute Begleiterin geben, so male ihr die Geduld zur Seite." – Der Maler verstand, was der heilige Vater damit sagen wollte, und gedachte der Sache nie mehr; als er aber sein Werk vollendet hatte, schickte ihn der Papst reich beschenkt und mit Ehren dem Herzog zurück.

Dieser Künstler fand, gleich Pollajuolo, Vergnügen daran, Kupferstiche zu arbeiten, und unter anderen stach er seine Triumphzüge, wovon damals Großes gehalten wurde, weil man Besseres nicht kannte.

Andrea baute sich in Mantua ein schönes Haus, das er nach seinem Geschmack mit Malereien verzierte und bis an sein Ende bewohnte. Im Jahre 1517 in seinem sechsundsechzigsten Jahre ging er zu einem anderen Leben über und wurde in St. Andrea ehrenvoll beigesetzt.

Dieser Künstler war anmutig in seinem Betragen und rühmenswert in allen seinen Handlungen, deshalb wird ihm nicht nur in seinem Vaterlande, sondern in der ganzen Welt immerdar ein ehrenvolles Gedächtnis bleiben, und er verdiente nicht minder wegen seiner liebenswerten Sitten als wegen seiner Trefflichkeit in der Kunst von Ariost gerühmt zu werden, welcher zu Anfang des dreiunddreißigsten Gesanges ihn unter die vorzüglichsten Maler seines Jahrhunderts zählt, mit den Worten:

Leonardo, Andrea Mantegna, Gian Bellino.

Andrea zeigte, wie man nach besserer Methode Figuren von unten auf verkürzen könne, eine sicherlich schwere und seltsame Erfindung. Daß es ihm Vergnügen machte, in Kupfer zu stechen, habe ich früher schon gesagt, und dies ist in Wahrheit ein großer Gewinn, mittels dessen die Welt nicht nur viele Werke Mantegnas, wie sein Bacchanal, die Schlacht der Meeresungeheuer, die Kreuzesabnahme, die Grablegung, die Auferstehung Christi mit den Heiligen Longinus und Andreas, zu Gesicht bekam, sondern auch die Manier aller anderen Künstler, welche gelebt haben, kennen lernte.

LIONARDO DA VINCI

Geboren 1452 in Vinci bei Empoli. Gestorben am 2. Mai 1519 auf dem Schloß St. Cloud bei Amboise

Reiche Gaben sehen wir oft von der Natur mit Hilfe der himmlischen Einflüsse über menschliche Geschöpfe ausgegossen, bisweilen aber vereinigt sich, wie ein überschwengliches und übernatürliches Geschenk, in einem einzigen Körper Schönheit, Liebenswürdigkeit und Kunstgeschick so herrlich daß jede seiner Handlungen göttlich erscheint, alle anderen Sterblichen hinter ihm zurückbleiben und sich deutlich offenbart: was er leiste, sei von Gott gespendet, nicht aber durch menschliche Kunst errungen. Dies erkannte man bei Lionardo da Vinci; sein Körper war mit nie genugsam gepriesener Schönheit geschmückt, er zeigte in allen seinen Handlungen die größte Anmut und besaß ein so vollkommenes Kunstvermögen, daß, wohin sein Geist sich wandte, er das Schwierigste mit Leichtigkeit löste. Seltene Kraft verband sich in ihm mit Gewandtheit, sein Mut und seine Kühnheit waren erhaben und groß, und der Ruf seines Namens verbreitete sich so weit, daß er nicht nur von der Mitwelt, sondern noch viel mehr von der Nachwelt gepriesen wurde.

In Wahrheit bewundernswert und gottbegabt war Lionardo, der Sohn von Ser Piero da Vinci. Er würde in Gelehrsamkeit und Kenntnis der Wissenschaften Großes geleistet haben, wenn er minder unbeständigen und wandelbaren Geist gehabt hätte; dies war Ursache, daß er viele Dinge unternahm und die begonnenen wieder liegen ließ. So machte er in der Rechenkunst in wenigen Monaten reißende Fortschritte und trug seinem Meister so vielfache Zweifel und Einwendungen vor, daß er ihn oft in Verwirrung setzte. Auch die Musik begann er zu studieren, entschloß sich aber bald, das Lautenspiel zu lernen, und da sein Sinn erhaben und voll der schönsten Gedanken war, improvisierte er zu diesem Instrument wunderbar schöne Gesänge. Wiewohl er so vielerlei Dinge trieb, unterließ er doch nicht, zu zeichnen und erhobene Arbeiten zu verfertigen, eine Beschäftigung, die mehr als jede andere nach seinem Sinn war. Piero, sein Vater, der dies sah und die Herrlichkeit dieses Geistes erkannte, nahm eines Tages mehrere seiner Zeichnungen und brachte sie seinem Freunde Andrea del Verrocchio, mit der dringenden Bitte, ihm zu sagen, ob Lionardo, wenn er sich der Zeichenkunst widme, es darin zu etwas bringen könne. — Andrea erstaunte über die außerordentlichen Anfänge des Knaben und ermunterte Piero, ihn diesen Beruf wählen zu lassen, worauf jener den Lionardo nach der Werkstatt des Andrea sandte. Der Knabe trat hier mit großer Freude ein und übte nicht nur einen Beruf, sondern alle, welche dem Gebiet der Zeichenkunst angehören. Er hatte einen so göttlichen und wunderbaren Verstand, daß er ein trefflicher Geometer wurde und nicht nur in der Skulptur arbeitete, indem er in seiner Jugend einige lachende weibliche Köpfe aus Erde formte, die in Gips vervielfältigt wurden, und einige Kinderköpfe so schön, als ob sie von Meisterhand gebildet wären, sondern daß er auch in der Baukunst viele Zeichnungen zu Grundrissen und Gebäuden entwarf und, obwohl noch jung, doch der erste war, welcher Vorschläge machte, den Arnofluß in einen Kanal von Florenz bis Pisa zu fassen. Von ihm sind verschiedene Zeichnungen zu Mühlen, Walkmühlen und anderen Maschinen, welche durch Wasser getrieben werden, und da er die Malerei zu seinem eigentlichen Beruf wählte, übte er sich viel im Zeichnen nach der Natur. Bisweilen formte er Modelle verschiedener Figuren in Erde, legte darüber weiche Lappen, in Gips getaucht, und bemühte sich mit äußerster Geduld, sie auf ganz feine oder schon gebrauchte Leinwand nachzuzeichnen, indem er sie schwarz und weiß mit der Spitze des Pinsels bewunderungswürdig schön ausführte, wie jetzt noch einige davon beweisen, die sich in unserem Zeichenbuch finden. Auf Papier zeichnete er so fleißig und sauber, daß keiner ihn hierin je an Zartheit erreicht hat; ich besitze von ihm einen Kopf mit Kreide und in Helldunkel ausgeführt, der unvergleichlich ist. – Gott hatte über diesen Geist eine solche Anmut ausgegossen, hatte ihm eine so außerordentliche Darstellungsgabe bei so klarem

Verstand zugesellt, sein Gedächtnis kam ihm überall so sehr zu Hilfe, und er vermochte in Zeichnungen seine Gedanken so deutlich kund zu tun, daß er imstande war, jeden noch so kräftigen Geist durch seine Reden zu besiegen und durch seine Gründe zu verwirren.

Er kam, wie ich vorn schon sagte, in seiner Kindheit durch Ser Piero, seinen Vater, zu Andrea del Verrocchio in die Lehre. Dieser arbeitete an einer Tafel, wie St. Johannes Christum tauft, und Lionardo malte darin einen Engel, der einige Gewänder hält; obwohl sehr jung noch, führte er doch diese Gestalt so vollkommen zu Ende, daß sie ein besseres Ansehen gewann als die Figuren seines Meisters, und Andrea, ungeduldig, daß ein Kind mehr wisse wie er, mochte von der Zeit an nicht mehr mit Farben umgehen. Man erzählt sich: ein Bauer, welcher Ser Piero da Vinci, den Vater Lionardos, öfter auf seiner Villa besuchte, habe ihm einstmals einen runden, von ihm selbst aus einem Feigenbaum des Gütchens gearbeiteten Schild gebracht und Ser Piero gebeten, zu Florenz irgend etwas auf diesen Schild malen zu lassen; jener tat es gerne, weil der Bauer im Vogel- und Fischfang viel Übung besaß und Ser Piero sich oftmals bei diesen Dingen seiner Hilfe bediente. Er ließ den Schild nach Florenz bringen, gab ihn Lionardo, ohne zu sagen, wem er gehöre, und bat ihn, er möge etwas darauf malen. Dieser nahm den Schild eines Tages vor, sah, daß er krumm, schlecht und plump gearbeitet war, bog ihn am Feuer zurecht und ließ endlich durch einen Drechsler aus diesem ungeschickten

Werk ein feines und gleichmäßiges formen. Darauf grundierte er ihn mit Gips, bereitete ihn nach seiner Weise zu und fing an, nachzusinnen, was er wohl darauf malen könne, um den, der sich ihm entgegenstellte, zu erschrecken und diese Wirkung hervorzubringen, wie man ehedem vom Haupt der Medusa erzählt. Zu diesem Zweck brachte er nach einem Zimmer, welches er allein betrat, Eidechsen, Grillen, Schlangen, Schmetterlinge, Heuschrecken, Fledermäuse und andere seltsame Tiere dieser Art und erbaute aus diesem wunderlichen Haufen durch verschiedenartige Zusammenstellung ein gräßliches und erschreckliches Untier, gab ihm einen vergifteten Atem und einen feurigen Dunstkreis und ließ es aus einem dunkeln zerborstenen Felsen hervorkommen, Gift aus dem offenen Rachen, Feuer aus den Augen und Rauch aus den Nüstern sprühen, so wunderbar, daß es fürwahr ungeheuerlich und schrecklich erschien; auch wandte er bei der Arbeit so viel Mühe auf, daß er aus übergroßem Eifer für die Kunst gar nicht merkte, welchen unerträglichen Geruch die gestorbenen Tiere im Zimmer verbreiteten. Als das Werk vollendet war, dem weder der Bauer noch der Vater mehr nachfragten, forderte Lionardo diesen auf, den Schild bei Gelegenheit holen zu lassen; was ihn anlange, so sei er damit zu Ende. Ser Piero begab sich deshalb eines Morgens nach der Wohnung des Sohnes; er pochte an der Türe, Lionardo öffnete und bat ihn, ein wenig zu warten; nach dem Zimmer zurückgeeilt, stellte er den Schild im rechten Lichte auf die Staffelei, ließ zu dem Fenster nur einen matten Schein hineinfallen und rief den Vater, damit er das Werk schaue. Ser Piero versah sich im ersten Augenblick der Sache nicht, und nicht bedenkend, daß er ein Schild und ein nur gemaltes Untier vor Augen habe, fuhr er zurück; Lionardo aber hielt ihn und sprach: die Werk ist brauchbar für den Zweck, für welchen es gearbeitet wurde, nehmt es und tragt es fort, dies ist die Wirkung, die man vom Kunstwerk erwartet. Dem Vater schien die Sache mehr als wunderbar, er lobte die seltsamen Gedanken Lionardos, kaufte einen anderen Schild, worauf ein von einem Pfeil durchschossenes Herz gemalt war, und gab ihn dem Bauern, der sich ihm dafür zeitlebens verpflichtet hielt; den Schild Lionardos dagegen verhandelte er, ohne es zu sagen, für hundert Dukaten an Kaufleute in Florenz, durch welche derselbe bald in Besitz des Herzogs von Mailand gelangte, der dreihundert Dukaten dafür zahlte.

Es machte ihm ein sonderliches Vergnügen, wenn er Menschen mit ungewöhnlichen Gesichtszügen, Bärten oder Haarschmuck begegnete. Wer ihm gefiel, dem hätte er einen ganzen Tag nachgehen können, und seine Gestalt prägte sich ihm also ein, daß er, zu Hause angelangt, sie zeichnete, als ob sie vor ihm stünde. In dieser Weise hat er viele männliche und weibliche Köpfe ausgeführt, und ich besitze in meiner oft erwähnten Sammlung von Handzeichnungen verschiedene mit der Feder von ihm gezeichnet, darunter das Bildnis des Amerigo Vespucci, einen schönen alten Kopf, mit der Kohle schattiert, und den Zigeunerhauptmann Scaramuccia, welchen Gianbullari an Dominico Valdambrini aus Arezzo, Kanonikus von S. Lorenzo, überlassen hatte. — Eine Tafel mit der Anbetung der Könige wurde von diesem Meister angefangen; es ist viel Schönes darin, besonders an Köpfen; sie stand im Hause von Amerigo Benci, der Loggia der Peruzzi gegenüber, blieb aber unvollendet, wie seine anderen Arbeiten.

Im Jahre 1494 war Giovan Galeazzo, Herzog von Mailand, gestorben und Lodovico Sforza als Nachfolger erwählt. Dieser fand großes Vergnügen am Lautenspiel, deshalb wurde Lionardo ehrenvoll zu ihm berufen. Er nahm sein Instrument mit, das er selbst fast ganz aus Silber in Form eines Pferdekopfes verfertigt hatte, eine seltsame und neue Gestalt, berechnet, dem Klang mehr Stärke und Wohllaut zu geben. Dadurch übertraf er alle Musiker, welche nach Mailand gekommen waren, sich hören zu lassen. Außerdem war er zu seiner Zeit der Beste unter denen, die in Reimen improvisierten. Der Herzog, durch die bewundernswerten Reden Lionardos erfreut, verliebte sich in seine Talente so sehr, daß es fast unglaublich war; er bewog ihn durch Bitten, eine Altartafel zu malen, eine Geburt Christi, die als Geschenk von dem Herzog an den Kaiser gesandt wurde. Für die Dominikanermönche in Santa Maria delle Grazie zu Mailand malte er ein Abendmahl von seltener und wunderbarer Trefflichkeit. Den Köpfen der Apostel gab er soviel Majestät und Schönheit, daß er das Haupt des Heilandes unausgeführt ließ, überzeugt, er vermöge nicht ihm jene Göttlichkeit zu verleihen, welche für ein Bild Christi erforderlich sei. Das Werk verblieb so, als ob es vollendet wäre, und ist immerdar von den Mailändern wie von Fremden hochgepriesen worden. Lio-

LIONARDO DA VINCI PITT.
E SCVLTOR FIOR.

nardo war darin aufs beste gelungen, den Argwohn auszudrücken, der die Gemüter der Apostel erfaßt hat, und sie verlangen macht, zu wissen, wer den Meister verraten habe; aus den Angesichtern aller spricht Liebe, Furcht und Zorn oder auch der Schmerz, daß sie den Sinn der Rede Jesu nicht verstehen, und dies setzt nicht minder in Verwunderung, als der Trotz, Haß und Verrat, den man in Judas erkennt. Zu dem allen sind die geringsten Einzelheiten des ganzen Werkes mit unglaublichem Fleiße gearbeitet, sogar das Gewebe des Tischtuches, wie man es im feinsten Leinenzeug nicht besser sehen könnte.

Man sagt, der Prior des Klosters habe Lionardo sehr ungestüm angetrieben, das Werk zu vollenden. Ihm schien es seltsam, den Künstler bisweilen einen halben Tag in Betrachtung verloren zu sehen; es wäre ihm lieb gewesen, wenn er gleich Arbeitern, die den Garten umhacken, den Pinsel niemals aus der Hand gelegt hätte. Dies war aber nicht genug, er beschwerte sich auch gegen den Herzog und drängte diesen so lange, bis dieser sich gezwungen sah, Lionardo rufen zu lassen. Mit guter Art bat er ihn, er möge die Arbeit fördern, und versicherte, er tue dies nur auf überlästiges Ansuchen des Priors. Lionardo kannte den klaren Verstand und die Billigkeit des Fürsten, deshalb entschloß er sich, mit ihm über die Sache zu reden, was er bei dem Prior nie getan hatte. Er äußerte sich weitläufig über die Kunst und machte anschaulich, daß erhabene Geister bisweilen am meisten schaffen, wenn sie am wenigsten arbeiteten, nämlich in der Zeit, wo sie erfinden und vollkommene Ideen ausbilden, welche der Verstand erfaßt und die Hände darstellen. Zwei Köpfe, fügte er hinzu, wären es, die ihm noch fehlten, der des Erlösers, nach welchem er nicht auf Erden suchen wolle, und von dem er nicht glaube, daß er seiner Phantasie in jener Schönheit und himmlischen Anmut vorschweben könne, welche die menschgewordene Gottheit umkleiden müsse; der andere sei der des Judas. Ihm scheine unmöglich, passende Gesichtszüge für jenen Jünger zu erfinden, dessen trotziger Geist nach so vielfach empfangenen Wohltaten des Entschlusses fähig gewesen, seinen Meister, den Erretter der Welt, zu verraten; nach diesem letzteren indes wolle er suchen, und finde er ihn nicht, so bleibe ihm der des lästigen und unbescheidenen Priors gewiß.

Dies brachte den Herzog zum Lachen; er gab Lionardo tausendmal recht, und der arme Prior, in Verwirrung geraten, befleißigte sich, die Arbeiten im Garten zu betreiben, den Künstler aber ließ er in Frieden, und dieser führte den Kopf des Judas so trefflich zu Ende, daß er das wahre Bild des Verrates und der Unmenschlichkeit ist; das Haupt Christi dagegen blieb unvollendet, wie ich schon oben sagte. – Die Herrlichkeit dieses Gemäldes, in Zusammenstellung wie in fleißiger Ausführung, erweckte dem Könige von Frankreich Verlangen, es nach seinem Reiche bringen zu lassen; er suchte auf alle Weise nach Baumeistern, die es mit Holzbalken und Eisen fest genug zu binden vermöchten, damit man es unbeschädigt fortbringen könne. Der möglichen Kosten achtete er nicht, so groß war sein Verlangen

darnach; weil es jedoch auf die Mauer gemalt war, verging Sr. Majestät die Lust dazu, und es blieb den Mailändern.
Er machte dem Herzog den Vorschlag, ein Pferd in Bronze von erstaunenswürdiger Größe verfertigen und darauf den verstorbenen Herzog zum Andenken darstellen zu lassen. Er begann und vollendete das Modell, aber in einer solchen Größe, daß es niemals ausgeführt werden konnte, und wie oftmals Neid die Menschen zu boshaftem Urteil bewegt, gab es mehrere, welche meinten, Lionardo habe es gleich anderen seiner Arbeiten begonnen, damit es nicht vollendet werde. Seine Größe war Ursache, daß unglaubliche Schwierigkeiten sich zeigten, als es in einem Stück gegossen werden sollte, und man könnte wohl auch glauben, der Erfolg habe einigen Menschen jenen Gedanken eingegeben, daß sehr viele seiner Arbeiten nicht zum Schluß kamen. Doch wie dem sei, der Wahrheit gemäß ist anzunehmen, daß sein erhabener herrlicher Geist durch allzu großes Streben gehindert wurde, daß sein Trachten, Trefflichkeit über Trefflichkeit und Vollkommenheit über Vollkommenheit zu erringen, die Schuld davon trug, und wie Petrarca sagt: Verlangen das Werk hemmte. Wer das von Lionardo in Ton ausgeführte Modell jenes Denkmals betrachtete, dergestand, nie etwas Köstlicheres gesehen zu haben; es erhielt sich, bis die Franzosen mit ihrem König Ludwig nach Mailand kamen und es zugrunde richteten. Auch ein kleines, sehr vollkommenes Wachsmodell desselben Werkes ist verloren gegangen, zugleich mit einem Buch über die Anatomie der Pferde,

welches Lionardo zu eigenem Studium gearbeitet hatte. – Lionardo kehrte nach Florenz zurück; dort vernahm er, die Servitenbrüder hätten dem Filippino das Bild für den Hauptaltar der Nunziata übertragen, und äußerte: solch ein Werk würde auch er gern übernommen haben. Als Filippino dies hörte, zog er, ein liebenswürdiger Mensch, wie er war, sich von der Sache zurück, und die Mönche übertrugen dem Lionardo das Bild. Sie nahmen ihn ins Haus, gaben ihm den Unterhalt für sich und alle seine Angehörigen, was er lange Zeit geschehen ließ, ohne etwas anzufangen; endlich aber verfertigte er einen Karton, worauf die Madonna, die heil. Anna und das Christuskind so schön abgebildet waren, daß nicht nur alle Künstler, sondern jeder sich zur Bewunderung bewogen fühlte, der ihn schaute, und man sah zwei Tage lang Männer und Frauen, jung und alt wie zu einem glänzenden Feste nach dem Zimmer wallfahrten, um das Wunderwerk Lionardos zu sehen. In der Madonna erkannte man alle jene Einfalt und Lieblichkeit, welche der Mutter Gottes Anmut verleihen kann; Lionardo wollte in ihr die Bescheidenheit und Demut der Jungfrau darstellen, welche voll Freuden die Schönheit des Sohnes gewahrt; sie hält ihn zärtlich auf dem Schoß, die Augen sittsam niedergeschlagen, und blickt nach dem heil. kleinen Johannes, der mit einem Lämmchen spielt und der heil. Anna ein Lächeln abgewinnt, die von Fröhlichkeit erfüllt ist, daß ihr irdisch Geschlecht ein himmlisches geworden; lauter Beziehungen, dem Verstand und Geiste Lionardos entsprechend.

Auch unternahm Lionardo für Francesco del Giocondo

das Bildnis der Mona Lisa, seiner Frau, zu malen. Vier Jahre Mühe wandte er dabei auf, sodann ließ er es unvollendet und es ist heutigen Tages zu Fontainebleau, im Besitz des Königs Franz von Frankreich. Wer sehen wollte, wie weit es der Kunst möglich sei, die Natur nachzuahmen, der erkannte es an diesem schönen Kopfe. Alle Kleinigkeiten waren darin aufs feinste abgebildet, die Augen hatten Glanz und Feuchtigkeit, wie wir es im Leben sehen; rings umher bemerkte man die rötlich blauen Kreise und die Wimpern, welche nur der zarteste Pinsel ausführen kann; bei den Brauen sah man, wo sie am vollsten, wo am spärlichsten sind, wie sie aus den Poren der Haut hervorkommen und sich wölben, so natürlich, als nur zu denken ist. An der Nase waren die feinen Öffnungen rosig und zart aufs treueste nachgebildet, der Mund hatte, wo die Lippen sich schließen, und wo das Rot mit der Farbe des Gesichts sich vereint, eine Vollkommenheit, daß er nicht wie gemalt, sondern in Wahrheit wie Fleisch und Blut erschien; wer die Halsgrube aufmerksam betrachtete, glaubte das Schlagen der Pulse zu sehen, kurz man kann sagen, dieses Bild war nach einer Weise ausgeführt, welche jeden vorzüglichen Künstler und jeden, der es sah, erbeben machte. Mona Lisa war sehr schön und Lionardo brauchte noch die Vorsicht, daß, während er malte, immer jemand zugegen sein mußte, der sang, spielte und Scherze trieb, damit sie fröhlich bleiben und nicht ein trauriges Ansehen bekommen möchte, wie es häufig der Fall ist, wenn man sitzt, um sein Bildnis malen zu lassen. Über diesem Angesicht dagegen schwebte ein so liebliches

Lächeln, daß es eher von himmlischer, als von menschlicher Hand zu sein schien, und es galt für bewundernswert, weil es dem Leben völlig gleich war.
Durch die herrlichen Werke dieses göttlichen Meisters stieg sein Ruhm immer mehr, weshalb jeder, der an der Kunst Vergnügen fand, ja ganz Florenz Verlangen trug, daß er daselbst irgend etwas zu seinem Gedächtnis hinterlassen möchte, und man sprach davon, ihm ein bedeutendes Werk zu übertragen, damit der Geist und die Anmut, welche all seine Arbeiten kund gaben, der Stadt zur Zierde gereichen möchten. In jener Zeit war der große Ratssaal neu erbaut worden, nach Angabe von Giuliano von San Gallo, Simone Pollaiuolo, genannt Cronaca, Michelagnolo Buonarroti und Baccio d'Agnolo. Man hatte dieses Werk mit großer Schnelligkeit vollendet und bestimmte nunmehr durch ein öffentliches Dekret, Lionardo solle daselbst ein schönes Bild malen. Piero Soderini, der damalige Gonfaloniere der Justiz, übergab ihm die Arbeit; Lionardo machte sich dazu anheischig und begann in Santa Maria Novella im Saal des Papstes einen Karton, worin er die Geschichte von Niccolo Piccinino, Feldhauptmann des Herzogs Filippo von Mailand, darstellte. Er zeichnete darin einen Trupp Reiter, die um eine Fahne kämpfen, und dies Werk wurde als meisterhaft anerkannt, wegen der bewundernswerten Überlegung, mit welcher Lionardo diese stürmische Szene ordnete. Wut, Zorn und Rachsucht erkennt man in den Menschen nicht minder wie in den Pferden; zwei dieser Tiere sind mit den Vorderfüßen ineinander verschränkt und fallen sich mit den

Zähnen an, wütend wie die kämpfenden Reiter. Einer der Soldaten hat mit beiden Händen das Ende der Standarte gefaßt, treibt das Pferd zur Flucht, wendet durch Kraft der Schultern den Körper zurück, umklammert den Schaft der Fahne und sucht sie so gewaltsam den Händen von vier Kriegern zu entreißen, die sie verteidigen; jeder hält sie mit einer Hand, in der anderen schwingen sie die Schwerter, um den Schaft abzuhauen! Ihnen entgegen ist ein alter Krieger, ein rotes Barett auf dem Haupt; mit einer Hand hat er auch den Schaft ergriffen, mit der anderen hebt er einen krummen Säbel in die Höhe und führt schreiend vor Wut den Streich, um die Hände der beiden Soldaten abzuhauen, welche zähnebleckend in wilder Stellung ihre Fahne zu verteidigen streben. Auf der Erde zwischen den Füßen der Pferde sind noch zwei kämpfende Krieger verkürzt gezeichnet. Der eine liegt auf dem Boden, der andere hat sich über ihn geworfen; er hebt den Arm hoch empor und setzt ihm mit gewaltiger Kraft den Dolch an die Kehle; jener dagegen verteidigt sich nach Vermögen mit Beinen und Armen, damit er den Tod nicht empfange. Kaum sagen läßt sich, wie schön Lionardo die verschiedenen Kleidungen der Soldaten, den Helmschmuck und andere Zieraten gezeichnet hat, und welche Meisterschaft er bei den Umrissen und der Gestaltung der Pferde kund gegeben, denn besser, als irgend sonst ein Meister wußte er diesen Tieren Wildheit, richtiges Muskelspiel und Schönheit zu verleihen. Lionardo ging nach Rom, zur Zeit der Erwählung von Papst Leo, mit Giuliano von Medici, welcher sich viel mit Philosophie und mehr noch mit Alchimie beschäftigte. Dort verfertigte er einen Teig von Wachs und formte daraus, wenn er fließend war, sehr zarte Tiere, mit Luft gefüllt; blies er hinein, so flogen sie, war die Luft heraus, so fielen sie zur Erde. Einer seltsamen Eidechse, welche der Winzer von Belvedere fand, machte er Flügel aus der abgezogenen Haut anderer Eidechsen, die er mit Quecksilber füllte, sodaß sie sich bewegten und zitterten, wenn sie ging; sodann machte er ihr Augen, Bart und Hörner, zähmte sie, tat sie in eine Schachtel und jagte alle seine Freunde damit in Furcht. Oftmals ließ er die Därme eines Hammels so fein ausputzen, daß man sie in der hohlen Hand hätte halten können; diese trug er in ein großes Zimmer, brachte in eine anstoßende Stube ein paar Schmiedeblasebälge, befestigte daran die Därme und blies sie auf, bis sie das ganze Zimmer einnahmen und man in eine Ecke flüchten mußte, so zeigte er, wie sie allmählich durchsichtig und von Luft erfüllt wurden, und indem sie anfangs auf einen kleinen Platz beschränkt, sich mehr und mehr in dem weiten Raum ausbreiteten, verglich er sie dem Genie.

Zwischen Lionardo und Michelagnolo herrschte großer Widerwille, und die Konkurrenz zwischen beiden war schuld, daß Michelagnolo Florenz verließ, wobei ihn Herzog Giuliano entschuldigte, da er vom Papst wegen der Fassade von S. Lorenzo berufen war. Als Lionardo solches hörte, ging er auch von dannen und begab sich nach Frankreich, wo der König mehrere Werke von ihm besaß und ihm sehr gewogen war. Der König wünschte: Lionardo möchte den Karton von der heil.

Anna malen; seiner Gewohnheit gemäß hielt er ihn jedoch mit Worten hin. Endlich alt geworden, lag er viele Monate krank, und da der Tod ihm nahte, wollte er sich mit allem Fleiß in dem katholischen Ritus und der richtigen Lehre der heiligen christlichen Religion unterweisen lassen; er beichtete reuevoll unter vielen Tränen, und obwohl er nicht mehr auf den Füßen stehen konnte, ließ er sich doch, von den Armen seiner Freunde und Diener unterstützt, das heilige Sakrament außerhalb des Bettes reichen. Der König, welcher ihn oft liebevoll besuchte, kam bald nachher zu ihm. Lionardo richtete sich ehrfurchtsvoll empor, um im Bette zu sitzen, schilderte ihm sein Übel mit allen Zufällen und sagte, wie er gegen Gott und Menschen gefehlt habe, daß er in der Kunst nicht getan hätte, was ihm Pflicht gewesen wäre. Diese Anstrengung veranlaßte einen stärkeren Paroxismus, welcher Vorbote des Todes war; der König erhob sich und hielt ihm das Haupt, um ihm eine Hilfe und Gunst zur Erleichterung seines Übels zu erweisen; da erkannte Lionardos göttlicher Geist, es könne ihm größere Ehre nicht widerfahren, und er verschied in den Armen des Königs im fünfundsiebzigsten Jahre seines Lebens.

Sein Tod verursachte allen, die ihn gekannt hatten, größte Betrübnis; nie war der Malerei von einem Künstler mehr Ehre gemacht worden; der Glanz seines schönen Angesichtes erheiterte jedes traurige Gemüt, und seine Rede vermochte die hartnäckigste Meinung zu Ja und Nein zu bewegen. Jeden heftigen Ungestüm wußte er durch die Kraft zurückzuhalten, die ihm innewohnte, und mit seiner Rechten bog er das Eisen eines Mauerringes oder eines Pferdehufes, als ob es Blei wäre. Mit natürlicher Freigebigkeit bot er seinen Freunden Aufnahme und Bewirtung, gleichviel, ob sie arm oder reich waren, wenn nur Geist und Trefflichkeit sie zierten. Das unbedeutendste, schmuckloseste Zimmer verschönte und verherrlichte er durch jede seiner Handlungen, und wie die Stadt Florenz durch die Geburt dieses Künstlers eine große Gabe empfing, erlitt sie durch seinen Tod einen mehr als herben Verlust. In der Kunst der Ölmalerei wurde von ihm eine gewisse Tiefe erfunden, durch welche die neueren Künstler ihren Gestalten große Kraft und Rundung geben. Was er in der Bildhauerei vermochte, zeigte er an den drei Bronzefiguren über den nördlichen Türen von S. Giovanni. Sie wurden von Giovan Francesco Rustici gegossen, aber nach Angabe Lionardos entworfen, und sind in Zeichnung und Ausführung das schönste Gußwerk, welches in neuerer Zeit gesehen worden ist.

Lionardo danken wir die Anatomie der Pferde und die noch viel vollkommenere des menschlichen Körpers; und obgleich er mehr durch Worte, als durch Taten gewirkt hat, wird um der vielen Vorzüge willen, mit denen er wunderbar begabt war, sein Namen und Ruf niemals erlöschen.

GIORGIONE DA CASTEL FRANCO

Geboren 1478 zu Castel Franco
Gestorben 1511 zu Venedig

Venedig wurde in der Zeit, da die Werke Lionardos der Stadt Florenz hohen Ruhm erwarben, durch die Kunst und Trefflichkeit eines seiner Mitbürger verherrlicht, welcher die hochgepriesenen Bellini, sowie alle anderen Meister, die bis dahin in jener Stadt gearbeitet hatten, weit übertraf. Dies war Giorgio, im Jahre 1478 zu Castel Franco im Trevisaner Gebiet geboren, in der Zeit gerade, als das Amt des Dogen von Giovan Mozenigo, dem Bruder des Dogen Piero bekleidet wurde. Man nannte ihn nachmals Giorgione, seiner körperlichen Gestalt, wie seines großen Geistes wegen. Obwohl von niedriger Abkunft, zeigte er sich doch immerdar liebenswert und von edlen Sitten.

In Venedig erzogen, fand er immer Gefallen an Liebesabenteuern, vergnügte sich gern auf der Laute und spielte und sang so wunderbar, daß er von vornehmen Leuten oft zu Musikfesten gebeten wurde. Er widmete sich mit vieler Liebe der Zeichenkunst, und die Natur war ihm hierin sehr günstig. Von Liebe zu ihrer Schönheit ergriffen, wollte er nichts in seine Werke aufnehmen, was er nicht nach ihr abgebildet hatte; er unterwarf sich ihr so und ahmte sie so eifrig nach, daß er nicht nur höher als Giovanni und Gentile Bellini, sondern mit den Meistern gleich gestellt wurde, die in Toskana Schöpfer des neuen Stils waren.

Giorgione hatte einige Arbeiten Lionardos gesehen, aufs Duftigste gemalt und mit Hilfe dunkler Schatten sehr hervortretend. Diese Manier gefiel ihm ausnehmend wohl, deshalb strebte er ihr nach, so lange er lebte, ganz besonders in der Ölmalerei. Da er gern gut arbeiten mochte, wählte er zu seinen Darstellungen immer das Schönste und Mannigfaltigste, was er finden konnte. Die Natur gab ihm einen glücklichen Geist, und er bereicherte die Kunst der Öl-, wie der Freskomalerei, durch mehr Leben, Weichheit, Einheit und zarte Übergänge in den Schatten; dies war Ursache, daß viele treffliche Meister jener Zeit bekannten: er sei geboren, den Gestalten Geist einzuhauchen, und die Frische des lebendigen Fleisches treuer nachzuahmen, als die venezianischen Maler, ja als die Meister dieses Berufes an allen Orten.

In seiner Jugend verfertigte er zu Venedig viele Madonnenbilder und andere Gemälde nach der Natur sehr lebendig und schön. Viele andere herrliche Bildnisse dieses Meisters sind an verschiedenen Orten Italiens verstreut. Zu ihnen gehört eines von Lionardo Loredano, in der Zeit gemalt, als er Doge war; dies sah ich an einem

Himmelfahrtstage ausgestellt; und glaubte wahrhaft, jenen edlen Fürsten lebend vor mir zu schauen.
Im Jahre 1504 brach zu Venedig im Tuchgewölbe der Deutschen auf Ponte del Rialto ein furchtbares Feuer aus; es wurde ganz dadurch zerstört, und alle Waren, welche dort vorrätig lagen, gingen in Flammen auf, zum großen Schaden der Kaufleute. Die Signoria von Venedig gab Befehl, daß man es neu erbaue, mehr geeignet mit Bequemlichkeit darin zu wohnen, als vordem, und es wurde reich, schön und prächtig in Schnelligkeit ausgeführt. Giorgione, dessen Ruf schnell gestiegen war, wurde dabei zu Rate gezogen und erhielt Auftrag, dies Gebäude mit bunten Farben in Fresko zu malen, ganz nach eignem Gefallen, wenn er nur seine Geschicklichkeit dabei kund gebe und an diesem besuchtesten und gesehensten Ort der Stadt ein treffliches Werk vollführe. Er legte Hand daran und malte, als Beweis seiner Kunst, lauter Phantasiegestalten; man findet weder eine Folgereihe von Bildern, noch einzelne Begebenheiten aus dem Leben berühmter Personen des Altertums oder der neueren Zeit; ich für meinen Teil habe nie den Sinn des ganzen verstehen können und auch niemand gefunden, der verstanden hätte, ihn mir zu erklären; hier ist ein Mann, dort eine Frau, die Stellungen verschiedenartig; neben dem einen sieht man ein Löwenhaupt, neben dem anderen einen Engel, dem Cupido ähnlich, sodaß man nicht weiß, wer es sein soll. Über der Türe, die auf die Marceria führt, ist eine Frau sitzend abgebildet, zu ihren Füßen ein Riesenhaupt, sodaß man sie fast für eine Judith halten könnte; sie hebt den Kopf

GIORGIONE DA CASTELFRANCO
PITTORE VINIZIANO

mit dem Schwerte empor, und spricht zu einem Deutschen, der weiter nach unten steht. Weshalb diese Figur hier dargestellt ist, konnte ich nicht erfahren, wenn es nicht eine Germania sein soll. Im ganzen erkennt man sehr wohl, daß die Figuren gut beisammen sind, und daß Giorgione immer mehr Vorzüge erlangte. Köpfe und einzelne Glieder der Gestalten sind gut gezeichnet und sehr lebendig gemalt, auch mühte er sich überall, die Natur getreu nachzubilden, und man findet nirgends Nachahmung einer Manier. Dieses Gebäude ist in Venedig berühmt, nicht minder wegen der Malereien Giorgiones als wegen der Bequemlichkeit des Gebäudes für den Handel und seines öffentlichen Nutzens.

Man erzählt sich, als Andrea Verrocchio zu Venedig das Bronzepferd arbeitete, sei Giorgione mit einigen Bildhauern in Unterredung gekommen, welche meinten, ihre Kunst übertreffe die Malerei, sie lasse zu bei einer einzigen Figur, wenn man um sie herumgehe, verschiedene Stellungen und Ansichten zu sehen, während jene nur eine Seite zeigte. Dieser Meinung entgegen behauptete Giorgione: in einem Bilde könnten, ohne daß man nötig habe, den Standpunkt zu verändern, auf einen einzigen Blick alle möglichen Ansichten und Bewegungen menschlicher Gestalten vor Augen geführt werden; dies vermöge die Bildhauerei nicht, ohne den Betrachtenden seinen Platz wechseln zu lassen, und man habe daher nicht eine, sondern verschiedene Ansichten. Ja, mehr noch, er machte sich anheischig, eine Figur zu malen, bei der man die vordere und Rückseite und beide Profile sehen solle – ein Vorschlag, der jene außer sich brachte.

Dies tat er in folgender Weise: er malte die nackte Gestalt eines Mannes mit dem Rücken dem Beschauer zugewendet, ihm zu Füßen einen klaren Quell, in dessen Wasser sich die vordere Seite abspiegelte; ein goldener Brustharnisch, den er abgelegt hatte, stand an seiner Seite, auf seiner glänzend polierten Fläche erkannte man deutlich das linke Profil, das rechte zeigte ein auf der anderen Seite hingestellter Spiegel. Durch diesen seltsamen Einfall wollte er mit der Tat beweisen: die Malerei sei kunstvoller und schwieriger und lasse auf einen Blick mehr überschauen, als die Bildhauerei; sein Werk wurde sehr gerühmt und als sinnreich und schön bewundert.

Während Giorgione dahin trachtete, sich und seinem Vaterlande Ehre zu erwerben, war er viel in Gesellschaft und suchte seine Freunde durch Musik zu vergnügen; hierbei verliebte er sich in eine Frau, und sie erfreuten sich lebhaft ihres Liebesbundes. Im Jahre 1511 wurde seine Geliebte von der Pest ergriffen, und Giorgione, der es nicht wußte und wie gewöhnlich zu ihr ging, bekam diese Krankheit in so heftigem Grad, daß er nach kurzer Zeit, im vierunddreißigsten Jahre seines Alters zu einem anderen Leben überging, seinen Freunden, die ihn um seiner trefflichen Eigenschaften willen liebten, zum wahren Kummer, und der Welt zu großem Verlust.

ANTONIO DA CORREGGIO

Geboren um 1494 zu Correggio. Gestorben den 5. März 1534 daselbst

Parteiisch kann die Natur nicht sein und so hat sie auch in dem Lande, in dem wir eben verweilten, der Welt herrliche Menschen von der selben Art geschenkt, wie sie deren in Toskana seit langen Jahren schon viele erweckt hatte. Unter den Meistern jener Gegend war Antonio aus Correggio durch seltene Gaben ausgezeichnet. Er drang in die neue Malweise mit so vieler Vollkommenheit ein, daß er, von der Natur begünstigt, wie durch Studium gefördert, nach wenigen Jahren ein bewundernswerter Künstler ward. Sein Gemüt war schüchtern, und mit Beschwerde und Mühseligkeit übte er die Kunst für seine Familie, deren Erhaltung ihm schwer fiel. Von Natur zum Guten geneigt, betrübte er sich doch mehr als billig über den Druck der Leidenschaften, welche meist auf den Menschen lasten. Er war in Ausübung der Kunst schwermütig und hingegeben den Mühen seines Berufes, besonders forschte er eifrig nach allen möglichen Schwierigkeiten;

davon zeugen eine große Menge Figuren, die an der Kuppel im Dom von Parma in Fresko gemalt und sehr gut vollendet in der Ansicht von unten hinauf zum Verwundern herrlich verkürzt dargestellt sind. Correggio war der erste, welcher in der Lombardei Werke nach neuer Manier vollendete; hätte er seine Heimat überschritten und Rom gesehen, so würde er Wunder getan und denen vielen Verdruß gemacht haben, welche zu seiner Zeit für groß galten. Seine Arbeiten waren herrlich, obschon er weder Altertümer, noch die guten neueren Werke kannte, deshalb ist leicht zu beurteilen, daß er durch ihre Anschauung noch viel höhere Vollkommenheit erlangt haben, nach dem Guten das Bessere geleistet und das höchste Ziel erreicht haben würde. Mit Gewißheit darf man jetzt annehmen, daß kein Künstler die Farben besser behandelt, keiner mit mehr Reiz und Rundung gemalt hat, wie er; so groß war die Weichheit, die er dem Fleische gab, so selten die Anmut, mit der er seine Werke vollendete.

Im Dome von Parma sieht man außer den genannten Figuren zwei große Ölbilder, von dem selben Meister, in dem einen die Gestalt des toten Christus, welche sehr gerühmt wird. In S. Giovanni jener Stadt malte er die Kuppel in Fresko und stellte darin die Madonna dar, welche gen Himmel fährt, von einer Menge von Engeln und Heiligen umgeben. Fast unglaublich scheint es, daß seine Phantasie dieses Werk erschaffen konnte, mehr noch, als daß die Hände es zu vollführen vermochten, denn von seltener Schönheit ist der Fall der Gewänder, wie der Ausdruck der Gestalten. Einige davon befinden sich in unserer Sammlung, von dem Meister selbst in Rötel gezeichnet, nebst einigen Friesen mit schönen Kindern und anderen Friesen, die in dem selben Werke als Ornament angebracht sind mit mannigfaltigen Darstellungen von Opfern nach antiker Weise. Hätte Antonio seine Arbeiten nicht so vollkommen ausgeführt, wie sie nunmehr vor uns stehen, so würden seine Zeichnungen, wenn gleich sie in guter Manier, mit Reiz und großer Übung gemacht sind, ihm doch unter Künstlern nicht den Namen erworben haben, welchen seine Werke nunmehr behaupten. Die Kunst ist schwer und hat viele Hauptaufgaben, daher geschieht häufig, daß ein Meister nicht alle mit Vollkommenheit lösen kann; viele haben göttlich gezeichnet, ihre Malerei aber litt an einiger Mangelhaftigkeit; andere haben bewundernswert gemalt, doch nicht halb so gut gezeichnet. Alles dies ist von der Einsicht bedingt und von der Übung, welche in der Jugend auf Zeichnung oder Färbung verwendet wird. Da man jedoch beides erlernt, um die Vollkommenheit zu erreichen, welche darin besteht, daß man alles nach guter Zeichnung schön in Farben setze, so gebührt dem Correggio das große Lob, daß er in der Fresko- wie in der Ölmalerei, die höchste Stufe des Kolorits erreicht hat. In der Barfüßerkirche von S. Francesco der selben Stadt, malte er in Fresko eine Verkündigung wunderbar schön. Als daher not tat, an jenem Orte einige Ausbesserungen vorzunehmen, bei denen das Werk Correggios zugrunde gegangen sein würde, ließen die Mönche jene Mauer mit Holz und Eisen binden, das Bild vorsichtig herausschneiden und

NIL·CANDIDIVS
F
ANTONIO DA CORREGIO
PITTORE

auf diese Weise gerettet, an einem anderen sichern Orte des Klosters einmauern.

Antonio verfertigte viele Bilder und andere Malereien für verschiedene Herren der Lombardei, darunter in Mantua zwei Gemälde für den Herzog Friedrich II., welche dieser dem Kaiser schickte – ein Geschenk, solches Fürsten würdig. Giulio Romano, der sie sah, versicherte, er habe nie ein so zart verarbeitetes Kolorit gesehen. Das eine war die nackte Gestalt der Leda, das andere Venus, mit einer Weichheit gemalt und in den Schatten so schön, daß es nicht Farbe, sondern Fleisch zu sein schien. In dem einen Bilde war eine köstliche Landschaft; denn hierin wurde Correggio von keinem Lombarden übertroffen, auch malte er die Haare in schönster Färbung, mit einer Sauberkeit und Vollkommenheit, daß man es besser nicht sehen kann. Einige Liebesgötter schärften auf einem Stein ihre zierlich von Gold und Blei gearbeiteten Pfeile; was der Venus einen besonderen Liebreiz gab, war ein klares Wasser, das zwischen Gestein fließend, ihre Füße bespülte, ohne sie zu bedecken, sodaß es fast dem Auge weh tat, wenn man diese Weiße und Zartheit aus ihm hervorschimmern sah.

Über die Arbeiten dieses Künstlers ließe sich vieles noch sagen; weil aber die vorzüglichen Meister unseres Berufes alles als göttlich anerkennen, was wir von ihm besitzen, will ich mich nicht weiter darüber verbreiten. Sein Bildnis zu erlangen, habe ich viele Mühe aufgewandt, er hat sich jedoch nie gemalt, noch hat ein andrer es getan, da er immer zurückgezogen lebte, und ich konnte es nicht bekommen. In der Tat hatte er keine große Meinung von sich selbst, noch bildete er sich ein, die Kunst, deren Schwierigkeiten er kannte, mit der Vollkommenheit zu üben, die er gerne erreicht hätte; er begnügte sich mit wenigem, und lebte als ein guter Christ. Seine Familie machte ihm viele Sorge, wie ich eben schon sagte, deshalb suchte er immer zu sparen und ward am Ende so geizig, wie nur möglich. Man erzählt sich, es seien ihm einst zu Parma sechzig Scudi in Kupfermünze ausgezahlt worden, und da er dieselben einiger Zahlungen wegen nach Correggio bringen wollte, habe er sich, mit der ganzen Last beladen, zu Fuß dahin auf den Weg gemacht. Die Hitze war groß, und von der Sonne durchbrannt, suchte er sich mit einem Trunk Wasser zu erfrischen, wovon er erkrankte; von einem heftigen Fieber befallen, mußte er sich zu Bett legen und stand nicht wieder auf. Im vierzigsten Jahre ungefähr endete sein Leben, und er arbeitete etwa um das Jahr 1512. Die Kunst empfing von ihm ein großes Geschenk, denn er behandelte die Farben wie ein wahrhafter Meister, und öffnete zuerst den Lombarden die Augen, worauf dann viele herrliche Maler ihres Landes rühmliche, des Gedächtnisses würdige Werke vollführt haben. Antonio, der die schwierige Aufgabe löste, schöne Haare mit Leichtigkeit zu malen, hat gelehrt, wie man dabei verfahren müsse; hierfür sind die Meister unseres Berufes ihm dauernden Dank schuldig.

FRA BARTOLOMMEO DI SAN MARCO

Geboren 18. März 1472 (?) zu Florenz
Gestorben den 31. Oktober 1517

Nahe beim Gebiete von Prato, zehn Miglien von Florenz in einem Orte Namens Savignano, wurde Bartolommeo, nach toskanischem Sprachgebrauch Baccio genannt, geboren. Er zeigte in seiner Kindheit so viel Neigung als Geschick für die Zeichenkunst; deshalb verschaffte Benedetto da Majano ihm Gelegenheit, daß er zu Cosimo Rosselli in die Lehre und zu einigen Verwandten vor dem Tore von St. Pier Gattolini ins Haus kam, wo er viele Jahre wohnte, weshalb man ihn nicht anders als Baccio della Porta nannte. Nachdem er sich von Cosimo Rosselli getrennt hatte, fing er an, mit großem Eifer die Werke des Lionardo da Vinci zu studieren, und machte so rasche Fortschritte, daß er bald in Zeichnung und Malerei für einen der besten jungen Künstler galt. Baccio genoß wegen seiner Vorzüge in Florenz große Liebe; er war emsig bei der Arbeit, friedlich, gut und gottesfürchtig, hatte Gefallen an einem ruhigen Leben, vermied lasterhaften Umgang, hörte gern das Wort Gottes und suchte immer die Gesellschaft ernster und gelehrter Leute. In Wahrheit erschafft die Natur selten einen vorzüglichen Geist und geduldigen Künstler, ohne ihm nach einiger Zeit ruhiges Leben und Güter zu verleihen, wie sie es bei Baccio tat, der dadurch erlangte, was er wünschte, wovon später mehr gesagt werden wird. Es verbreitete sich der Ruf, er sei nicht minder gut als geschickt, und sein Name wurde so gerühmt, daß Gerozzo di Monna Venna Dini ihm Auftrag gab, eine Begräbniskapelle auf dem Gottesacker des Spitales von Santa Maria Nuova in Fresko zu malen. Dort begann er, das Weltgericht darzustellen, mit so vielem Fleiß und nach so schöner Manier, daß sein Name immer mehr Glanz erhielt; vornehmlich rühmte man die sinnreiche Anordnung der Herrlichkeit des Paradieses, woselbst Christus mit den zwölf Aposteln über die zwölf Stämme Gericht hält; lauter Gestalten in schönen Gewändern, aufs zarteste koloriert.

Im Kloster von San Marco befand sich zu jener Zeit der Bruder Girolamo Savonarola aus Ferrara vom Orden der Prädikanten, ein sehr gerühmter Theologe. Baccio wohnte aus andächtiger Verehrung seinen Predigten bei; er stand in häufigem Verkehr mit ihm, schloß auch mit den anderen Mönchen Freundschaft und hielt sich fast beständig im Kloster auf. Unterdessen fuhr Fra Girolamo fort, zu predigen, und ereiferte sich jeden Tag auf der Kanzel darüber, daß wollüstige Gemälde, Musik und Liebesbücher die Gemüter zum Unrecht verleiteten, weshalb es nicht gut sei, in Häusern, wo

Mädchen sind, Bilder von nackten männlichen und weiblichen Gestalten aufzubewahren. Die Bewohner der Stadt gerieten durch seine Reden in Eifer, und da in der Stadt der alte Brauch herrschte, zum Karneval auf dem Markte ein paar Hütten von Reisig und Holz zu bauen, die man am Fastnachtsabend verbrannte, während Männer und Frauen, einander bei den Händen fassend, Liebestänze und Gesänge aufführten, so wußte Fra Girolamo es dahin zu bringen, daß jenes Tages eine große Anzahl Malereien und Bildwerke, welche nackte Gestalten enthielten und zum Teil von trefflichen Meistern ausgeführt waren, samt einer Menge Bücher, Lauten und Lieder nach dem Markte gebracht und zu großem Schaden besonders für die Malerei verbrannt wurden. Hierzu trug Baccio alle Studien herbei, die in Zeichnung nackter Gestalten von ihm gemacht worden waren, und seinem Beispiele folgte Lorenzo di Credi und viele andere, welche den Namen Klagebrüder führten. Baccio aber, veranlaßt durch die große Liebe, welche er zu Fra Girolamo trug, verfertigte das sehr schöne Bildnis jenes Mönches; es kam damals nach Ferrara und ist seit kurzem erst wieder in Florenz, wo es Filippo di Alamanno Salviati in seinem Hause aufbewahrt und als ein Werk Baccios sehr wert hält. Nach einiger Zeit erhob sich die Gegenpartei des Fra Girolamo, in der Absicht, ihn gefangen zu nehmen und wegen des mannigfachen Aufruhrs, den er in jener Stadt erregt hatte, den Händen der Gerechtigkeit zu überliefern. Auf die Nachricht davon vereinigten sich die Freunde des Mönches, fünfhundert an der Zahl, und verschlossen sich im Kloster S. Marco, mit ihnen Baccio, wegen der absonderlichen Liebe, die er zu jener Partei trug.

Sein Mut jedoch war nicht groß; zu schüchtern für solche Lage, verlor er das Selbstvertrauen, als er bald nachher das Kloster belagert und mehrere der Eingeschlossenen getötet und verwundet sah; deshalb tat er das Gelübde, wenn er aus dieser Bedrängnis erlöst werde, wolle er sogleich in den Dominikanerorden eintreten; dies Gelübde erfüllte er nachmals genau, denn als der Aufstand vorüber, der Mönch gefangen und zum Tode verdammt war, wie die Geschichtschreiber ausführlicher erzählen, begab sich Baccio nach Prato und wurde Mönch in S. Domenico. Man ersieht dies aus den Chroniken jenes Klosters, woselbst er sich den 26. Juli 1500 einkleiden ließ, zu großem Mißvergnügen aller seiner Freunde, denen es sehr nahe ging, daß sie ihn verloren hatten, um so mehr, als sie hörten, er sei willens, sich nicht mehr mit der Malerei zu beschäftigen.

Nachdem Fra Bartolommeo viele Monate in Prato gewesen war, schickten ihn seine Oberen als Mönch ins Kloster St. Marco nach Florenz, woselbst er um seiner Vorzüge willen von den Mönchen sehr freundlich aufgenommen wurde. Bernardo del Bianco hatte zu jener Zeit, nach Angabe des Benedetto di Rovezzano, in der Abtei von Florenz eine Kapelle von Macignostein mit sehr reichen und schönen Skulpturverzierungen erbauen lassen, sodaß sie noch heute als ein schmuckvolles und mannigfaltiges Werk sehr geschätzt wird. Verschiedene runde Figuren und Engel in Nischen und mehrere Friese

mit Cherubim und Wappenschildern der Familie Bianco wurden daselbst zu größerer Zierde von Benedetto Buglioni in gebrannter überglaster Erde gearbeitet, und da Bernardo ein der Umgebung würdiges Gemälde in jene Kapelle zu stiften gedachte, bot er alle erdenkliche Freundlichkeit auf, den Fra Bartolommeo für seinen Zweck zu gewinnen, in der Überzeugung, er werde leisten, was sich hier zieme. Fra Bartolommeo lebte im Kloster, einzig mit gottesdienstlichen Übungen und Er-
füllung der Gebote seines Ordens beschäftigt, obwohl der Prior und seine vertrautesten Freunde ihn dringend baten, er solle irgendein Malerwerk ausführen. Schon war ein Zeitraum von vier Jahren verflossen, ohne daß er etwas hätte arbeiten wollen, als er endlich bei der eben genannten Veranlassung, von Bernardo del Bianco gedrängt, das Bild des heil. Bernard zu malen begann. Der Heilige schreibt, und ihm erscheint die Madonna mit dem Sohn auf dem Arme von vielen schön kolo-
rierten Engeln und Kindern getragen; er ist in An-
schauung verloren, und man gewahrt in ihm etwas Überirdisches, welches sich für den aufmerksamen Be-
schauer über das ganze Werk verbreitet. Mit gleicher Liebe und gleichem Fleiß malte er in Fresko einen Bogen oberhalb dieses Bildes. Andere Gemälde ver-
fertigte er bald nachher für den Kardinal Giovanni di Medici, und für Angnolo Doni ein Madonnenbild von seltener Schönheit, welches auf dem Altar in einer Ka-
pelle seines Hauses steht.

Zu jener Zeit kam Raffael von Urbino nach Florenz, die Kunst zu erlernen; er lehrte den Fra Bartolommeo

VITA DI FRA BARTOLOMEO
PITTOR FIORENTINO

die Regeln richtiger Perspektive und war beständig bei ihm, weil er Verlangen trug, in der Manier des Mönches zu malen, dessen Behandlung und schöne Verschmelzung der Farben ihm wohl gefiel.

Fra Bartolommeo hörte später oftmals die trefflichen Werke rühmen, welche Michelagnolo und der anmutige Raffael zu Rom hervorbrachten, und endlich bewog ihn der Ruf von den Wundern jener beiden göttlichen Meister, mit Bewilligung des Priors nach Rom zu gehen. Dort wurde er von dem Frate del Piombo, Mariano Petti, aufgenommen und malte für ihn im Kloster San Silvestro auf Monte Cavallo, dem er angehörte, zwei Bilder mit den Heiligen Petrus und Paulus. Was er unternahm, wollte ihm jedoch in jener Luft nicht so wohl gelingen als in Florenz; die übergroße Menge der verschiedenen alten und neuen Werke jener Stadt erschreckte ihn, und die Kunst und Trefflichkeit, welche er zu besitzen glaubte, schien ihm sehr gering; deshalb beschloß er von dannen zu gehen und überließ dem Raffael von Urbino, das Bild des heil. Petrus zu vollenden, welches jener bewunderungswürdige Künstler ganz überarbeitet an Fra Mariano übergab.

So kehrte Fra Bartolommeo nach Florenz zurück, und weil man ihm dort öfters den Vorwurf gemacht hatte, er könne nackte Gestalten nicht malen, wollte er zeigen, daß er gleich anderen Meistern jede treffliche Arbeit in seiner Kunst auszuführen vermöge. In dieser Absicht stellte er in einem Bilde den heil. Sebastian unbekleidet dar, mit einer Farbe, die dem lebendigen Fleische sehr ähnlich sah, mit angenehmen, der Schönheit des Körpers entsprechenden Gesichtszügen, wodurch er sich bei den Künstlern das größte Lob erwarb. Als aber dies Werk in der Kirche aufgestellt war, fanden die Mönche in den Beichten, daß die Frauen beim Anblick desselben durch die reizende und sinnliche Darstellung des Lebens, welche Fra Bartolommeos Talent hier erreicht hatte, zu sündhaften Gedanken erregt worden waren; deshalb ward es von den Mönchen aus der Kirche weggenommen und nach dem Kapitel gebracht. Dort kaufte es bald nachher Giovan Batista della Palla und schickte es dem Könige von Frankreich.

Fra Bartolommeo hatte sich mit den Tischlern erzürnt, welche die Verzierungen um seine Tafeln und Leinwandbilder arbeiteten, weil sie damals wie noch heute mit den Vorsprüngen der Rahmen ein Achtel der Figuren zu überdecken pflegten; er beschloß eine Erfindung zu machen, wodurch sie jener Zieraten entbehren könnten, und ließ zu dem Bilde des heil. Sebastian eine Tafel im Halbkreis arbeiten, zog darauf in Perspektiv eine Nische, sodaß sie auf der Tafel in Relief vertieft scheint, und malte so einen Rahmen umher, welcher der Gestalt in der Mitte zur Verzierung dient. Das selbe tat er bei dem heil. Vincentius und bei dem heil. Marcus.

Man hatte Fra Bartolommeo vorgeworfen, er habe eine kleine Manier, daher kam ihm der Einfall, zu zeigen, daß er auch große Figuren arbeiten könne; er malte für die Wand, wo die Türe des Chores ist, die Gestalt des Evangelisten Marcus fünf Ellen hoch, auf einer Tafel, mit guter Zeichnung und großer Meisterschaft. – Salvatore Billi, ein florentinischer Kaufmann, der von

Neapel zurückkam, hörte von der Trefflichkeit Bartolommeos, und da er seine Werke sah, ließ er ihn als Anspielung auf seinen Namen eine Tafel malen, auf welcher Christus der Erlöser von den vier Evangelisten umgeben war und zu seinen Füßen zwei Kinder mit der Weltkugel, ihre Körper zart und frisch ausgeführt, gleich dem ganzen Werke; daneben befanden sich auch noch zwei sehr zu rühmende Propheten. Diese Tafel, von dem Mönche mit großer Liebe vollendet, wurde auf Begehren Salvatores in der Nunziata zu Florenz unter der großen Orgel aufgestellt und rings mit einer Marmorverzierung von Pietro Rosselli umgeben.

Im Hause des Pier del Pugliese, jetzt dem Matteo Botti, einem florentinischen Bürger und Handelsmann, zugehörend, stellte Fra Bartolommeo oben an der Treppe in einem Vorsaale den heil. Georg dar, welcher, in Waffenschmuck zu Pferd, mit dem Lindwurm kämpft. Er malte ihn grau in grau in Öl, denn ehe er seine Arbeiten kolorierte, pflegte er sie in dieser Weise gleichsam im Karton zu entwerfen oder sie mit Tinte oder Asphalt zu schattieren; dies sieht man noch jetzt an vielen Arbeiten, die er bei seinem Tode unvollendet hinterließ; außerdem gibt es eine Menge Zeichnungen der Art in Hell und Dunkel von ihm ausgeführt, jetzt großenteils im Kloster der heil. Katharina von Siena auf dem Platz von S. Marco, als Besitztum einer Nonne, die sich mit der Malerei beschäftigte. Viele solcher Blätter zieren zu seinem Andenken unser Zeichenbuch, und andere besitzt Messer Francesco del Garbo, ein trefflicher Arzt.

Fra Bartolommeo pflegte alle Gegenstände nach der Natur zu zeichnen; selbst Gewänder und Waffen wollte er nicht ohne Vorbild malen, deshalb ließ er sich eine Holzfigur in Lebensgröße arbeiten, mit biegsamen Gliedern, umgab sie mit Kleidern und vollführte hiernach treffliche Arbeiten, da er bis zum Schluß ruhig festhalten konnte, was er darzustellen gedachte. Dies Modell wird so beschädigt, als man es fand, zum Gedächtnis Bartolommeos von mir aufbewahrt.

Piero Soderini gab ihm Auftrag, eine Tafel für den Ratssaal zu malen, und er legte sie in Helldunkel so schön an, daß er sich große Ehre erworben haben würde, wenn er sie zur Vollendung gebracht hätte. Unvollendet, wie er sie ließ, wird sie nunmehr in S. Lorenzo in der Kapelle des glorreichen Ottaviano von Medici aufbewahrt, und man findet darauf alle Beschützer der Stadt Florenz und alle Heiligen, an deren Tagen von der Republik Siege erkämpft worden sind. Unter vielen verschiedenen Gestalten auch Fra Bartolommeo selbst, der sich nach dem Spiegelbild zeichnete. Er hatte dies Werk angefangen und ganz entworfen, als durch beständiges Arbeiten unter einem Fenster, durch welches das Licht ihm im Rücken hereinfiel, eine Seite seines Körpers ganz steif wurde und er sich nicht regen konnte. Die Ärzte gaben ihm den Rat, nach dem Bade S. Filippo zu gehen; er blieb lange dort, wurde aber nur um weniges besser. Fra Bartolommeo war ein großer Freund von Früchten, sie schmeckten seinem Gaumen so wohl, daß er seiner Gesundheit sehr dadurch schadete. Eines Morgens unter anderen aß er viele Feigen, zog sich dadurch außer dem Übel, welches er schon hatte, ein heftiges Fieber zu und starb nach vier Tagen bei vollem Bewußtsein im achtundvierzigsten Jahre seines Lebens. Seinen Freunden, besonders den Klosterbrüdern, geschah sein Tod sehr weh, und sie gaben ihm am 8. Oktober des Jahres 1517 in S. Marco ein ehrenvolles Begräbnis. Die Mönche hatten ihn von allen Chordiensten entbunden, dagegen fiel der Gewinn seiner Arbeiten dem Kloster zu, und er behielt nur so wenig Geld in Händen, um Farben und anderes Nötige zum Malen zu kaufen. Fra Bartolommeo gab seinen Gemälden ein so herrliches Kolorit und verlieh ihnen so viel neue Schönheit, daß er zu den Meistern gezählt werden muß, die der Kunst zum Segen gereichten.

RAFFAEL VON URBINO

Geboren am 26. März (Karfreitag) 1483 zu Urbino
Gestorben am 6. April (Karfreitag) 1520 zu Rom

Ohne Beschränkung freigebig und liebreich sendet der Himmel bisweilen einem einzigen Menschen den unendlichen Reichtum seiner Schätze, alle Anmut und seltene Gaben, welche er sonst in langem Zeitraum unter viele zu verteilen pflegt. Das sieht man deutlich an dem eben so herrlichen als anmutigen Raffael Sanzio von Urbino. Ihm war von der Natur jene Güte und Bescheidenheit verliehen, welche bisweilen solche schmückt, die vorzugsweise vor anderen mit anmutigem Wesen eine liebenswürdige Freundlichkeit verbinden, wodurch sie den verschiedensten Personen gegenüber, wie in allen Dingen, stets liebreich erscheinen und Wohlgefallen erwecken. Die Natur war durch die Hand Michelagnolos von der Kunst besiegt, und schenkte Raffael der Welt, um nicht nur von ihr, sondern auch durch die Sitte übertroffen zu werden. Und in der Tat, da der größte Teil der Künstler, welche bis dahin gelebt hatten, sich nicht von einer gewissen Torheit und Rohheit freimachen konnten, wodurch sie in sich selbst versunken, nicht nur Phantasten geworden waren, sondern auch oft in ihrem Tun mehr das Dunkel des Lasters als das Licht und den Glanz der Tugenden, welche die Menschen unsterblich machen, gezeigt hatten: so war es wohl billig, daß sie in Raffael die seltensten Vorzüge des Herzens widerstrahlen ließ, von soviel Anmut, Fleiß, Schönheit, Bescheidenheit und trefflichen Sitten begleitet, daß sie genügt hätten, jedes noch so schlimme Laster, jeden noch so großen Fehler zu verdecken. Gewiß kann man sagen: wen so reiche Gaben schmücken, der sei nicht nur schlechthin ein Mensch, sondern wenn der Ausdruck erlaubt ist, ein sterblicher Gott zu nennen, und wer durch seine Werke hier auf Erden einen so ehrenvollen Namen in den Geschichtsbüchern hinterläßt, darf auch hoffen, im Himmel die Freude zu genießen, deren seine Anstrengungen und Verdienste würdig sind.

Raffael wurde am Karfreitag des Jahres 1483 nachts drei Uhr zu Urbino, einer berühmten Stadt Italiens, geboren. Sein Vater war Giovanni Santi, als Maler von nicht besonderen Vorzügen, jedoch ein verständiger Mann, und geeignet, seinen Sohn auf den guten Weg zu leiten, welcher zu seinem Mißgeschick in der Jugend ihm nicht gezeigt worden war. Giovanni wußte, daß es von Wichtigkeit sei, die Kinder nicht von Ammen, sondern von ihren Müttern nähren zu lassen; als ihm daher Raffael geboren wurde, dem er zu guter Vorbedeutung diesen Namen gab, wollte er, die Mutter selbst solle den Knaben stillen, er war das erste und einzige Kind, welches der Himmel ihm schenkte, und wuchs dem Wunsche des Vaters gemäß, im elterlichen Hause auf, damit es dort im zarten Alter gute Sitten lerne und nicht bei geringen und gemeinen Leuten ein ungefälliges, rohes Betragen annehme. Als er größer wurde, fing Giovanni an, ihn in der Kunst der Malerei zu unterrichten, wofür er soviel Neigung als Talent kund gab; daher vergingen wenige Jahre, als Raffael noch ein Kind, schon seinem Vater große Hilfe bei den Arbeiten leistete, welche dieser im Staat von Urbino verfertigte.

Endlich erkannte jedoch dieser gute und liebevolle Vater, daß sein Sohn nicht viel mehr bei ihm lernen könne, und beschloß ihn zu Pietro Perugino in die Lehre zu geben, der ihm als der erste Maler seiner Zeit gerühmt wurde. Er begab sich nach Perugia, da jedoch Pietro eben abwesend war, arbeitete er einiges in S. Francesco und wartete ruhig dessen Zurückkunft ab. Dieser kehrte von Rom heim, und Giovanni, anmutig in seinem Betragen, trat mit ihm in freundlichen Verkehr. Als es ihm Zeit schien, teilte er ihm, so bescheiden und höflich, als er es nur einzurichten wußte, seinen Wunsch mit, und Pietro, der nicht weniger fein an Sitten, als voll Anerkennung für vorzügliche Talente war, nahm Raffael gern als Schüler an. Sehr zufrieden kehrte Giovanni nach Urbino zurück, nahm den Knaben aus den Armen der Mutter, die ihn zärtlich liebte und mit vielen Tränen von ihm schied, und brachte ihn nach Perugia, wo Pietro nicht sobald seine Art zu zeichnen gesehen und seine liebenswürdigen Sitten erkannt hatte, als er das Urteil

über ihn aussprach, welches in der Zukunft die Tat bestätigte.
Es ist eine sehr bekannte Sache, daß Raffael in der Schule Pietros dessen Methode so genau und in allen Dingen so treu nachahmte, daß man seine Bilder nicht von den Originalen des Meisters, und ihre Arbeiten nicht voneinander unterschied.
Während ihm nun die Manier, in der er seine Bilder behandelte, großen Ruhm erwarb, wurde Pinturicchio von Papst Pius II. nach Siena gesandt, um die Bibliothek des Domes daselbst zu malen, und nahm den Raffael mit sich, den er als Freund liebte und als einen trefflichen Zeichner kannte. Dort entwarf Raffael ihm einige Zeichnungen und Kartons zu jenem Werk und würde weiter damit fortgefahren haben, wenn nicht einige Maler ihm lobpreisend von zwei Kartons im Saale des Palastes zu Florenz erzählt hätten, in deren einem von Lionardo da Vinci ein sehr schöner Reitertrupp dargestellt war, während im anderen Michelagnolo Buonarroti mit Lionardo wetteifernd, mehrere nackte Gestalten gezeichnet hatte, die noch weit vollkommner sind. Raffael demnach, von Liebe zur Kunst und von Verlangen nach Vollkommenheit ergriffen, ließ die Arbeit zu Perugia liegen, vergaß jedes Nutzens und jeder Bequemlichkeit, und begab sich nach Florenz.
Dort gefiel ihm die Stadt nicht minder als jene gepriesenen Werke, die er als göttlich erkannte; er beschloß einige Zeit dort zu verweilen und wurde bald mit verschiedenen jungen Malern befreundet, mit Ridolfo Ghirlandajo, Aristotile San Gallo und anderen; überall

in der Stadt erzeigte man ihm viel Ehre, besonders Taddeo Taddei, der als ein Verehrer ausgezeichneter Talente, ihn stets in seinem Hause und an seinem Tische haben wollte. Raffael, liebenswürdig in allem, was er tat, wollte nicht in Höflichkeit übertroffen sein, und malte ihm zwei Bilder, in denen man frühere Manier nach Pietro und die spätere viel schönere erkennt, die er durch Studium erlangte. Diese Bilder werden noch heute im Hause von Taddeos Erben aufbewahrt. Außerdem stand Raffael in naher Freundschaft mit Lorenzo Nasi, und als derselbe sich in jenen Tagen vermählte, arbeitete er für ihn ein Bild, worin er die Madonna darstellte, wie sie das Christuskind zwischen den Knien hält, welchem der kleine St. Johannis ganz fröhlich und zu großem Vergnügen und Ergötzen beider Kinder einen Vogel reicht. Ihre Stellungen zeigen kindliche, liebevolle Einfalt, und zudem sind sie so trefflich koloriert und fleißig gemalt, daß man eher glauben könnte, sie seien lebend, als mit Farben ausgeführt. Die Madonna hat einen Ausdruck, der wahrhaft voll Anmut und Göttlichkeit ist, und die Umgebung, die Landschaft, wie alles übrige des ganzen Werkes, ist aufs schönste vollendet. Lorenzo Nasi hielt während seines Lebens dies Geschenk hoch in Ehren, sowohl um seiner Trefflichkeit willen, als weil es ein Andenken Raffaels war, den er sehr geliebt hatte. Am 9. August des Jahres 1548 jedoch wurde es zertrümmert, als durch das Zusammenstürzen des Berges von S. Giorgio das Haus Lorenzos zugleich mit den schönen und prachtvollen Besitzungen der Erben des Marco del Nero und anderen naheliegenden Gebäuden zugrunde ging. Die einzelnen Stücke fanden sich unter dem Schutt des zerstörten Hauses, und Battista, Lorenzos Sohn, ein großer Verehrer der Kunst, ließ sie zusammensetzen, so gut es gehen wollte.

Nach Vollendung der genannten Arbeiten sah Raffael sich gezwungen, Florenz zu verlassen und nach Urbino zu gehen, woselbst seine Eltern beide gestorben waren und niemand für seine Angelegenheiten Sorge trug.

Nachdem Raffael einige Arbeiten vollendet und seine Angelegenheiten geordnet hatte, ging er noch einmal nach Perugia und malte dort für die Kapelle der Ansidei in der Kirche der Serviten eine Tafel, auf welcher die Madonna, St. Johannes der Täufer und St. Nicolaus dargestellt sind. Ich darf nicht unterlassen, hier zu erwähnen, daß, nachdem Raffael in Florenz die vielen Arbeiten trefflicher Meister gesehen hatte, seine Methode sich also veränderte und vervollkommnete, daß sie der früheren in keiner Weise mehr ähnlich war, ja es schien, als rührten seine ersten Werke von einer anderen in der Malerei minder geschickten Hand.

Ehe Raffael Perugia verließ, bat ihn Madonna Atalanta Baglioni, für ihre Kapelle in der Kirche von S. Francesco eine Tafel zu malen; da er ihr aber in jener Zeit nicht zu Diensten stehen konnte, versprach er ihren Wunsch zuverlässig zu erfüllen, wenn er von Florenz zurückgekehrt sein würde, wohin seine Angelegenheiten ihn riefen. In Florenz angelangt, lag er nun mit unendlichem Fleiße seinen Studien ob und verfertigte, seines Versprechens eingedenk, einen Karton, um ihn in der genannten Kapelle zur Ausführung zu bringen, sobald es ihm passend scheine. Während er in dieser Stadt verweilte, lebte dort Agnolo Doni, der in anderen Dingen genau war, für Werke der Malerei und Skulptur aber, die er sehr liebte, gerne Geld ausgab, wenn auch so sparsam, als es gehen wollte. Dieser ließ von Raffael sein eignes Bildnis nebst dem seiner Gemahlin in der Weise ausführen, wie man sie noch jetzt bei seinem Sohne Giovan Battista in dem Hause sieht, welches Agnolo in der Färberstraße zu Florenz an der Ecke der Alberti schön und bequem erbaut hat.

Raffael studierte in Florenz die Arbeiten Masaccios und wurde durch die Leistungen Lionardos und Michelagnolos zu noch größerem Fleiß, das heißt zu noch höherer Vervollkommnung der Kunst und seiner Manier getrieben. Während seines Aufenthaltes in jener Stadt stand er in naher Freundschaft mit Fra Bartolommeo di S. Marco, der ihm sehr wohl gefiel und dessen Manier in der Malerei er nachzuahmen suchte; dagegen lehrte er jenem guten Pater die Regeln der Perspektive, von denen derselbe bis dahin keine Kenntnis genommen hatte.

In dieser Zeit, als dieser Umgang am häufigsten war, wurde Raffael nach Perugia zurückberufen und arbeitete dort vorerst in S. Francesco das Werk für die oben genannte Frau Atalanta Baglioni, ein Werk, zu dem er in Florenz den Karton entworfen hatte. In diesem göttlichen Bilde ist ein Christus, der zu Grabe getragen wird, mit solcher Frische und Liebe ausgeführt, daß er jetzt erst gemalt zu sein scheint. Raffael dachte sich, als er dies Werk schuf, den Schmerz, welchen die nächsten und treuesten Angehörigen empfinden, die den Leichnam ihres geliebtesten Verwandten, auf dem in Wahrheit das Wohl und die Ehre einer ganzen Familie beruhte, zu Grabe tragen. Man sieht die Madonna, die ohnmächtig niedersinkt, und die Köpfe aller Figuren in Tränen höchst anmutig gezeichnet; vornehmlich schön ist Johannes; er kreuzt die Hände und neigt das Haupt in einer Weise, welche das härteste Gemüt zu Mitleid bewegen müßte. Wahrlich wer den Fleiß, die Liebe, Kunst und Anmut in diesem Bilde betrachtet, der muß sich mit Recht verwundern, denn es versetzt jeden in Staunen durch den Ausdruck der Köpfe, durch die Schönheit der Gewänder, kurz durch die höchste Vollendung aller Teile.

Als diese Arbeit zu Ende gebracht und Raffael nach Florenz zurückgekehrt war, gaben ihm die Dei, Bürger jener Stadt, den Auftrag, eine Altartafel für ihre Kapelle in Santo Spirito zu malen. Den Entwurf hierzu führte er ziemlich weit und verfertigte gleichzeitig ein Bild, um es nach Siena zu schicken, ließ es jedoch dem Ridolfo Ghirlandajo, damit er ein blaues Gewand vollende, welches noch nicht fertig war, als Raffael Florenz verließ.

Sein Fortgehen war durch Bramante von Urbino veranlaßt, welcher damals im Dienste Papst Julius' II. stand. Er war mit Raffael entfernt verwandt und sein Landsmann, deshalb schrieb er ihm: er hätte seinetwegen mit dem Papst unterhandelt, der einige Zimmer habe neu erbauen lassen, in denen er seine Stärke in der Kunst zeigen könne. Dieser Vorschlag gefiel Raffael, er ließ demnach die Arbeiten in Florenz und die Tafel der Dei unvollendet, wie sie nach seinem Tode von Messer Baldassare aus Pescia in der Dechanei seiner Vaterstadt aufgestellt wurde, und begab sich nach Rom, wo er fand, daß ein großer Teil der Zimmer im Palaste schon gemalt war, andere noch von verschiedenen Meistern verziert wurden. In dem einen hatte Piero della Francesca ein Bild vollendet, und Luca von Cortona die Malerei einer Wand ausgeführt; Don Pietro della Gatta, Abt von S. Clemente zu Arezzo, hatte einiges begonnen, und man sah viele Gestalten von Bramantino aus Mailand, zum größten Teil nach der Natur gezeichnet, die als vorzüglich gerühmt wurden.

Raffael, vom Papst Julius aufs huldvollste empfangen, begann im Saale der Segnatura ein Bild, worin er darstellte, wie die Theologen die Philosophie und Astrologie mit der Theologie zu vereinigen suchen, und worin alle Weltweisen abgebildet sind, wie sie in verschiedener Weise miteinander streiten. An der Seite sieht man einige Astrologen, welche allerlei geometrische und astrologische Figuren und Zeichen auf ein paar Tafeln schreiben, und sie durch einige schöne Engel den Evangelisten senden, welche sie erklären. Diogenes mit seiner Schale liegt auf der Treppe, eine wohl ausgeführte in sich selbst versunkene Gestalt, wegen ihrer Schönheit und wegen des nachlässig übergeworfenen Gewandes sehr zu rühmen. Man sieht den Aristoteles und Plato, den einen mit dem Timäus, den anderen mit der Ethik in der Hand und um sie her im Halbkreis eine Schule von Philosophen. Nicht zu beschreiben ist die Schönheit der Astrologen und Mathematiker, welche mit dem Zirkel eine Menge Figuren und Charaktere auf die Tafel zeichnen. Unter ihnen ist ein Jüngling von seltener Anmut und Schönheit, er breitet voll Staunen die Arme aus und senkt das Haupt; dieses ist Friedrich II., Herzog von Mantua, der sich damals zu Rom aufhielt. In einer anderen Figur, die zur Erde gebogen mit dem Zirkel Linien zieht, sagt man, sei der Baumeister Bramante so treu dargestellt, daß man ihn selbst lebend zu sehen glaube. Zur Seite einer Gestalt, die den Rücken zuwendet und die Himmelskugel in der Hand hält, ist Zoroaster abgebildet; neben ihm steht Raffael, der Meister des ganzes Werkes, der sich aus dem Spiegel gezeichnet hat – ein jugendlicher Kopf mit schwarzem Barett, der Ausdruck der Gesichtszüge sehr bescheiden, gefällig und lieblich. – Unendlich schön und herrlich sind die Köpfe und Gestalten der Evangelisten, man erkennt in ihnen, besonders in denen, welche schreiben, das Prüfen und Nachdenken auf sehr natürliche Weise dargestellt. St. Matthäus entnimmt die Zeichen von der Tafel, welche ein Engel ihm vorhält, und schreibt sie in ein Buch nieder; hinter ihm sitzt ein alter Mann mit einem Blatt Papier auf dem Knie und schreibt nach, was Matthäus aufzeichnet; er beharrt aufmerksam in dieser unbequemen Stellung und streckt Kinn und Haupt vorwärts, gleich als ob er die Feder vergrößern und verlängern wolle. Nicht nur sind eine Menge solcher Einzelheiten wohl beachtet, sondern das ganze Bild ist mit so schöner Anordnung und Ebenmäßigkeit zusammengestellt, daß Raffael dadurch ein volles Zeugnis von sich gab und erkennen ließ, er wolle unbestreitbar vor allen, welche den Pinsel führten, das Feld behaupten. Außerdem schmückte er dies Werk durch eine schöne Perspektive und eine Menge Gestalten, die in so zarter und weicher Manier ausgeführt sind, daß Papst Julius dadurch veranlaßt wurde, alle Bilder anderer Meister, der älteren, wie der neueren, abschlagen zu lassen, und Raffael allein vor allen, welche sich bis dahin in solchen Dingen versucht hatten, den Vorzug zu geben.

An der Wand gegen Belvedere, wo man den Parnaß und die Quelle des Helikon sieht, malte er über den Berg umher einen schattigen Lorbeerhain, das Grün der Bäume so herrlich, daß man fast glaubt, ein leiser Wind bewege die Blätter; eine Menge nackter Liebesgötter, überaus schön und anmutig, schweben in der Luft, pflücken Lorbeerzweige, flechten Kränze und streuen sie auf dem Berge aus. Dort scheint fürwahr der Hauch der Gottheit zu wehen, in der Schönheit der Gestalten wie in der Vornehmheit der Malerei. Denn wer dies Bild aufmerksam betrachtet, muß erstaunen, wie ein sterblicher Geist durch das unvollkommene Mittel einfacher Farben, mit Hilfe trefflicher Zeichnung gemalte Gegenstände als wirklich erscheinen lassen könne. Für lebend hält man die Dichter, welche auf dem Berge verteilt sind; die einen stehend, andere sitzend, schreibend, sprechend, singend und miteinander redend, zu sechs, zu vier oder wie ihm gefiele zu gruppieren. Alle älteren und neueren Dichter bis auf seine Zeit sind nach wirklichen Abbildungen, nach Statuen, Medaillen und alten Bildern, mehrere auch von ihm selbst nach dem Leben gezeichnet. Man sieht den Ovid, Virgil, Ennius, Tibull, Catull, Properz und Homer, der blind mit erhobenem Haupte seine Gesänge vorträgt; ihm zu Füßen sitzt ein Jüngling, welcher sie aufzeichnet. Die neun Musen und Apoll bilden eine gesonderte Gruppe und sind so göttlich, daß sie Leben und Lieblichkeit atmen. Dort ist die gelehrte Sappho, der göttliche Dante, der anmutige Petrarca und der zärtliche Boccaccio, alle der Natur völlig getreu. Auch den Tebaldeo sieht man nebst einer unendlichen Menge neuerer Dichter, und das ganze Bild ist höchst anmutig erfunden und zart und fleißig vollendet.

Auf der folgenden Wand ist der Himmel dargestellt. Christus, die Madonna, St. Johannes der Täufer, die Apostel, Evangelisten und Märtyrer thronen auf den Wolken, und Gott Vater gießt über alle den heiligen Geist aus, ganz besonders jedoch über eine unendliche Zahl Heiliger, welche unten die Messe schreiben und über die Hostie, die über dem Altar steht, disputieren; man sieht unter ihnen die vier Kirchenväter, von vielen Heiligen umgeben; dort ist Dominicus, Franciscus, Thomas von Acquino, Bonaventura, Scotus, Nicolaus von Lira, Dante, Fra Girolamo Savonarola aus Ferrara und alle christlichen Theologen, viele davon nach der Natur gezeichnet; in der Luft schweben vier Kinder und halten die aufgeschlagenen Evangelien; dies sind Gestalten, die kein Maler anmutiger und vollkommener ausführen könnte. Die Heiligen sitzen in einem Kreise in der Luft und erscheinen durch die schönen Farben wie lebend, durch die vollkommen ausgeführten Verkürzungen wie erhoben; die Gewänder haben den schönsten Faltenwurf, und der Ausdruck der Köpfe ist mehr göttlich als menschlich. Das Antlitz Christi spricht alle Milde und Barmherzigkeit aus, welche ein Bild sterblichen Augen zeigen kann. Raffael besaß die Gabe, den Angesichtern besondere Zartheit und Lieblichkeit zu geben, wie man auch an der Madonna sieht, welche die Hände über der Brust kreuzt, den Sohn mit einem Blick betrachtet, daß man überzeugt ist, er könne ihrer Fürbitte seine Gnade nicht versagen. Zugleich beobachtete er überall eine edle Würde; in den Zügen der heiligen Patriarchen erkennt man ihr hohes Alter, in den Aposteln ihre Einfalt und in den Märtyrern ihren Glauben. Mehr Kunst noch und Geist bewies er bei den heiligen Gelehrten der Kirche; zu sechs, zu drei und zu zwei streitend, sind sie durch das Bild verteilt, ihre Züge sprechen Neugier aus und ein unruhiges Streben, Gewißheit über das zu finden, worüber sie zweifeln; dies zeigen die streitenden Bewegungen der Hände und des Körpers, das gespannte Ohr, das Zusammenziehen der Augenbrauen und das völlig verschiedene mannigfaltige und eigentümliche Staunen. Ausgenommen hiervon sind die vier Kirchenlehrer; vom heiligen Geist erleuchtet, lösen und erklären sie vermittelst der heiligen Schrift jede Schwierigkeit der Evangelien, welche von Kindern, die in der Luft schweben, in den Händen getragen werden.

Auf der Wand endlich, wo das Fenster nach dem Hof ist, malte er an einer Seite Justinian, der den Doktoren die Gesetze gibt, sie zu verbessern; oberhalb des Fensters die Mäßigkeit, Stärke und Klugheit, und an der anderen Seite den Papst, der die kanonischen Dekretalen verleiht. In der Gestalt dieses Papstes ist Julius II. nach dem Leben dargestellt, neben ihm der Kardinal Giovanni de' Medici, nachmals Papst Leo; der Kardinal Antonio di Monte und der Kardinal Alessandro Farnese, nachmals Papst Paul III., nebst anderen Bildnissen. Der Papst war durch die Arbeiten Raffaels sehr zufriedengestellt, und damit die unten um die Wände laufenden Vertäfelungen der Malerei würdig sein möchten, ließ er aus Monte Oliveto di Chiusuri, einem Kloster im Gebiet von Siena, den Fra Giovanni von Verona kommen, der damals in perspektivischen Darstellungen von eingelegter Holzarbeit berühmt war. Dieser verfertigte nicht nur die Vertäfelungen ringsumher, sondern auch sehr schöne Türen und Sitze mit perspektivischen Verzierungen, wodurch er sich beim Papst viele Gunst und Belohnung erwarb.

Doch wir wollen zu Raffael zurückkehren; sein Talent in der Kunst wurde immer mehr entfaltet, und er mußte im Auftrag des Papstes auch das zweite Zimmer zunächst dem großen Saale verzieren. In jener Zeit malte er das Bildnis Papst Julius' II. in Öl so treu und ähnlich, daß man es fast mit Zagen betrachtete, als ob es wirklich lebendig wäre; dies wird heutigen Tages in Santa Maria del Popolo aufbewahrt, zugleich mit einer sehr schönen Madonna von dem selben Meister, in der selben Zeit gemalt.

Raffael hatte in Rom großen Ruhm erlangt, aber obgleich

er eine anmutige Manier besaß, welche jedermann wohlgefiel, und unaufhörlich die vielen Kunstwerke des Altertums, die ihm dort vor Augen waren, studierte, so hatte doch bis dahin seinen Gestalten eine gewisse Größe und Majestät gefehlt, welche er ihnen von nun an erteilte. – Michelagnolo nämlich hatte, wie in seiner Lebensbeschreibung erzählt werden wird, zu jener Zeit in der päpstlichen Kapelle Spektakel gemacht und den heiligen Vater in Schrecken gesetzt und deshalb nach Florenz fliehen müssen; unterdessen hatte Bramante die Schlüssel zu der Kapelle und ließ nun den Raffael, seinen Freund, die Arbeiten Michelagnolos sehen, damit er von dessen Verfahrungsart Nutzen ziehen könnte. Hierdurch veranlaßt, malte Raffael in S. Agostino zu Rom den Propheten Jesaias über der heiligen Anna von Andrea Sansovino noch einmal ganz neu, obwohl er ihn schon vollendet hatte; die Anschauung der Gestalten Michelagnolos brachte ihn dahin, seinem Werke eine bedeutendere Größe und mehr Würde zu verleihen, Michelagnolo aber, der nachmals die Arbeit Raffaels sah, dachte und nicht mit Unrecht, Bramante habe ihm dies Übel zugefügt, um Raffael Ruhm und Nutzen zu erwerben. Bald nachher gab Agostino Chigi, ein reicher sanesischer Handelsmann und Verehrer vorzüglicher Menschen, Raffael den Auftrag, eine Kapelle zu verzieren, und zwar weil Raffael kurz zuvor in einer Loge seines Palastes, heutigen Tages die Chigi in Trastevere genannt, nach höchst anmutiger Manier eine Galatea, von Delphinen in einem Wagen auf dem Meere gezogen und von Tritonen und Meergöttern umgeben, gemalt hatte. Das

Wohlgefallen an diesem Werk veranlaßte Agostino, ihm die Ausschmückung der Kapelle rechter Hand beim Haupteingang der Kirche von Santa Maria della Pace zu übergeben; er entwarf den Karton dazu und malte sie in Fresko nach seiner neuen, etwas reicheren und größeren Manier, als die frühere gewesen war. Hier stellte Raffael einige Sibyllen und Propheten dar, ehe noch die Kapelle Michelagnolos dem Publikum aufgedeckt wurde, während er sie schon gesehen hatte; diese gelten für seine beste Arbeit, für die schönste unter so vielen schönen, denn in den Frauen und Kindern dieses Bildes sieht man die vollste Lebendigkeit und ein vortreffliches Kolorit, und dies Werk erwarb ihm im Leben und nach dem Tode hohen Ruhm, weil man es für das seltenste und trefflichste erkannte, das Raffael sein ganzes Leben hindurch gemacht hatte.

Raffael fuhr fort, in den Zimmern des päpstlichen Palastes zu arbeiten, und malte dort das Wunder des Sakramentes am Leintüchlein zu Orvieto oder Bolsena, wie man es nennen mag. In diesem Bilde sieht man den Priester, wie er Messe liest und von Scham erglüht, als um seines Unglaubens willen die Hostie auf dem Leintüchlein blutet; mit verstörten Augen, durch den Anblick seiner Zuhörer der Fassung beraubt, hat er das Ansehen eines schwankenden unsicheren Menschen, und man glaubt seinen Schrecken, fast das Zittern der Hände zu gewahren, welches in solchem Zustand erfolgt. Umher zeichnete Raffael eine Menge verschiedener Gestalten; einige bedienen die Messe, andere knien auf einer Treppe in mannigfaltig schönen Stellungen; die Neuheit des

Ereignisses hat sie erschreckt, und man erkennt in vielen, in Männern sowohl als in Frauen, das Verlangen, sich für schuldig zu erklären. Am Fuße des Bildes sitzt eine Frau an der Erde, die ein Kind auf dem Schoße hält; sie horcht mit gespannten Zügen auf die Erzählung von dem, was dem Priester begegnet, was eine andere ihr zuflüstert, und wendet sich verwundert; ihre Bewegung ist voll weiblicher Grazie und von einer höchst ausdrucksvollen Lebendigkeit. An der anderen Seite sieht man den Papst Julius, der die Messe hört, ein merkwürdiger Gedanke; auch zeichnete er dort den Kardinal St. Giorgio und eine Menge anderer Personen nach der Natur. Die Öffnung des Fensters benutzte er, um eine stufenförmige Erhöhung vorzustellen, welche das Bild zu einem ganzen macht, ja es scheint, als ob der Zwischenraum des Fensters gar nicht fehlen dürfte, und man kann hier wie überall mit Recht sagen, daß kein Maler in Erfindung und Zusammenstellung aller Arten von Bildern mehr Geschick, Leichtigkeit und Trefflichkeit kundgegeben hat, als Raffael. Dies zeigte er an dem selben Ort in einem anderen dem eben genannten gegenüberstehenden Gemälde, wie St. Petrus von Herodes gefangen gesetzt, von Kriegern bewacht wird — ein Bild, worin die Architektur und die einfache Zeichnung des Kerkers so sinnvoll geordnet ist, daß fürwahr im Vergleich dagegen in den Arbeiten anderer Künstler ebenso viel Verwirrung herrscht, als in der seinigen Schönheit. Er suchte stets die Begebenheiten treu darzustellen, wie sie geschrieben sind, und ausgezeichnete und wohlgefällige Dinge in seinen Werken anzubringen. Hier zeigte er das Grauen des Kerkers; mit Ketten beschwert sieht man den Alten zwischen zwei Kriegern; man gewahrt den tiefen Schlaf, in welchem die Wachen liegen; das strahlende Licht des Engels erhellt die dunkle Nacht, läßt alle Einzelheiten des Kerkers unterscheiden und glänzt auf den Waffen der Krieger wieder, sodaß man ihren Schein in der Wirklichkeit zu sehen glaubt. Nicht geringere Kunst und Erfindung bewies er in einem anderen Teile des selben Bildes: die Ketten St. Peters sind gefallen, vom Engel geleitet tritt er aus dem Kerker, und man erkennt in seinem Gesicht, daß er zu träumen wähnt; einige bewaffnete Krieger außerhalb des Gefängnisses hören den Lärm der eisernen Pforte, eine Schildwache mit einer Fackel in der Hand weckt die schlafenden Gefährten, das Licht der Fackel glänzt auf den Waffen, und wo dies nicht hinfällt, werden die Gegenstände vom Mond erleuchtet. Raffael brachte dieses geistreich erdachte Bild oberhalb des Fensters auf einer dunklen Wand an; betrachtest du die Malerei, so fällt dir das Tageslicht in die Augen und steht in schönem Gegensatz zu den verschiedenen Lichtern der Nacht; du glaubst den Rauch der Fackel, das Leuchten des Engels und die Dämmerung der Nacht nicht gemalt, sondern in Wahrheit zu schauen, mit solcher Deutlichkeit wußte er alle diese schwierigen Erfindungen darzustellen; in den Waffen sieht man den Schattenwurf, den Widerschein und den Dampf der Lichter mit trüben Tönen so herrlich gemalt, daß Raffael fürwahr den Lehrmeister der anderen Künstler hierin genannt werden kann, und von allen Bildern, welche die Nacht

treu nachahmen, gilt dies bei jedermann für das herrlichste und köstlichste.
Auf einer der nicht unterbrochenen Wände stellte er den Gottesdienst der Juden dar, die Bundeslade, den Kandelaber und Papst Julius, der die Habgier aus dem Tempel jagt – ein Werk von nicht minderer Trefflichkeit, als das obengenannte Nachtstück. Einige darauf dargestellte Sesselträger sind Bildnisse damals lebender Personen, sie tragen auf einem Tragsessel Papst Julius II., der wahrhaft wie lebendig ist. Männer und Frauen aus dem Volke weichen zurück, um Se. Heiligkeit vorüberziehen zu lassen; an der anderen Seite stürmt ein Gewaffneter zu Pferde hervor, begleitet von zwei Gestalten zu Fuß; mit wilder Gebärde jagt er den stolzen Heliodor aus dem Tempel, der auf Befehl des Antiochus die hier niedergelegten Güter der Witwen und Waisen rauben will. Schon sieht man Waren und Schätze forttragen, der Schreck vor diesem wunderbaren Ereignis jedoch zwingt den Heliodor, sie wiederum zu lassen, denn er wird von den drei Dämonen hart gedrängt, welche als eine Vision nur ihm allein sichtbar sind. Furcht ergreift seine Leute, die entwendeten Reichtümer fallen zur Erde, und mit ihnen stürzen auch die, so sie tragen, übereinander. Getrennt von ihnen sieht man den Hohenpriester Onias im priesterlichen Gewande, er hebt Augen und Hände gen Himmel und betet andächtig, betrübt durch das Mitleid für die Armen, deren Besitztum entwendet wird, und erfreut über den Beistand des Himmels, der Hilfe bringt. Ein glücklicher Gedanke Raffaels war es, daß er mehrere Gestalten zeichnete, welche die

Postamente des Gebäudes erstiegen haben; sie halten die Säulen umfaßt und schauen in dieser unbequemen Stellung nach dem, was sich begibt, und das Volk, verschiedenartig gruppiert, harrt voll Staunen des Ausganges der wunderbaren Begebenheit. Dies ganze Werk ist in allen Teilen so köstlich, daß selbst die Kartons sehr hochgehalten werden.

In der Zeit, als das Glück diesen Künstler so Wunderbares leisten ließ, starb durch Neid des Schicksals Julius II., der der Kunst hilfreich war und alles Gute liebte. Ihm folgte Leo X., er verlangte das begonnene Werk fortgesetzt zu sehen, dadurch wurde Raffaels Talent bis zum Himmel erhoben, und brachte ihm reichen Gewinn, denn er hatte einen mächtigen Fürsten gefunden, dem als Erbgut seines Hauses Liebe zur Kunst eigen war.

Raffael ließ es sich daher angelegen sein, die Malereien des obigen Zimmers weiterzuführen, und stellte auf der anderen Wand Attilas Ankunft in Rom dar; Papst Leo III. empfängt ihn am Fuße des Monte Mario und scheucht ihn durch die Kraft seines Segens zurück. In diesem Bilde zeigte Raffael die beiden Apostel St. Petrus und Paulus mit gezückten Schwertern, zur Verteidigung der Kirche in der Luft schwebend. Zwar meldet die Geschichte Leos III. nichts von diesem Ereignis, Raffael jedoch wollte es also darstellen, wie häufig die Malerei und Dichtkunst sich solche Freiheiten erlauben, um ihre Werke zu schmücken, ohne sich jedoch über Gebühr von ihrem ursprünglichen Gedanken zu entfernen. In den beiden Aposteln erkennt man die Kühnheit und den heiligen Eifer, welchen die göttliche Gerechtigkeit zum Schutz ihrer heiligen Religion sehr oft über die Züge ihrer Verteidiger zu verbreiten pflegt. Die Wirkung davon zeigt sich in Attila, er reitet auf einem wunderschönen schwarzen Pferde mit weißen Hufen und einem Stern auf der Stirn, seine Gebärde ist schreckhaft, das Haupt nach oben gewendet, der Körper zur Flucht gekehrt.

Unter anderen trefflichen Pferden ist ein gestreckter spanischer Klepper von besonderer Schönheit, ihn reitet eine Gestalt, deren ganzer Körper mit einem dicht anschließenden Panzer, scheinbar von Fischhaut, bekleidet ist; sie ist von der Säule Trajans entnommen, wo die fremden Völker solchen Waffenschmuck tragen; wie man glaubt, wurde er aus Krokodilhäuten verfertigt. Den Monte Mario sieht man in Flammen, zum Zeichen, daß beim Abzuge der Krieger stets alles dem Feuer zur Beute wird. Einige Kolbenträger des Papstes samt ihren Pferden sind sehr treu nach der Natur dargestellt, ebenso der Hof der Kardinäle und die Reitknechte, welche den Zelter Leos X. führen; dieser, in päpstlichem Ornat, ist nicht minder gut wie alle übrigen Gestalten nach dem Leben gezeichnet; ihn geleiten viele Hofleute, ein vergnüglicher Anblick, für dies Bild sehr geeignet und nützlich für unsere Kunst, vornehmlich für solche, die in derlei Dingen arm sind.

In Rom malte er in einem Bilde von ziemlicher Größe den Papst Leo, den Kardinal Giulio de' Medici und den Kardinal de' Rossi, worin die Gestalten wie rund und erhoben erscheinen. Man sieht die Fasern des Samts, der Damast, welcher den Papst umkleidet, rauscht und glänzt, die Haare des Pelzfutters sind weich und natürlich und Gold und Seide der Wirklichkeit gleich. Ein Pergamentbuch, mit Miniaturen verziert, ist täuschender als die Wirklichkeit, und eine silberne Glocke so schön, daß man keine Worte findet, es auszudrücken. Unter anderem ist am päpstlichen Stuhle eine Kugel von hellpoliertem Golde, worin die Fenster, der Rücken des Papstes und die Umgebungen des Zimmers sich deutlich abspiegeln, und alle diese Dinge sind mit einem Fleiß ausgeführt, daß sicherlich zu glauben steht, Besseres habe kein Meister vollführt und werde keiner vollführen. Dies Werk gab dem Papst Veranlassung, Raffael reichlich zu belohnen, und es findet sich noch heute zu Florenz in der Garderobe des Herzogs. Ebenso malte er die Bildnisse der Herzöge Lorenzo und Giuliano mit jener Vollkommenheit im Kolorit und Anmut, welche ihm nur eigen war; beide sind jetzt im Besitz der Erben Ottavianos de' Medici zu Florenz. Der Ruhm Raffaels und die Belohnungen, welche er empfing, stiegen immer mehr, daher ließ er zu seinem Gedächtnis in Borgo nuovo zu Rom einen Palast erbauen, welchen Bramante mit Stuckatur verzieren ließ.

Hierdurch und durch viele andere Arbeiten war der Ruf seines Namens bis nach Frankreich und Flandern gedrungen; Albrecht Dürer aus Deutschland, ein bewundernswerter Maler, der vorzügliche Kupferstiche verfertigte, hörte von seiner Trefflichkeit und schickte ihm als Tribut seiner Huldigung einen Kopf, sein eigenes Bildnis, mit Wasserfarbe auf ganz feiner Leinwand aus-

VITA DI RAFFAELLO DA VRB.
PIT. ARCHITETTO.

geführt, sodaß es sich auf beiden Seiten zeigte; die Lichter waren durchschimmernd, nicht mit weiß aufgesetzt, sondern auf Leinwand ausgespart, alles übrige mit Aquarellfarben gemalt und schattiert. Raffael verwunderte sich sehr darüber und sandte Dürer eine Menge Blätter von seiner Hand gezeichnet, welche dieser ungemein wert hielt. Der oben genannte Kopf des deutschen Künstlers aber befand sich zu Mantua unter den Besitztümern von Giulio Romano, dem Erben Raffaels.

Da Raffael hierbei gesehen hatte, wie Albrecht Dürer bei seinen Kupferstichen zu Werke ging, so wünschte er ebenfalls zu zeigen, was er in dieser Kunst vermöge, deshalb ließ er den Marco Antonio aus Bologna vielfache Übungen in dieser Kunst anstellen, und da sie ihm trefflich gelangen, ließ er ihn seine ersten Sachen drucken, nämlich: das Blatt mit dem Kindermord, das Abendmahl, den Neptun und die heilige Cäcilia, welche in Öl gesotten wird. Marco Antonio verfertigte außerdem noch eine Anzahl Kupferstiche für Raffael, und dieser gab sie nachmals dem Baviera, seinem Malerjungen, welcher für ein Mädchen Sorge trug, das Raffael bis an sein Lebensende liebte. Von ihr malte er ein Bild von großer Schönheit und Lebendigkeit, das jetzt der liebenswürdige Matteo Botti in Florenz besitzt, ein Kaufmann jener Stadt und Begünstiger aller vorzüglichen Menschen, besonders der Maler: er achtet jenes Werk gleich einer Reliquie aus Liebe zur Kunst und vornehmlich zu Raffael.

Doch wir wollen zu den Kupferstichen zurückkehren.

Die Gunst, welche Raffael dem Baviera bewies, war Ursache, daß sich nachher Marco von Ravenna und viele andere in dem Kunstzweig hervortaten und die früher so geringe Anzahl von Kupferstichen sich zu der Menge steigerte, in welcher wir sie nunmehr sehen.

Raffael malte darauf eine Tafel für das den Olivetaner-Mönchen gehörige Kloster Santa Maria dello Spasmo zu Palermo und stellte darauf Christi dar, der sein Kreuz trägt; dies Werk ist als bewundernswert anerkannt; man sieht die Bosheit der Kreuzigenden, die voll Wut den Heiland zum Calvarienberge führen. Christus, von den Qualen des nahenden Todes bedrängt und unter der Last des Kreuzes erliegend, ist zur Erde gesunken; mit Schweiß und Blut bedeckt, wendet er sich nach den Marien, die bitterlich weinen; unter ihnen ist die heilige Veronica, voll tiefen Mitleids streckt sie die Arme aus und reicht dem Heiland ein Tuch, während Kriegsleute zu Roß und zu Fuß mit den Standarten der Gerechtigkeit in den Händen, sich in mannigfaltig schönen Stellungen aus dem Tor von Jerusalem drängen.

Dies schöne Bild lief Gefahr, zugrunde zu gehen, ehe es den Ort seiner Bestimmung erreichte. Es war eingeschifft, wie man sich erzählt, um nach Palermo gebracht zu werden, das Fahrzeug jedoch, welches es übers Meer trug, zerschellte an einer Klippe, sodaß Menschen und Waren untergingen, jenes Bild allein ausgenommen; es trieb in dem Kasten, worin es verpackt war, in den Meerbusen von Genua, wurde dort aufgefischt, ans Land gebracht und sicher aufbewahrt, als man sah, welch göttliches Werk es sei. Völlig unversehrt, war es ganz ohne Makel geblieben, denn selbst Stürme und Wogen hatten Achtung vor solch einem Bilde. Der Ruf davon verbreitete sich, und die Mönche, denen es zugehörte, suchten es wieder zu bekommen; mit Mühe gelang ihnen dieses durch die Hilfe des Papstes, und sie gaben denen, welche es gerettet hatten, reiche Belohnung. Aufs neue eingeschifft, gelangte es nach Sizilien und wurde in Palermo aufgestellt, woselbst es berühmter ist, als der feuerspeiende Berg.

Während Raffael diese Arbeiten vollführte, welche er nicht abweisen konnte, weil er von bedeutenden Personen Auftrag dazu hatte, und sie auch um seines eignen Interesses willen nicht ausschlagen mochte, unterließ er nicht, die begonnenen Ausschmückungen der päpstlichen Zimmer und Säle fortzusetzen. Er hielt dort beständig Leute, die nach seinen Zeichnungen das Werk förderten, sah fortwährend jedes einzelne nach und legte überall die letzte Hand an, um eine so große Verpflichtung nach Möglichkeit zu erfüllen. So konnte er nach kurzer Zeit das Zimmer des Torre Borgia aufdecken; er hatte darin auf jeder Wand ein Bild gemalt, zwei über den Fenstern und zwei auf den beiden freien Wänden. Auf der einen ist der Brand des Borgo vecchio zu Rom, der nicht zu löschen war, bis Leo IV. sich nach der Loge des Palastes begab und durch seinen Segen das Feuer völlig dämpfte.

Das zweite Bild stellt eine andere Begebenheit aus dem Leben Leos IV. dar, man sieht darin den Hafen von Ostia von einer türkischen Flotte belagert; sie war gekommen, den Papst gefangen zu nehmen, und wird von den Christen im Meer bekämpft; schon sind eine Menge Gefangener nach dem Hafen gebracht; sie steigen aus einer Barke, von den Soldaten am Bart gerissen; ihre Gesichtszüge sind schön, die Stellungen wild, mit den mannigfaltigsten Schifferkleidungen angetan, werden sie vor den Papst gebracht, der als Leo X. dargestellt ist. In den beiden anderen Bildern ist erstlich Leo X., der den allerchristlichsten König Franz I. von Frankreich salbt. Das andere Bild stellt die Krönung des eben genannten Königs dar, der Papst und Franz I. sind darin nach dem Leben gezeichnet; dieser gewaffnet, jener im päpstlichen Ornat.

Es ist unmöglich, alle Kleinigkeiten in Raffaels Werken zu beschreiben, wo jeder Gegenstand in seinem Stillschweigen zu reden scheint; doch muß ich noch anführen, daß unterhalb der genannten Bilder sich Postamente befinden, mit verschiedenen Verteidigern und Wiederherstellern der Kirche von allerlei Hermen eingeschlossen und in einer Weise ausgeführt, daß sich überall Geist, Wärme und Überlegung kundgibt, und man überall eine Übereinstimmung des Kolorits findet, wie sie nicht besser gedacht werden kann.

Raffaels künstlerischer Geist war so umfassend, daß er in ganz Italien, zu Pozzuolo, ja sogar in Griechenland Zeichner hielt, und er ließ nicht nach, sich alles zu verschaffen, was der Kunst zum Nutzen gereichen konnte. Im Verfolg seiner Arbeiten im Vatikan verzierte er einen Saal, woselbst verschiedene Apostel und andere Heilige im Tabernakel in grüner Erde gemalt waren; dort ließ

er durch seinen Schüler Giovanni aus Udine, der in Nachbildung von Tieren nicht seinesgleichen hatte, alle fremden Tiere anbringen, welche Papst Leo besaß, das Chamäleon, das Zibeth, Affen, Papageien, Löwen, Elefanten und andere fremdartige Bestien. Raffael verzierte den päpstlichen Palast auch mit Grotesken und mannigfaltigen Fußböden und verfertigte daselbst die Zeichnung zu den päpstlichen Treppen und zu den Logen, welche von dem Baumeister Bramante angefangen, nach seinem Tode aber unvollendet liegen geblieben waren; sie wurden nach der neuen Zeichnung und Architektur Raffaels weitergeführt, der ein Holzmodell dazu verfertigte, reicher und schöner als jenes von Bramante.
Und da nun Papst Leo seine Größe, Freigebigkeit und Herrlichkeit zeigen wollte, verfertigte Raffael die Zeichnungen zu den Stukkaturverzierungen, zu den Bildern, die dazwischen gemalt, und zu den verschiedenen Abteilungen, welche überall angebracht werden sollten. Den Giovanni von Udine setzte er über die Arbeit der Stukkaturen und Grotesken und den Giulio Romano über die der Figuren, obwohl dieser wenig daran tat, daher malten Giovan Francesco, der Bologna, Perino del Vaga, Pellegrino von Modena, Vincenzio von St. Gimignano, Polidoro von Caravaggio und viele andere daselbst Bilder, Figuren und sonstige Gegenstände, und Raffael ließ alles mit solcher Vollkommenheit ausführen, daß er sogar das Estrich aus Florenz von Luca della Robbia kommen ließ. Sicherlich kann man in Malerei, Stukkatur, Architektur und schöner Erfindung kein herrlicheres Werk vollführen noch er-

sinnen. Seine Schönheit war Ursache, daß Raffael zum Aufseher über alle Malereien und Bauten im Palast gesetzt wurde. Man erzählt: seine Gefälligkeit sei so groß gewesen, daß er zur Bequemlichkeit seiner Freunde den Maurern gestattete, die Mauern nicht ganz fest und ohne Unterbrechung zu bauen und einige Öffnungen und Räume unten über den alten Zimmern unausgefüllt zu lassen, um dort Fässer, Röhren und Holz unterzubringen, durch diese Löcher jedoch wurde das Fundament des Gebäudes geschwächt, alles begann zu reißen, und man sah sich gezwungen, sie später auszufüllen. An allen Türen und sonstigen Holzverkleidungen wurden Schnitzarbeiten angebracht, die Gian Barile mit Zierlichkeit und Geschmack vollendete.

Für die schwarzen Mönche von S. Sisto zu Piacenza malte er ein Bild zu ihrem Hauptaltar, man sieht darin die Madonna, den heil. Sixtus und die heil. Barbara, ein fürwahr seltenes und wunderbares Werk.

Raffael war zu solchem Ruhme gelangt, daß Leo X. befahl, er solle den großen Saal malen, in welchem die Siege Constantins dargestellt sind, und er begann das Werk. Zudem kam dem Papste das Verlangen, reiche Tapeten von Gold und Seide weben zu lassen, hierzu verfertigte Raffael mit eigner Hand farbige Kartons, genau in der Form und Größe, wie sie gewirkt werden sollten; man schickte sie nach Flandern, und als die Tapeten vollendet waren, kamen sie nach Rom, ein wunderbares erstaunenswürdiges Werk, denn man begreift nicht, wie es möglich war, Haare und Bärte so zu weben, durch Ineinanderschlagen der Fäden dem Fleische

Weichheit zu verleihen, und achtet sicher das Ganze eher für ein Wunder, als für ein Kunstwerk menschlicher Hand. Wasser, Tiere und Gebäude sind mit einer Vollkommenheit ausgeführt, daß sie nicht wie gewebt, sondern wie mit dem Pinsel gemalt erscheinen. Der Preis, welcher dafür gezahlt wurde, betrug siebzigtausend Scudi, und sie werden noch jetzt in der päpstlichen Kapelle aufbewahrt.

Für den Kardinal und Vizekanzler Giulio de' Medici malte Raffael ein Bild von der Verklärung des Heilands; es sollte nach Frankreich kommen und mit eigner Hand fortwährend daran beschäftigt, gab er ihm die letzte Vollendung. Man sah darauf Christus, der auf dem Berge Tabor verklärt wird, die Apostel harren seiner am Fuße des Felsens, und zu ihnen wird ein besessener Knabe gebracht, damit Christus, vom Berg herabsteigend, ihn befreie. Der Knabe in verrenkter Stellung, streckt schreiend die Glieder, seine verdrehten Augen zeigen, wie das Fleisch leidet, wie Adern und Pulse von dem bösen Geist gepeinigt sind, seine bleiche Farbe und seine gewaltsame Stellung verraten seine Furcht. Ihn hält ein alter Mann, die Augen rund aufgerissen, mit dem Stern in der Mitte, Stirn und Brauen gefaltet, sodaß er Angst und Kraft zugleich zeigt. Er schaut die Apostel fest an und scheint bei ihrem Anblick sich selbst zu ermutigen. Eine Frau, die Hauptfigur des Bildes, kniet im Vordergrund vor jenen beiden, sie wendet das Haupt nach den Aposteln und zeigt mit einer Bewegung des Armes auf den Besessenen, sein Elend kundzutun. Die Apostel, teils aufrecht stehend, teils sitzend und kniend, zeigen lebhaftes Mitleid mit diesem großen Unglück. In der Tat zeichnete Raffael in diesem Bilde Gestalten und Köpfe von so seltener Schönheit, so neu, mannigfaltig und herrlich, daß alle Künstler in dem Urteil übereinstimmen: unter den vielen Werken, die er ausführte, sei dies das rühmlichste, das schönste, das göttlichste. Wer erkennen will, wie man Christus zur Gottheit verklärt darstellen könne, der komme und schaue ihn in diesem Bilde. Er ist verkürzt gezeichnet, und schwebt in glänzender Luft über dem Berge zwischen Moses und Elias, die erleuchtet von ungewohnter Klarheit, in seinem Licht zum Leben erwachen. Petrus, Jacobus und Johannes liegen zur Erde gebeugt, in verschiedenen schönen Stellungen, der eine legt das Haupt auf den Boden, der andere hält die Hand vor die Augen zum Schutz gegen die Strahlen und den blendenden Glanz des Erlösers; dieser von einem schneeweißen Gewande umgeben, die Arme ausgebreitet, das Haupt nach oben gewendet, scheint das Dasein und die Gottheit der drei Personen darzutun, die in eins verbunden sind durch die Vollkommenheit von Raffaels Kunst. Es ist, als habe dieser seltene Geist alle Kraft aufgeboten, die er besaß, um in dem Angesicht des Heilandes die Macht und Gewalt der Kunst zu offenbaren, denn nachdem er es vollendet hatte, als das letzte, was zu vollbringen ihm oblag, rührte er keinen Pinsel mehr an, und es überraschte ihn der Tod.

SEBASTIANO DEL PIOMBO

Geboren um 1485 zu Venedig
Gestorben 1547 zu Rom

Sebastians frühester Beruf war, wie viele versichern, nicht die Malerei, sondern die Musik, indem er sich nicht allein mit Gesang, sondern mit dem Spiel verschiedener Instrumente, vornehmlich der Laute, ergötzte, auf welchem Instrumente man ohne andere Begleitung alles ausführen kann. Diese Geschicklichkeit machte ihn den Vornehmen Venedigs einige Zeit sehr angenehm, und er hatte als Künstler mit ihnen stets vertrauten Umgang. Da ihm aber schon in früher Jugend die Lust ankam, die Malerei zu üben, lernte er die ersten Anfangsgründe bei dem damals schon sehr hochbetagten Giovan Bellini. Da geschah es, daß Giorgione da Castel Franco die neue, im Kolorit sehr harmonische und feurige Weise nach Venedig brachte, und Sebastiano trennte sich von Giovanni, ging zu Giorgione in die Schule und blieb lange genug bei ihm, um seine Manier großenteils anzunehmen. So malte er denn in Venedig einige sehr ähnliche Bildnisse nach der Natur, darunter das des Franzosen Verdelotto, eines trefflichen Musikers, damals Kapellmeister in San Marco. In dem selben Bilde stellte er dessen Gefährten, den Sänger Ubretto, dar; Verdelotto aber nahm es mit nach Florenz, als er dort Kapellmeister von S. Giovanni wurde, und es befindet sich heutigen Tages im Hause des Bildhauers Francesco Sangallo. Zu der selben Zeit malte Sebastiano in S. Giovanni Crisostomo zu Venedig eine Tafel mit einigen Figuren, so sehr in Giorgiones Manier, daß viele, welche nicht volle Sachkenntnis besitzen, es für eine Arbeit dieses Meisters halten; es ist ein schönes, mit vieler Rundung in den Farben modelliertes Werk.

Der Ruf Sebastianos verbreitete sich dadurch, und Agostini Chigi aus Siena, ein reicher Kaufmann, der in Venedig viele Geschäfte machte, vernahm zu Rom sein Lob und suchte ihn dahinzuziehen, zumal es ihm besonders gefiel, daß er außer der Malerei die Kunst des Lautenspielens verstand und sich in der Unterhaltung anmutig und gefällig zeigte. Es hielt nicht schwer, Bastiano für die Reise nach Rom zu bestimmen; er wußte, wie sehr es als eine gemeinsame Vaterstadt allen schönen Geistern stets förderlich war, und ging mehr als gern dahin. Von Agostino sogleich mit Arbeit versehen, malte er in seinem Auftrag vorerst die kleinen Bogen oberhalb der Loggia des Gartens in dem Palast in Trastevere, woselbst Baldassare von Siena die ganze Wölbung verziert hatte. In diesen Bogen stellte Sebastiano allerlei Phantasien in seiner von Venedig mit herübergebrachten Manier dar, die von der der damaligen vorzüglichen Maler sehr verschieden war. Außerdem mußte er auf Verlangen Agostinos an dem selben Ort neben Raffaels Galathea einen Polyphemus in Fresko malen, in welchem er aus Wetteifer mit Baldassare von Siena und Raffael, der Erfolg bleibe dahingestellt, sich selbst zu übertreffen suchte. Er malte auch einiges in Öl, wovon man in Rom viel hielt, da er von Giorgione eine gewisse verschmolzene Art der Malerei gelernt hatte. Während er diese Arbeiten förderte, gewann Raffael solchen Ruf in der Malerei, daß seine Freunde und Anhänger behaupteten, seine Bilder wären mehr nach den Regeln der Kunst ausgeführt, als diejenigen des Michelagnolo, anmutig im Kolorit, in der Erfindung schön, im Ausdruck der Gesichtszüge lieblich und in der Zeichnung charakteristisch; die Gemälde Michelagnolos hingegen hätten mit Ausnahme der Zeichnung keinen jener Vorzüge, und Raffael sei deshalb in der Malerei, wenn nicht trefflicher, doch mindestens Michelagnolo gleich und im Kolorit ihm auf jeden Fall vorzuziehen. Diese Ansichten waren unter vielen Künstlern verbreitet, welche der Anmut Raffaels mehr huldigten als der Tiefe Michelagnolos, und sie zeigten sich aus verschiedenen Rücksichten in ihrem Urteil dem Raffael günstiger als dem Michelagnolo. Nicht so Sebastiano. Mit klarer Einsicht erkannte er die Vorzüge eines jeden. Dadurch wandte das Herz Michelagnolos sich ihm zu, sein Kolorit und die Anmut seiner Bilder gefielen ihm wohl, und er nahm ihn in Schutz mit dem besonderen Gedanken, daß er, wenn er nur dem Sebastiano im Zeichnen Hilfe leistete, so, ohne selbst etwas in der Sache zu tun, diejenigen, welche die obige Meinung hatten, niederschlagen und, hinter einem Dritten versteckt, zeigen würde, wer von ihnen der Bessere sei. Währenddessen und während die an sich wirklich schönen und rühmenswerten Arbeiten Sebastianos durch das Lob Michelagnolos ins Unendliche erhoben wurden, ließ ein Herr aus Viterbo, ich weiß nicht wer, ein Günstling des Papstes, von Sebastiano für eine von ihm in S. Francesco zu Viterbo errichtete Kapelle eine Tafel mit einem toten Christus und der Madonna malen, die ihn beweint. Der Künstler vollendete sie mit vielem Fleiß und brachte darauf eine Landschaft im Dämmerlicht an, Erfindung und Karton dieses Werkes jedoch stammten von Michelagnolo, es galt allen, die es sahen, für sehr vorzüglich, erwarb Sebastiano vielen Ruhm und bestätigte die Meinung derer, welche ihn begünstigten.

In der Zeit, wo Raffael für den Kardinal von Medici das Bild von der Verklärung malte, welches nach Frankreich geschickt werden sollte, nach seinem Tode aber auf dem Hauptaltar von S. Pietro in Montorio aufgestellt wurde, begann Sebastiano, fast im Wetteifer mit Raffael, eine Tafel der selben Größe: eine Auferweckung des Lazarus, der vier Tage im Grabe gelegen. Sie war mit großem Fleiß gemalt, in einigen Teilen nach der Zeichnung und Anordnung Michelagnolos. Beide Bilder wurden zum Vergleich öffentlich im Konsistorium ausgestellt und das eine wie das andere sehr gerühmt, denn übertraf auch dieses Gemälde Raffaels durch höchste Anmut und Schönheit jedes andere, so fanden doch auch die Mühen Sebastianos bei jedermann ehrenvolle Anerkennung. Das eine sandte der Kardinal Giulio von Medici nach seinem Bischofsitz zu Narbonne in Frankreich, das andere stand in der Kanzlei, bis es mit dem Rahmen von Giovan Barile nach S. Pietro in Montorio kam. Sebastiano, der durch dieses Werk dem Kardinal einen großen Dienst erwiesen, verdiente später während dessen Papsttum reichen Lohn von ihm zu empfangen.

Bald nachher, da Raffael nicht mehr lebte, wurde dem Sebastiano durch Begünstigung Michelagnolos der erste Platz in der Malerei von jedermann zugestanden, und Giulio Romano, Giovan Francesco aus Florenz, Perino del Vaga, Polidoro, Maturino, Baldassare aus Siena und alle übrigen mußten ihm nachstehen. Als daher Agostino Chigi nach Anordnung Raffaels die Kapelle mit seinem Grabmal in Santa Maria del Popolo errichten ließ, ward Sebastiano beauftragt, sie auszumalen. Die Verkleidung wurde aufgerichtet, und alles blieb verdeckt, ohne daß man etwas zu sehen bekam, bis zum Jahre 1554, da dann Luigi, der Sohn Agostinos, gedachte, was dem Vater nicht gelungen war, wolle er erreichen und das Werk zum Schluß gebracht sehen. Er ließ deshalb Tafel und Kapelle von Francesco Salviati malen, und dieser brachte sie in kurzem zu einer Vollendung, welche die Saumseligkeit und Unentschlossenheit Sebastianos ihr nie hatte geben können, denn es war von ihm wenig daran getan, ob auch Agostino und seine Erben ihm weit mehr zahlten, als sie schuldig gewesen wären, wenn er sein Wort gelöst hätte; er aber tat es nicht, sei's, von den Anstrengungen der Kunst ermüdet, oder zu sehr in die Gemächlichkeiten und Freuden des Lebens versenkt. Gleiche Versäumnis ließ er sich gegen Herrn Kammerclericus Filippo aus Siena zu schulden kommen, in dessen Auftrag er über dem Hauptaltar der Kirche della Pace zu Rom ein Ölbild begann, ohne es je zu vollenden. Die Mönche, dadurch zur Verzweiflung gebracht, mußten das Gerüst fortnehmen, welches sie beim Gebrauch der Kirche hinderte, das Bild mit Leinwand verhängen und in Geduld warten, so lange Sebastiano lebte. Nach seinem Tode deckten sie das Werk auf, und man erkannte, was vollendet war, als eine sehr schöne Arbeit. Unter anderen sind bei der Madonna, welche die heilige Elisabeth besucht, viele Frauen sehr lebendig und schön nach der Natur gezeichnet, man sieht indes auch hier, daß Sebastiano in allem, was er tat, große Mühe aufwenden mußte und nichts von jener Leichtigkeit hervorbrachte, wodurch Talent und Studium bisweilen den belohnen, welcher sich unausgesetzt übt. Einen Beweis für diese Ansicht findet man in der selben Kirche della Pace in der Kapelle Agostino Chigis; Raffael hatte dort die Sybillen und Propheten gemalt; diese zu übertreffen, wollte Sebastiano in einer Nische darunter etwas auf die Mauer ausführen, er ließ sie deshalb mit Peperino verkleiden und die Fugen mit gebranntem Stucko ausfüllen, brachte jedoch so lange Zeit mit Überlegungen hin, daß er sie nur gemauert ließ, denn nachdem sie zehn Jahre also gestanden, starb er.

Leicht war es dagegen, von Sebastiano ein Bildnis nach der Natur zu erhalten. Sie wurden ihm nicht schwer, und er vollendete sie schnell, während mit historischen Bildern und anderen Gestalten das Gegenteil der Fall war. In der Tat ist Porträtmalen sein eigentlicher Beruf gewesen; dieses erkennt man an dem Bildnis von Marcantonio Colonna, einem so wohl ausgeführten Werke, daß es wie lebend erscheint, und an den Bildern von Ferdinando Marchese von Pescara und der Signora Vittoria Colonna, welche beide gleich schön sind. Er malte Hadrian VI., als er nach Rom kam, und den Kardinal Nincofort, welcher wünschte, Sebastiano möge ihm eine Kapelle in Santa Maria dell Anima zu Rom verzieren, Sebastiano hielt ihn jedoch von einem Tag zum anderen hin, und der Kardinal übertrug sie endlich seinem Landsmann, dem Flamen Michele, der dort in Fresko Begebenheiten aus dem Leben der heiligen Barbara darstellte und dabei unsere italienische Manier sehr gut nachahmte; auf der Altartafel aber brachte er das Bildnis des Kardinals an.

Nachdem der Kardinal Giulio von Medici als Clemens VII. zum Papst erwählt worden, ließ er Sebastiano durch den Bischof von Vasona sagen: die Zeit, ihm Gutes zu erweisen, sei gekommen, er werde sie nicht nutzlos verstreichen lassen. In Hoffnung darauf malte Sebastiano, der im Bildnis vor allen sich hervortat, viele derselben nach der Natur, darunter das von Clemens, welcher damals keinen Bart trug, und ein zweites wiederum von Seiner Heiligkeit; davon das eine der Bischof von Vasona erhielt, das andere weit größere, worin er sitzend bis zum Knie dargestellt ist, befindet sich zu Rom in Sebastianos Hause.

SEBASTIANO VINIZIANO
PITTORE.

Unterdessen starb Mariano Fetti, Siegelbewahrer des Papstes; da gedachte Sebastiano der Versprechungen, welche der Bischof von Vasona, Hausmeister Sr. Heiligkeit, ihm gegeben hatte, und bewarb sich um das erledigte Amt. Dieselbe Stelle verlangte Giovanni von Udine; jedoch zahlte dem der Papst ein Gehalt von dreihundert Scudi. Mit dem Mönchskleid angetan, veränderte Sebastiano alsbald seinen Sinn, denn da er, ohne den Pinsel zu rühren, seine Wünsche befriedigen konnte, genoß er der Ruhe und erholte sich bei gemächlichem Einkommen von mühevollen Nächten und Tagen; hatte er hinwiederum einmal Arbeit, so machte er sich mit einer Leidenschaftlichkeit daran, als ob es zum Sterben ginge. Hieraus kann man erkennen, wie sehr unsere geringe menschliche Klugheit uns irre leitet welche oft, ja fast immer, das Gegenteil von dem wünscht, was uns frommt, die (mit dem toskanischen Sprichwort zu reden) sich ins Auge schlägt, wenn sie das Kreuz machen will. Es ist nämlich allgemeine Ansicht, daß Belohnungen und Ehren die Sterblichen zum Studium der Künste anfeuern, daß ihr Eifer und die Treue für ihren Beruf hingegen nachlassen, wenn sie sehen, daß die, welche die Macht dazu haben, Verdienste unbelohnt lassen. Deshalb tadeln sowohl die Alten wie die Neuen nach besten Kräften solche Fürsten, welche nicht Künstlern jeder Art emporhelfen und den redlich Strebenden nicht die verdiente Belohnung zukommen lassen. Wie wahr indes auch diese Ansicht in den meisten Fällen sei, so sehen wir doch auch bisweilen, daß die Freigebigkeit gerechter erhabener Fürsten eine entgegengesetzte Wirkung hervorbringt, denn viele schaffen in niederen mittelmäßigen Vermögensumständen der Welt mehr Nutzen, als in Größe und bei reichlichem Besitz. Dieses beweist die Großmut Clemens' VII., welchem der Venezianer Sebastiano als ein trefflicher Maler diente, solange bis er ihn zu reich belohnt hatte, worauf er von einem eifrigen und fleißigen ein unachtsamer nachlässiger Arbeiter wurde, der, früherhin an Gütern arm, mit Raffael gewetteifert und sich unausgesetzt gemüht hatte, nun das Gegenteil tat, als er genug hatte, um zufrieden zu sein. So muß es wohl dem Urteil kluger Fürsten überlassen bleiben, wann, wen, in welcher Weise und nach welcher Regel sie Großmut gegen Künstler und andere vorzügliche Personen zu üben haben.

Nachdem Sebastiano Frate del Piombo geworden war, malte er mit großer Mühe im Auftrag des Patriarchen von Aquileja einen Christus, der sein Kreuz trägt, in halber Figur auf Stein, ein sehr gerühmtes Werk, besonders Kopf und Hände, worin Sebastiano fürwahr trefflich gewesen ist. Bald nachher kam die Nichte des Papstes, die nachmalige und jetzt noch lebende Königin von Frankreich, nach Rom. Fra Sebastiano begann ihr Bildnis, es blieb jedoch unvollendet in der Garderobe Sr. Heiligkeit, und da kurz danach der Kardinal Hippolyt von Medici in die Signora Giulio Gonzaga verliebt war, welche sich damals zu Fondi aufhielt, sandte er Sebastiano mit vier leichten Pferden dorthin, sie zu malen, und im Verlauf eines Monates vollendete er dieses Bildnis, das durch die himmlische Schönheit der Signora und die geschickte Hand des Künstlers ein wahrhaft göttliches Werk wurde. Nach Rom gebracht, erwarb es ihm reiche Belohnung von dem Kardinal, der es mit Recht für weit besser achtete als irgendeines der früheren Gemälde Sebastianos; später erhielt es König Franz von Frankreich und ließ es zu Fontainebleau aufstellen.

Dieser Meister hatte eine neue Art erfunden, auf Stein zu malen, die den Leuten gefiel, weil es schien, als ob Malereien, denen weder durch Feuer noch durch Holzwürmer Gefahr drohe, ewige Dauer verliehen sei. Er begann deshalb auf solche Steine viele Bilder zu malen und umgab sie mit Verzierungen von anderen bunten Steinen, welche glänzend poliert zu schönem Schmuck dienten, obgleich wahr bleibt, daß diese Malereien, sowohl Figuren als Ornamente, wegen ihres zu großen Gewichtes sich nur mit größter Schwierigkeit bewegen und fortbringen lassen. Eine Menge Personen, von der Neuheit der Erfindung und dem Reiz der Kunst hingerissen, gaben ihm Handgeld, damit er Werke der Art für sie ausführte; Sebastiano aber, der lieber von diesen Dingen reden als daran arbeiten mochte, schob alles auf die lange Bank. Bei alledem malte er einen toten Christus und die Madonna auf Stein im Auftrag von Don Ferrante Gonzaga, der das Werk samt einer Steinverzierung nach Spanien schickte, wo es für sehr schön galt, und Sebastiano erhielt von dem Herrn Niccolo da Cortona, römischem Agenten des Kardinals von Mantua, fünfhundert Scudi dafür ausgezahlt. Hierin nun war Sebastiano zu loben; denn während Dominico, sein Landsmann, der zuerst in Öl auf der Mauer malte, Andrea del Castagno,

Antonio und Pietro Pollajuolo sich vergebens um eine Verfahrungsweise gemüht hatten, ihre Figuren vor dem Nachdunkeln und frühen Verbleichen zu schützen, machte Sebastiano die Entdeckung, wie man dies erreichen könne. Sein Christus an der Säule zu St. Pietro in Montorio hat sich durchaus nicht verändert, hat die selbe Frische und Farbe wie am ersten Tage, indem er bei diesen Dingen größte Sorgfalt übte, den rohen Bewurf der Mauer mit Mastix und Harz mischte, diese Masse im Feuer brennen, auf die Wand auftragen und dann mit einer im Feuer rot oder richtiger glühend gemachten Kelle glätten ließ; dadurch konnten seine Malereien der Feuchtigkeit widerstehen und sich in der Farbe unverändert erhalten. Mit der selben Mischung arbeitete er auf Peperinostein, Marmor, Porphyr wie sonstigen harten Platten, auf denen Malereien sich lange zu erhalten pflegen, und lehrte dadurch, wie man auf Silber, Kupfer, Blei und anderen Metallen malen könne.

Dieser Künstler fand soviel Vergnügen daran, zu grübeln und zu schwatzen, daß er sich dadurch Tage lang von der Arbeit abhalten ließ; ging er endlich ans Werk, so sah man, daß es ihm sehr schwer wurde, und dies mochte ihn wohl vornehmlich zu der Meinung veranlassen, seine Arbeiten könnten durch keinen Preis bezahlt werden. Für den Kardinal von Aragona malte er ein ausnehmend herrliches Bild von der heiligen Agatha, welche nackt an den Brüsten gemartert wird; es befindet sich gegenwärtig in der Garderobe des Herrn Guidobaldo, Herzogs von Urbino, und steht den dort befindlichen Bildern Raffaels, Tizians und anderer Meister

nicht nach. Den Signor Pietro Gonzaga malte er in Öl auf Stein nach der Natur – ein sehr schönes Bildnis, womit er sich jedoch drei ganze Jahre mühte.
Fra Sebastiano hatte sich nahe der Kirche del Popolo ein gutes Haus gebaut, welches er in großer Behaglichkeit bewohnte, ohne sich weiter um Malen und Arbeit zu kümmern, indem er oft sagte, es sei eine große Mühe, im Alter den Eifer zu mäßigen, zu welchem in der Jugend Verlangen nach Gewinn, Ehre und Lohn die Künstler treibt; nicht minder klug sei es, in Ruhe zu leben, als im Leben sich des Ruhmes wegen nach dem Tode zu sorgen, da doch auch diese Mühen und alle Werke endlich einmal der Vernichtung anheimfielen. Diesen Worten gemäß war sein Tun, denn er suchte immer die besten Weine und kostbarsten Gerichte auf seinen Tisch zu bekommen und hielt vom Leben mehr als von der Kunst. Als ein Freund aller ausgezeichneten Menschen lud er oft Molza und Herrn Gandolfo zum Essen, und bewirtete sie gut, auch hatte er vertrauten Umgang mit dem Florentiner Francesco Berni, der ihm ein Gedicht schrieb, das Sebastiano mit einem anderen recht hübschen erwiderte, da er vermöge seiner allgemeinen Bildung auch toskanische Verse zu fertigen und auf Scherze einzugehen verstand. Wurde er von einigen getadelt, und mußte er hören, daß es eine Schande sei, daß er jetzt, wo er zu leben habe, nicht mehr arbeiten möge, so antwortete er: „Da ich genug habe zu leben, will ich nichts arbeiten; heutigen Tages gibt es Leute, die in zwei Monaten machen, wozu ich zweier Jahre bedurfte, und lebe ich noch lange, so wird

es nicht lange dauern, daß ich bald alles mögliche gemalt sehen werde; und da die anderen so viel machen, ist es ein Glück, daß es einen gibt, der nichts macht, und ihnen das mehrere zufällt.“ Solche und ähnliche Scherze brachte er hervor, weil er fröhlich und kurzweilig war, und sicherlich gab es nie einen besseren Gesellschafter, als Sebastiano. Michelagnolo hatte ihn sehr lieb, wie ich schon früher sagte, als er jedoch in der päpstlichen Kapelle die Wand mit dem Weltgericht malte, entstand zwischen ihnen einiger Streit; da Sebastiano den Papst beredet hatte, er solle es Michelagnolo in Öl ausführen lassen, während jener es nur in Fresko arbeiten wollte; Michelagnolo sagte weder ja noch nein, die Wand wurde nach Vorschlag Fra Sebastianos zubereitet, und Michelagnolo ließ einige Monate verstreichen, ohne Hand ans Werk zu legen; endlich dazu aufgefordert, sprach er, daß er es nicht anders als in Fresko malen werde, Ölmalen sei eine Kunst für Weiber und für bequeme und faule Leute wie Sebastiano. So wurde der Bewurf des Frate heruntergeschlagen und alles zum Freskomalen eingerichtet, und Michelagnolo begann sein Bild, vergaß jedoch nie die Beleidigung, welche er durch Sebastiano erfahren zu haben meinte, und behielt einen Zorn auf ihn fast bis zu seinem Tode. Nachdem Sebastiano endlich so weit gekommen war, daß er weder arbeiten noch sonst etwas vornehmen mochte, als seinem Dienst als Frate und sonst gutem Leben obzuliegen, erkrankte er in seinem zweiundsechzigsten Jahre an einem bösartigen Fieber und bekam, weil er stark und vollblütig war, eine so heftige Entzündung, daß er nach wenigen Tagen seinen Geist aufgab. In seinem Testament hatte er verordnet, sein Körper solle ohne priesterliches Geleite und ohne Aufwand von Kerzen zu Grabe gebracht, das Geld aber, welches dies gekostet haben würde, zur Ehre Gottes an Arme verteilt werden. Dies geschah, und er wurde im Juli des Jahres 1547 in der Kirche del Popolo beigesetzt. Die Kunst verlor durch ihn nicht viel, denn einmal mit dem Mönchskleide angetan, konnte man ihn schon unter die Verlorenen zählen, ob auch um seiner angenehmen Gabe der Unterhaltung willen viele Freunde und Künstler seinen Tod beklagten. Eine Menge junger Leute begaben sich zu verschiedenen Zeiten bei Sebastiano in die Schule, hatten indes keinen großen Gewinn davon, weil sie seinem Beispiel gemäß nicht viel mehr lernten, als zu leben.

MICHELAGNOLO BUONARROTI

Geboren am 6. März 1475 zu Caprese bei Florenz. Gestorben am 18. Februar 1564 zu Rom

Da sinnreiche und ausgezeichnete Geister vom Licht des vielberühmten Giotto und seiner Nachfolger geleitet, sich anstrengten, der Welt die ihnen durch die Gunst der Sterne und durch eine glückliche Phantasie verliehene Kraft darzutun, und im Verlangen durch die Vorzüge der Kunst die Herrlichkeit der Natur darzustellen, und so viel sie vermochten, zu jenem höchsten Verständnis zu kommen, welche viele Intelligenz nennen, sich so gut wie vergebens abmühten, wandte der allgütige Lenker der Welten gnädig seine Augen zur Erde, und als er die Fruchtlosigkeit zahlloser Anstrengungen sah, die eifrigen Studien ohne Erfolg, den Eigendünkel der Menschen, der von der Wahrheit viel ferner liegt, als die Dämmerung von dem Lichte, beschloß er, uns von so vielen Irrtümern zu erlösen, einen Geist zur Erde zu senden, der, allvermögend in jeder Kunst und jedem Beruf, durch sie allein dartun könne, was Vollkommenheit der Zeichnung sei in Entwurf, Umriß, Licht und Schatten, wodurch Gemälde

Rundung gewinnen, der die Bildhauerei nach richtiger Einsicht zu üben und durch Kenntnis der Baukunst Wohnungen bequem, sicher, gesund, heiter, nach richtigem Verhältnis und reich an mancherlei Schmuck aufzuführen wisse. Zudem sollten wahre Philosophie und die Zierde der Dichtkunst ihm eigen sein: damit die Welt ihn im Leben, im Wirken, in Heiligkeit der Sitten und in allen Handlungen gleich einem seltnen Vorbilde achte und bewundere, und er von uns mehr als ein himmlisches, denn als ein irdisches Gut erkannt werde. Und da er sah, daß in solchen Fertigkeiten und besonders in den Künsten der Malerei, Bildhauerei und Architektur die Talente Toskanas stets vor anderen sich hervorgetan, indem sie mehr als irgendein Volk Italiens Fleiß und Studium in Wissenschaft und Kunst aufwenden, wählte er Florenz, ruhmwürdig vor den übrigen Städten, zu seiner Heimat, um dort die wohlverdiente endliche Vollendung aller Künste in einem ihrer Bürger ans Licht zu stellen. So wurde dem Signore Lodovico di Lionardo Buonarroti Simoni, der wie man sagt, aus der edlen Familie der Grafen Canossa stammte, im Jahre 1474 unter verhängnisvoll günstigem Sterne, von einer wohldenkenden, edlen Frau im Casentiner Tal ein Sohn geboren, in dem selben Jahre, als Lodovico Podesta war der Schlösser von Chiuse und Caprese in der Aretiner Diöcese, nahe dem Sasso della Vernia, wo St. Franziskus die Wundmale empfing, am 6. März eines Sonntags um die achte Stunde der Nacht, und der Vater gab ihm den Namen Michelagnolo, indem er ohne weiteres Nachdenken, von etwas Höherem ge-

trieben, ein ungewöhnliches, himmlisches und göttliches Gut in ihm zu erkennen meinte, wie dies nachmals aus der Konstellation bei seiner Geburt hervorging, denn Merkur und Venus waren ihr günstig und sie erfolgte bei freundlichen Aspekten unter der Herrschaft Jupiters, ein Zeichen, daß er einst durch Hand und Geist herrliche bewundernswürdige Werke vollführen werde.
Nachdem Lodovico das Amt des Podesta beendet hatte, wohnte er wieder in Florenz auf der Villa von Settignano, drei Meilen von der Stadt, wo er von seinen Voreltern her ein Gut besaß. Der Ort ist reich an Steinen, vornehmlich an Sandsteinbrüchen, die ohne Unterlaß von Steinmetzen und Bildhauern bearbeitet werden, welche meist in jenen Gegenden heimisch sind. Lodovico gab dort Michelagnolo zu der Frau eines Steinmetzen, damit sie ihn als Amme nähre. Dies aber war Anlaß, daß Michelagnolo einstmals im Scherze zu Vasari sprach: „Giorgio, mein Geist an sich ist nichts nütze, sondern nur, weil er in der milden Luft von Arezzo, Eurer Heimat, ans Licht gekommen ist, sowie ich auch mit der Milch meiner Amme Meißel und Hammer eingesogen, womit ich meine Figuren mache." Lodovico bekam mit der Zeit viele Kinder, und da er kein Vermögen und nur ein geringes Einkommen hatte, bestimmte er seine Söhne der Wollen- und Seidenweberei und gab Michelagnolo, der schon herangewachsen war, in die gelehrte Schule zu Herrn Francesco von Urbino; der Knabe aber, der durch inneren Trieb am Zeichnen Ergötzen fand, verwendete darauf so viele Zeit als möglich, tat es heimlich, weil er von seinem Vater und seinen Lehrern darum

gescholten, bisweilen sogar geschlagen wurde, die vielleicht jene Kunst, die sie nicht kannten, für niedrig und ihrer alten Familie nicht würdig genug achteten.

In dieser Zeit schloß Michelagnolo Freundschaft mit Francesco Granacci, der ein Knabe, wie er, bei Domenico Ghirlandaio die Kunst der Malerei lernte, Michelagnolo lieb hatte, und da er seine Geschicklichkeit im Zeichnen sah, ihm täglich Blätter von Ghirlandaio brachte, der nicht nur in Florenz, sondern in ganz Italien für einen der besten Maler geachtet wurde. Hierdurch wuchs in Michelagnolo von Tag zu Tag der Eifer etwas zustande zu bringen, sodaß Lodovico, als er die Unmöglichkeit sah, den Knaben vom Zeichnen abzuhalten, beschloß, damit doch etwas dabei herauskomme und er die Kunst auch wirklich lerne, ihn auf den Rat seiner Freunde zu Domenico Ghirlandaio in die Lehre zu geben.

So kam Michelagnolo in dem Alter von vierzehn Jahren zu Domenico. Die Geschicklichkeit Michelagnolos wuchs mit seiner Person dermaßen, daß Domenico erstaunte, als er sah, wie ihm manches über das Vermögen eines Jünglings gelang, sodaß es ihm schien, er übertreffe nicht nur seine Mitschüler, deren Zahl groß war, sondern erreiche auch in vielem die Arbeiten von ihm, dem Meister. Als nämlich einer der jungen Leute, die bei Domenico lernten, mehrere weibliche Gestalten in Gewändern nach einem Vorbilde Ghirlandaios mit der Feder gezeichnet hatte, nahm Michelagnolo das Vorlegeblatt und umzog mit einer stärkeren Feder eine jener Frauen mit neuen Linien, wie sie hätten laufen müssen, um völlig richtig zu sein, und mit Verwundern erkennt

man den Unterschied der zweierlei Manieren und die Trefflichkeit und die Einsicht eines Jünglings, der Kühnheit genug besaß, um die Arbeiten seines Meisters zu verbessern. Dieses Blatt besitze ich und bewahre es als eine Reliquie; ich erhielt es von Granacci, um es mit anderen Blättern von der Hand Michelagnolos meiner Sammlung von Zeichnungen einzuverleiben. Im Jahre 1550, als ich in Rom war, zeigte ich es Michelagnolo, der es wieder erkannte, und indem er sich freute, es zu sehen, aus Bescheidenheit äußerte: er habe als Kind diese Kunst besser verstanden, wie nun, da er alt sei.
Zu jener Zeit gab der prachtliebende Lorenzo von Medici dem Bildhauer Bertoldo eine Wohnung in seinem Garten auf dem Platze von San Marco, nicht so wohl als Aufseher über viele schöne, mit großen Kosten dort von ihm gesammelte Altertümer, als aus dem lebendigen Wunsche, eine Schule für Maler und Bildhauer zu gründen, deren Haupt und Führer Bertoldo, ein Schüler Donatellos, sein sollte; und obwohl er bereits so alt war, daß er nicht mehr arbeiten konnte, war er doch nichtsdestoweniger ein sehr erfahrener und angesehener Künstler, der nicht nur die gegossenen Reliefs der Kanzeln von seinem Meister Donato aufs fleißigste ausgeputzt, sondern auch viele Bronzegüsse von Schlachten und einige andere Kleinigkeiten mit einer Meisterschaft ausgeführt hatte, darin ihn keiner der damals in Florenz lebenden Künstler übertraf. Da nun Lorenzo, der eine große Liebe zu Malerei und Bildhauerkunst hatte, es beklagte, daß zu seiner Zeit nicht in dem gleichen Maße berühmte und treffliche Bildhauer gefunden

würden, wie man viele Maler von hohem Wert und Ruf antreffe, beschloß er, wie ich oben erzählte, eine Schule zu stiften und beauftragte Domenico Ghirlandaio, wenn er junge Leute in seiner Werkstatt hätte, die Lust dazu bezeigten, solche nach seinem Garten zu schicken, wo er sie zu üben und in einer Weise auszubilden wünschte, daß sie sich und ihn und die Stadt ehren sollten. Hierauf empfahl ihm Domenico als die vorzüglichsten unter seinen jungen Leuten Michelagnolo und Francesco Granacci. Sie gingen nach dem Garten und fanden dort Torrigiano, der im Auftrag von Bertoldo ein Paar runde Figuren in Ton modellierte. Als Michelagnolo dies sah, machte er sogleich auch ein Paar dergleichen aus Nacheiferung, und Lorenzo erkannte alsbald den herrlichen Geist des Jünglings und behielt ihn von nun an immer im Auge. Michelagnolo aber, dadurch ermuntert, gab sich nach wenigen Tagen daran, aus einem Stück Marmor den antiken Kopf eines alten grinsenden Faun nachzubilden, der an der Nase beschädigt war und den Mund zum Lachen verzog. Obwohl nun Michelagnolo nie Marmor und Meißel unter den Händen gehabt hatte, löste er doch die Aufgabe zum Verwundern Magnificos. Dieser nun, als er sah, daß Michelagnolo von dem antiken Vorbilde abweichend, dem Faun nach eigner Fantasie den Mund geöffnet hatte, wodurch die Zunge und alle Zähne sichtbar wurden, sprach nach seiner gewohnten Weise freundlich scherzend: „Du hättest doch wissen sollen, daß alte Leute nie ihre Zähne insgesamt haben, sondern daß ihnen stets einer fehlt.“ – Michelagnolo, der den Herzog liebte und fürchtete, meinte in seiner Einfalt, er habe recht, brach, sobald er fort war, einen Zahn heraus, feilte den Gaumen in einer Weise, daß es schien, der Zahn sei herausgefallen und harrte mit Sehnsucht auf die Rückkehr des Herrn, der, als er kam und die Naivität und Güte Michelagnolos sah, herzlich lachte und die Begebenheit oftmals gleich einem Wunder seinen Freunden erzählte; und da er sich vorgenommen, den Jüngling zu unterstützen und zu begünstigen, so hielt er bei Lodovico, seinem Vater, um ihn an, mit dem Versprechen, daß er ihn wie einen Sohn halten werde, und da der Vater gerne darein willigte, so gab ihm der Herzog ein Zimmer in seinem Hause, ließ ihn an seinem Tische essen und mit seinen Söhnen und anderen Personen von Rang und Stand umgehen, die zu ihm kamen, der Michelagnolo sehr in Ehren hielt. Das geschah im zweiten Jahre, nachdem Michelagnolo zu Domenico gekommen und im fünfzehnten oder sechzehnten Jahre seines Alters, und er blieb vier Jahre in diesem Hause, nämlich bis zu dem Tode Lorenzos 1492. Während dieser Zeit erhielt er vom Magnifico als Gehalt und zur Erleichterung für seinen Vater des Monats fünf Dukaten, auch schenkte ihm Lorenzo zu seinem Vergnügen einen violetten Mantel und gab dem Vater ein Amt bei der Mauth. Und hierbei bemerke ich, daß alle jungen Leute im Garten, der eine mehr, der andere weniger Gehalt erhielten durch die Großmut des durchlauchtigen, großsinnigen Bürgers, der sie förderte und belohnte, so lange er lebte.

Nach dem Tode des prachtliebenden Lorenzo kehrte

Michelagnolo in sein elterliches Haus zurück, sehr betrübt über den Verlust eines solchen Mannes und Freundes aller schönen Künste. Er kaufte ein großes Stück Marmor und arbeitete daraus einen Herkules von vier Ellen Höhe. Dieser stand viele Jahre im Palast der Strozzi, galt für ein bewunderungswürdiges Werk und wurde im Jahre der Belagerung von Giovan Battista della Palla an König Franz von Frankreich geschickt. Man sagt, Piero von Medici, der Michelagnolo schon lange kannte, habe als Erbe von Lorenzo, seinem Vater, oft nach ihm gesandt, wenn er antike Cameen oder andere geschnittene Arbeiten kaufen wollte; auch ließ er ihn eines Winters, da es in Florenz stark geschneit hatte, in seinem Hofe eine Figur aus Schnee formen, die sehr schön gelang, und ehrte ihn um seiner Kunst willen so hoch, daß Lodovico, sein Vater, wohl sah, er sei von Vornehmen geachtet, und ihn weit stattlicher kleidete, als bis dahin. Für die Kirche von Santo Spirito in Florenz arbeitete Michelagnolo ein Kruzifix aus Holz, welches über dem Halbkreis des Hauptaltars gestellt wurde und noch steht, dem Prior zu Gefallen, der ihm ein Zimmer überlassen hatte, wo er zum Studium der Anatomie tote Körper zergliederte und den Grund zu der nachmals ihm eigenen Vollkommenheit der Zeichnung legte.

Als die Medici aus Florenz vertrieben wurden und zwar mehrere Wochen vorher, war Michelagnolo nach Bologna und von dort nach Venedig gegangen, aus Besorgnis, es könne ihm als Freund des Hauses irgendeine Unannehmlichkeit treffen, denn er kannte den Übermut und die schlechte Verwaltung Pieros von Medici, kehrte aber, weil er in Venedig keine Beschäftigung fand, nach Bologna zurück.

Michelagnolo war nicht viel über ein Jahr in Bologna. Nach Florenz zurückgekehrt, arbeitete er für Lorenzo di Pierfrancesco de' Medici einen kleinen St. Johannes aus Marmor, und danach nahm er einen anderen Marmorblock und begann einen schlafenden Cupido in natürlicher Größe, der, als er fertig war, von Baldassare del Milanese Herrn Pierfrancesco als ein schönes Werk gezeigt wurde. Dieser aber, nachdem er ihn mit prüfendem Auge betrachtet, sprach: wenn du ihn unter die Erde legtest, so bin ich gewiß, er würde für antik gelten, und wolltest du ihn in einer Weise zugerichtet, als ob er alt sei, nach Rom schicken, so würde dir das weit mehr einbringen, als wenn du ihn hier verkauftest. Man sagt, Michelagnolo habe hierauf seiner Statue das Aussehen gegeben, als ob sie antik sei, und ist dabei nichts zu verwundern, weil er Verstand genug besaß, dies und noch mehr zu tun. Andere behaupten, Milanese habe sie nach Rom geschafft, auf seiner Vigna vergraben und dann als ein antikes Werk für zweihundert Dukaten an den Kardinal San Giorgio verkauft; während noch andere erzählen, Milanese, für den sie gearbeitet war, habe sie dem Kardinal verkauft und an Pierfrancesco geschrieben: er solle Michelagnolo dreißig Scudi auszahlen, indem er für den Kupido nicht mehr erhalten habe, sodaß er den Kardinal Pierfrancesco und Michelagnolo betrogen hätte. Indes hörte San Giorgio von einem Augenzeugen, die Figur des Knaben sei in Florenz gearbeitet, und als er durch einen eigens Beauftragten die Wahrheit erkundschaftet, brachte er es dahin, daß der Sachverwalter Milaneses das Geld wieder hergeben und den Kupido zurücknehmen mußte, der nachmals an Herzog Valentino gekommen, von diesem der Herzogin von Mantua geschenkt wurde, die ihn mit nach ihrem Lande nahm, wo man ihn noch sieht. Die ganze Begebenheit aber zog dem Kardinal San Giorgio manchen Tadel zu, daß er die Trefflichkeit des Werkes nicht erkannte, die in dessen Vollkommenheit besteht, die an den neueren Werken ebenso groß ist wie an den antiken; wenn sie nur ausgezeichnet gut sind, dann ist es Eitelkeit, mehr auf den Namen als auf die Sache zu achten. Aber freilich der Leute, denen der Schein mehr gilt, als das Sein, hat es zu allen Zeiten gegeben. Indessen gelangte Michelagnolo durch dies Ereignis zu großem Ruf, sodaß er bald nachher nach Rom gezogen wurde, wo er zu dem Kardinal San Giorgio kam und fast ein Jahr bei ihm blieb, doch ohne daß dieser Herr ihm Arbeit gab, da er in der Kunst wenig Einsicht hatte.

Die Trefflichkeit Michelagnolos erkannte dann u. a. Herr Jacopo Galli, ein geistreicher römischer Edelmann, und bestellte bei ihm einen Kupido von Marmor in natürlicher Größe und die zehn Palmen hohe Gestalt eines Bacchus, der in der rechten Hand eine Schale, in der linken ein Tigerfell und eine Weintraube hält, die ein kleiner Satyr zu naschen sucht. Dieser Bacchus ist eine Gestalt, bei der man merkt, daß der Künstler eine gewisse Mischung bewunderungswürdiger Züge gesucht hat, vornehmlich, indem er ihm die Schlankheit männlicher und die Rundung und Weichheit weiblicher Jugend gab, etwas so Erstaunenswürdiges, daß Michelagnolo damit erwies, er übertreffe in Ausführung von Statuen alle neueren Meister, die bis dahin gearbeitet hatten. Ja, er schritt während seines Aufenthaltes in Rom im Studium der Kunst also vorwärts, daß es unglaublich war, welch hohe Gedanken ihm zuströmten, welch schwierige Manier er mit der größten Leichtigkeit übte, zum Staunen solcher, die nicht gewohnt waren, derlei Dinge zu sehen, sowie solcher, denen Gutes häufig zu Gesicht gekommen; denn Arbeiten, wie man sie früher gesehen, schienen im Vergleich zu den seinen nicht bestehen zu können. Dies alles erweckte aber in dem Kardinal Rohan St. Denis, einem Franzosen, den Wunsch, mit Hilfe eines so trefflichen Künstlers der berühmten Stadt ein würdiges Denkmal von sich zu hinterlassen, und er ließ von ihm eine Pietà ganz im Runden von Marmor ausführen, die vollendet in St. Peter in der Kapelle der Jungfrau Maria della Febbre im Tempel des Mars aufgestellt wurde. Kein Bildhauer, noch sonst ein so ausgezeichneter Künstler glaube, dieses Werk in Zeichnung und Anmut oder durch Aufwand von Mühe in Feinheit, Glätte und kunstreichem Durchbrechen des Marmors, als Michelagnolo hier bewies, erreichen zu können, denn man erkennt darin alle Kraft und alles Vermögen der Kunst. Die Liebe zu diesem Werke und die dabei aufgewendete Mühe vermochte Michelagnolo, was er sonst bei keinem anderen tat, zu dem Entschluß, seinen Namen quer durch in den Gürtel, der das Gewand der Madonna unter der

Brust umschließt, einzugraben, und zwar bei folgendem Anlaß: er kam nämlich eines Tages nach dem Orte, wo das Werk aufgestellt war, und fand dort eine Anzahl Fremder aus der Lombardei, die es sehr rühmten und von denen einer auf die Frage, wer es gearbeitet habe, entgegnete: „Unser Gobbo aus Mailand." Michelagnolo schwieg still, doch dünkte es ihm unrecht, daß seine Mühen einem anderen angerechnet wurden; er schloß sich deshalb, mit Licht und Meißel versehen, eines Nachts in St. Peter ein und grub seinen Namen in den Gürtel der Madonna ein. So stieg der Ruf seines Talentes durch dieses Werk mehr als durch alle seine früheren Arbeiten, und einige Freunde aus Florenz schrieben ihm, er solle dahin kommen; es sei nicht unmöglich, daß er den Marmorblock erhalten könne, der verhauen im Domhof liege, und den Pier Soderini, damals auf Lebzeiten zum Gonfaloniere der Stadt ernannt, wie er oft geäußert hatte, an Lionardo da Vinci schicken gewollt, und der nunmehr an Meister Andrea Contucci dal Monte Sansovino, einen trefflichen Bildhauer, der ihn gern haben wollte, gegeben werden sollte. Es hielt nur schwer, eine Statue daraus zu arbeiten, ohne daß man Stücke ansetzte, und keiner hatte Lust und Mut dazu, außer Michelagnolo, der den Block schon viele Jahre vorher gewünscht hatte und, sobald er in Florenz war, sogleich ihn zu erlangen trachtete. Er war neun Ellen hoch, und ein Meister Simone aus Fiesole hatte unglücklicherweise angefangen, eine kolossale Gestalt daraus zu arbeiten, hatte ihn aber dabei so übel zugerichtet, daß zwischen den Beinen ein Loch durchgehauen und er ganz verdorben und verstümmelt war, weshalb die Domverwalter von Santa Maria del Fiore, welche die Aufsicht führten über solche Dinge, sich nicht um seine Vollendung bekümmerten, sondern ihn beiseite gestellt hatten, wo er seit Jahren stand und wohl fort und fort gestanden haben würde. Michelagnolo nun maß ihn von neuem und prüfte, ob er eine Figur aus dem Block würde schlagen können, und indem er sich mit der Stellung nach der Form des von Meister Simone verstümmelten Blockes richtete, beschloß er, ihn von den Dombauverwaltern und von Soderini zu begehren, die ihn als ein nutzloses Ding hingaben, überzeugt, daß, was er auch aus ihm schaffe, besser sein werde als der Zustand, in welchem er sich jetzt befand, wo er weder geteilt noch ganz dem Baue irgendeinen Nutzen bringen konnte. Demnach formte Michelagnolo ein Modell von Wachs, in welchem er einen jungen David mit der Schleuder in der Hand als Wahrzeichen des Palastes darstellte. Dies sollte andeuten: daß wie jener Held sein Volk verteidigt und gerecht beherrscht habe, auch die, so über die Städte gebieten, in ihrer Verteidigung Mut und in ihrer Regierung Gerechtigkeit zeigen möchten. Er begann die Statue im Dombauhof von Santa Maria del Fiore, machte sich gegen die Mauer einen Verschlag von Brettern rings um den Marmor, bearbeitete diesen ohne Unterlaß und führte sein Werk vollständig zu Ende, ohne daß irgend jemand es sah. Der Marmor war, wie ich schon sagte, durch Simone verhauen und verdorben und genügte deshalb an einigen Stellen den Absichten Michelagnolos nicht; darum richtete er es ein, daß an den äußeren Enden des Steines einige von Simones ersten Meißelstrichen blieben, die man teilweise noch jetzt sieht; und gewiß ein Wunder war es von Michelagnolo, einen, der bereits zu den Toten gezählt wurde, zum Leben aufzuerwecken. Als die Statue fertig und zu diesem Grade der Vollkommenheit gebracht war, entstand allerlei Streit, wie man sie nach dem Platze der Signoren bringen könne. Deshalb fertigten Giuliano und Antonio von San Gallo zu diesem Zweck ein starkes Holzgerüst, befestigten die Statue mit Tauen daran, sodaß sie nicht anstoßen und zerbrechen, sich vielmehr stets leise wiegen konnte, schafften sie mit flachen Balken an der Erde und mit Winden vorwärts und stellten sie auf. An dem Taue, an dem die Figur hing, hatte er einen Knoten geschlungen, welcher leicht herabglitt und sich zusammenschnürte, wenn die Last ihn niederzog, eine schöne sinnreiche Erfindung, davon ich eine durch ihn selbst ausgeführte Abbildung in meinem Zeichenbuche aufbewahre; sie gewährt bewunderungswürdige Sicherheit und ist sehr geeignet, Lasten aufzuhalten.

Agnolo Doni, Bürger zu Florenz und Freund Michelagnolos, dem es die größte Freude machte, schöne antike wie neuere Kunstwerke zu besitzen, wünschte etwas von Michelagnolos Hand zu erhalten; und so fing dieser ein Medaillon zu malen an, worin er die Madonna darstellte, die auf beiden Knien liegend, das Kind auf ihren Armen hält und St. Joseph hinreicht, der bereit ist, es zu nehmen. Er offenbarte in diesem Bilde durch die Wendung vom Haupte der Mutter und durch ihren

Blick, der fest auf dem schönen Kinde ruht, die unendliche Seligkeit ihres Inneren und ihr Verlangen, jenen heiligen Greis an dieser Seligkeit teilhaben zu lassen, während er mit gleicher Liebe, Zärtlichkeit und Ehrfurcht das Kind hinnimmt, wie man alsbald aus seinen Zügen erkennt, ohne sie lange zu betrachten. Nicht zufrieden indes damit und im Verlangen, den Umfang seiner Kunst noch mehr zu zeigen, brachte er in der Landschaft in diesem Bilde eine Menge nackter Gestalten an, die sich anlehnen, stehen oder sitzen, und arbeitete das ganze Werk mit so vielem Fleiß und solcher Sauberkeit, daß es unter seinen Malereien auf Holz, deren es nur wenige gibt, für das bestausgeführte und schönste geachtet wird. Nachdem es vollendet war, schickte er es verdeckt durch einen Boten nach dem Hause Agnolos, dabei einen Zettel, worauf er als Bezahlung siebzig Dukaten verlangte. Agnolo, der sparsamer Natur war, erschrak, daß er so viel für ein Bild zahlen solle, obwohl er wußte, daß es mehr wert sei und sprach zu dem Boten: vierzig seien genug und gab ihm diese; aber Michelagnolo schickte sie erzürnt zurück. Als sich nun Agnolo, dem das Bild gefiel, erbot, die erst geforderten siebzig Dukaten zu zahlen, ging Michelagnolo darauf nicht mehr ein, sondern forderte vielmehr wegen des geringen, ihm bewiesenen Vertrauens das Doppelte des ersten Preises, und Agnolo mußte demnach, wenn er das Bild behalten wollte, den Preis von hundertundvierzig Dukaten darauf verwenden.

In der Zeit, als der herrliche Maler Lionardo da Vinci im großen Ratssaale arbeitete, wie in der Lebensbeschreibung dieses Meisters gesagt worden ist, erhielt Michelagnolo durch den damaligen Gonfaloniere Piero Soderini, der sein großes Talent erkannte, den Auftrag, einen Teil des Saales auszumalen, und begann im Wetteifer mit Lionardo die andere Wand, indem er zum Gegenstand dafür den Krieg mit Pisa wählte. Man wies ihm ein Zimmer im Spital der Färber zu St. Onofrio an, und er begann dort einen großen Karton, gab aber nicht zu, daß irgend jemand ihn sah. In diesem Karton stellte er eine Menge nackter Gestalten dar, die sich zur Kühlung im Arno baden, plötzlich infolge eines feindlichen Überfalles den Schlachtruf im Lager ertönen hören; und während die Soldaten aus dem Wasser springen, um sich anzukleiden, sieht man sie, durch Michelagnolos göttliche Kunst dargestellt, wie sie sich in Eile rüsten, um ihren Gefährten zu Hilfe zu kommen; die einen, die sich den Küraß anlegen, andere, die ihre Waffen ergreifen, und eine große Menge, die zu Pferde kämpfend die Schlacht beginnen. Unter anderen Gestalten war da ein Alter, der einen Efeukranz auf dem Kopfe trug, um sich Schatten zu geben, an der Erde saß und sich bemühte, die Strümpfe anzuziehen, der es jedoch, weil seine Beine vom Wasser naß waren, nicht zustande brachte und bei dem Waffenlärm, dem Schreien der Krieger und dem Wirbeln der Trommeln mit großer Hast und Gewalt einen Strumpf anzog. Alle Muskeln und Nerven des Körpers waren angespannt und der Mund in einer Weise verzerrt, daß er damit deutlich ausdrückte, wie er litt, und sich bis zur Fußspitze anstrengte. Man sah Trommler und Soldaten, die mit zusammengerafften

Kleidern nackt dem Kampfe zueilten; die allerseltsamsten Stellungen, die einen aufrecht, andere kniend oder vorgebogen, andere stürzend oder in die Höhe kletternd in den schwierigsten Verkürzungen. Auch waren verschiedene Gruppen in verschiedener Weise entworfen, die einen mit Kohle umrissen und mit Strichen schattiert, die anderen gewischt und mit weiß aufgehöht, indem er zeigen wollte, wieviel er in seinem Berufe verstünde. Und so gerieten die Künstler in Staunen und Verwunderung, als sie sahen, Michelagnolo habe auf diesem Blatt das Höchste in der Kunst geleistet; ja einige, die diese göttlichen Figuren gesehen haben, versichern noch jetzt, es sei ihnen weder von seiner noch von anderer Hand je Besseres bekannt geworden, und kein anderer Genius könne jemals diese Göttlichkeit der Kunst erreichen. Solches ist fürwahr zu glauben, denn seit es vollendet und unter festlicher Teilnahme der Kunstgenossenschaft und sehr zum Ruhme Michelagnolos nach dem Saale des Papstes gebracht worden, sind alle diejenigen, welche an jenem Karton ihre Studien machten und danach zeichneten, wie eine Reihe Jahre in Florenz von Fremden und Einheimischen geschah, in ihrem Berufe trefflich geworden, wie wir u. a. an Aristotile von San Gallo, dem Freunde Michelagnolos, gesehen, an Ridolfo Ghirlandajo, Raffael Sanzio von Urbino, Francesco Grannaccio, Baccio Bandinelli und am Spanier Alonso Berugetta; ihnen folgten sodann Andrea del Sarto, Franciabigio, Jacopo Sansovino, Rosso, Maturino, Lorenzetto und Tribolo, damals noch ein Knabe; Jacopo von Puntormo und Perino del Vaga, sämtlich treffliche florentinische Meister. Da nun dieser Karton ein Studium für alle Künstler geworden war, brachte man ihn nach dem oberen großen Saale im Palaste der Medici; dies aber ward Ursache, daß er den Händen der Künstler mit zu großer Zuversicht überlassen und zur Zeit von Giulianos Krankheit, wo niemand an diese Dinge dachte, zerrissen, in viele Teile geteilt und an viele Orte verstreut wurde, wie denn einige Stücke nach Mantua in das Haus des Herrn Uberto Strozzi, eines mantuanischen Edelmannes, gekommen sind, der sie hoch in Ehren hält und wo sie noch heute zu sehen sind. Und in der Tat sind sie vielmehr ein göttliches als ein menschliches Werk.

Auf diese Weise war durch die Pietà, durch die Kolossalstatue zu Florenz und durch den Karton Michelagnolos Ruf so weit verbreitet, daß im Jahre 1503, als Alexander VI. starb, Julius II., der neu erwählte Papst, den damals ungefähr neunundzwanzigjährigen Meister sehr zu seinem Vorteil nach Rom berief, mit dem Auftrag, ihm sein Grabmal zu errichten, bei welchem Anlaß er ihm durch seine Unterhändler hundert Scudi Reisegeld auszahlen ließ. Michelagnolo ging nach Rom; es verstrichen jedoch einige Monate, ehe der Papst ihn veranlaßte, an irgend etwas Hand anzulegen; endlich entschied er sich für eine Zeichnung, die Michelagnolo für das Grabmal gefertigt und die ein gültiges Zeugnis seines Talents war, da sie an Schönheit, Pracht, großartiger Ausschmückung und Reichtum der Statuen jedes antike und kaiserliche Grabmal übertraf. Dadurch angefeuert faßte der Papst den Gedanken, die Kirche von

St. Peter zu erneuern und darin das Grabmal zu errichten. So gab sich Michelagnolo guten Mutes ans Werk und um einen Anfang zu machen, ging er mit zwei Gehilfen nach Carrara, um den nötigen Marmor brechen zu lassen, und erhielt für diesen Zweck tausend Scudi von Alammanno Salviati in Florenz. Acht Monate verweilte er im Gebirge, ohne weiter Geld und Gehalt zu bekommen, und erhielt sich gelegentlich, angeregt durch die Marmormassen, die vor ihm lagen, mit allerhand Entwürfen, wie er in jenen Steinbrüchen große Statuen ausführen wollte, um gleich den Alten ein ehrenvolles Gedächtnis von sich zurückzulassen. Nachdem er nun die gehörige Zahl Marmorblöcke ausgesucht und eingeschifft hatte, und sie nach Rom gebracht waren, nahmen sie fast die Hälfte des Petersplatzes um Santa Caterina herum und den Raum zwischen der Kirche und dem nach dem Kastell führenden Korridor ein, wo Michelagnolo das Atelier hatte, in welchem er die Statuen, sowie alles, was sonst zum Grabmal gehörte, arbeitete. In diese Werkstatt hatte der Papst vom Korridor aus eine Zugbrücke schlagen lassen, damit er bequem kommen und der Arbeit zusehen könne; woher eine Vertraulichkeit entstand, so groß, daß die erhaltenen Gunstbezeugungen Michelagnolo nachmals viele Not und Verfolgung zuzogen und ihm bei Künstlern großen Neid erweckten. Michelagnolo ließ sich zu größerer Bequemlichkeit einen Teil der Marmorblöcke nach Florenz schaffen, wo er sich des Sommers bisweilen aufhielt, um der Malaria in Rom zu entfliehen. Dort arbeitete er die eine Seite des Grabmales in mehreren

Stücken ganz fertig, vollendete ferner in Rom zwei Gefangene göttlich schön und andere Statuen so gut, daß man niemals bessere gesehen hat; da sie aber nicht bei jenem Grabmale angebracht wurden, gab Michelagnolo die Gefangenen dem Signore Ruberto Strozzi, in dessen Hause er krank lag, dieser schickte sie an König Franz, und sie sind noch jetzt zu Cevan in Frankreich. Acht Statuen skizzierte er in Rom, fünf in Florenz, und vollendete eine Viktoria, unter der ein Gefangener liegt. Sie ist jetzt im Besitz von Herzog Cosimo, dem Lionardo, der Neffe Michelagnolos, sie gab, und Se. Exzellenz ließ sie nach dem von Vasari gemalten großen Saal seines Palastes bringen. Außerdem vollendete er die fünf Ellen hohe Marmorstatue des Moses, dessen Schönheit durch kein neueres Werk erreicht werden kann und dem kein antikes gleich ist. Endlich näherte sich Michelagnolo bei diesem Werke dem Ziel und errichtete eine der vier kürzeren Seiten in San Pietro in Vincoli. Während er damit beschäftigt war, kamen, wie man sagt, alle zu dem Grabmale noch fehlenden, in Carrara zurückgebliebenen Marmorblöcke nach Ripa und wurden von dort zu den übrigen auf dem Platz von St. Peter geschafft. Da nun das Geld dafür denen gegeben werden mußte, welche sie abgeliefert hatten, ging Michelagnolo, wie er gewohnt war, zum Papst, und da er denselben an jenem Tage gerade sehr mit den bolognesischen Angelegenheiten beschäftigt fand, kehrte er nach Hause zurück und bezahlte die Rechnung aus seinem Beutel in der Meinung, er werde die Anweisung darauf alsbald von seiner Heiligkeit erhalten. Als er jedoch eines anderen

Tages kam, um mit dem Papst von dieser Angelegenheit zu reden, hatte er Schwierigkeit, vorgelassen zu werden, indem der Türhüter sprach, er möge verzeihen, er habe Befehl, ihm keinen Eingang zu gestatten. „Du kennst vielleicht diesen Mann nicht," sagte ein Bischof zu dem Türsteher. „Nur zu gut kenne ich ihn," entgegnete jener, „ich bin aber hier, um zu vollziehen, was mir von meinen Vorgesetzten und vom Papste befohlen wird." Solches Betragen mißfiel Michelagnolo, und da es ihm in Widerspruch zu dem, was er bis dahin erfahren hatte, zu stehen schien, antwortete er voll Unwillen dem Türsteher: er möge, wenn Se. Heiligkeit hinfüro nach ihm fragte, nur sagen, er sei anderswohin gegangen. Und zurückgekehrt nach seiner Wohnung um zwei Uhr nachts, nahm er Postpferde und hinterließ zwei Dienern den Befehl, alles, was in seinem Hause war, an die Juden zu verkaufen, und ihm nach Florenz zu folgen, wohin er den Weg genommen.

Zu Poggibonzi auf dem Florentiner Gebiet angelangt und demnach in Sicherheit, machte er Halt. Fünf Kuriere folgten ihm dahin mit Briefen vom Papste, um ihn zurückzuholen; doch weder Bitten, noch der Brief, der ihn mit der Ungnade Sr. Heiligkeit bedrohte, falls er nicht umkehrte, vermochten irgend etwas über ihn; nur dazu verstand er sich zuletzt auf die Bitte der Kuriere, als Antwort an den Papst zwei Zeilen zu schreiben, in denen er sagte: „Se. Heiligkeit möge ihm verzeihen, er werde nicht wieder vor sein Angesicht kommen, nachdem er ihn wie einen Elenden habe fortjagen lassen, seine treue Anhänglichkeit habe solches nicht verdient; er möge sich nun jemand anderes wählen, der ihn bediene."

In Florenz angelangt, war Michelagnolo darauf bedacht, im Verlauf von drei Monaten, die er dort verweilte, den Karton für den großen Saal zu vollenden, den der Gonfaloniere Piero Soderini ausgeführt zu sehen wünschte. Währenddem erhielt die Signoria drei Breves mit dem Verlangen, Michelagnolo nach Rom zurückzuschicken, woraus dieser das Ungestüm des Papstes erkannte und seiner Sicherheit mißtrauend, wie man sagt, den Gedanken faßte, nach Konstantinopel zu gehen, um dem Großsultan zu dienen, der durch Vermittelung einiger Franziskanermönche sein begehrte, um durch ihn eine Brücke von Konstantinopel nach Pera zu bauen. Indes beredete ihn Piero Soderini, den Papst, ob auch wider Willen, aufzusuchen, und zwar in öffentlichem Dienst zu seinem Schutz als Gesandter der Stadt, empfahl ihn auch dem Kardinal Soderini, seinem Bruder, der ihn dem Papste vorstellen sollte, und schickte ihn nach Bologna, wohin Se. Heiligkeit von Rom aus gekommen war.

In Bologna angelangt, hatte er kaum die Stiefel gewechselt, als er von Vertrauten des Papstes zu Sr. Heiligkeit nach dem Palaste der Sechzehner abgeholt wurde, von einem Bischof des Kardinals Soderini begleitet, da der Kardinal krank war und nicht mitgehen konnte. Eingetreten bei dem Papst, ließ Michelagnolo sich aufs Knie nieder; Se. Heiligkeit sah ihn von der Seite an, gleich als ob er erzürnt wäre und sagte: „Anstatt zu gehen, uns aufzusuchen, hast du gewartet, daß wir kommen und dich aufsuchen!“ womit er andeuten wollte, daß Bologna näher an Florenz als an Rom sei. Michelagnolo bat mit höflicher Handbewegung und lauter Stimme untertänig um Vergebung, entschuldigte sich damit, daß das, was er getan, im Zorn geschehen sei, indem er es nicht hätte ertragen können, so fortgejagt zu werden, und daß, wenn er im Irrtum gewesen, Se. Heiligkeit ihm diesen wiederum vergeben möge. Der Bischof, der Michelagnolo vor den Papst geführt, sagte, um ihn weiter zu entschuldigen, zu Sr. Heiligkeit, solche Leute wären unwissend und außer ihrer Kunst zu nichts zu brauchen, und er möge ihm willig vergeben. Das brachte den Papst in Wut; er schlug mit einem Stabe, den er in der Hand hatte, nach dem Bischof und rief: „Der Unwissende bist du, daß du dem Manne Grobheiten sagst, wie wir ihm nicht sagen,“ und ließ den Bischof vom Türsteher mit Faustschlägen fortjagen. Als er fort war und die Wut des Papstes ausgetobt hatte, segnete er Michelagnolo, der sodann durch Geschenke und Versprechungen so lange in Bologna gehalten wurde, bis Se. Heiligkeit ihm den Auftrag erteilte, eine fünf Ellen hohe Bildnisstatue von Papst Julius aus Bronze zu arbeiten; bei welcher Figur er die höchste Kunst zeigte in betreff der Stellung, in der er Größe und Hoheit ausdrückte, in den Gewändern, denen er Reichtum und Pracht, in den Zügen des Angesichts, denen er Mut, Kraft, Entschlossenheit und etwas Gewaltiges verlieh. Diese Statue wurde in einer Nische über der Türe von S. Petronio aufgestellt.

Michelagnolo brachte diese Statue im Tonmodell völlig zustande, bevor der Papst Bologna verließ, um nach

Rom zu gehen; als aber derselbe kam, um sie zu sehen, war es noch unentschieden, was sie in der linken Hand haben solle, da die rechte so stolz erhoben war, daß der Papst fragte, ob sie Segen gebe oder Fluch, worauf Michelagnolo antwortete: „sie ermahnt das Volk von Bologna, weise zu sein!" und als er sodann Seine Heiligkeit um seine Willensmeinung frug, ob die Figur in der Linken ein Buch halten solle, sagte ihm der Papst: „Gib ihr ein Schwert! Ich bin kein Gelehrter!" Zur Vollendung dieser Statue hinterlegte der Papst tausend Scudi bei der Bank von Herrn Antonmaria von Lignano, und sie wurde nach sechzehn Monaten, die Michelagnolo zu ihrer Vollendung gebraucht hatte, im Giebelfeld der Fassade von S. Petronio aufgestellt, wie ich schon oben sagte, wo ich auch ihre Größe bereits angegeben. Diese Statue hat Bentivogli zerstört und das Erz an Herzog Alfonso von Ferrara verkauft, der eine Kanone daraus gießen ließ, die er Giulia nannte; nur der Kopf wurde erhalten, und man findet ihn noch jetzt in der Garderobe des Herzogs.

Als der Papst wiederum in Rom war und Michelagnolo die genannte Statue vollendet hatte, dachte Bramante, der Freund und Anverwandte Raffaels von Urbino und demnach nicht sehr der Freund Michelagnolos, dessen Abwesenheit zu benutzen, den Sinn des Papstes, der den Bildwerken des letzteren überaus geneigt und förderlich war, hiervon abzulenken, sodaß Se. Heiligkeit bei Michelagnolos Rückkehr nach Rom das Grabmal nicht vollenden lassen solle, da, wie sie meinten, es ein böses Anzeichen sei und den Anschein gewinne, als wolle man den Tod beschleunigen, wenn man bei Lebzeiten sein Grab baue; und so beredeten sie Se. Heiligkeit den Papst, daß er zum Ehrengedächtnis seines Oheims Sixtus die Decke der Kapelle, die er im Vatikan erbaut hatte, durch Michelagnolo, sobald er zurückgekehrt sein würde, ausmalen lasse. Auf diesem Wege meinte Bramante, mit anderen Nebenbuhlern Michelagnolos, ihn von der Bildhauerkunst abzulenken, in der sie ihn für vollkommen erkannten, und ihn zur Verzweiflung zu bringen: wohl berechnend, daß er, sobald er malen mußte, wegen Mangel an Erfahrung im Fresko, ein minder rühmliches Werk zustande bringen und somit weniger leisten würde als Raffael, daß er aber auch, angenommen selbst, daß die Arbeit ihm gelinge, sich doch auf jeden Fall mit dem Papste erzürnen werde, sodaß sie auf die eine oder andere Weise ihren Zweck erreichen und sich Michelagnolo vom Halse schaffen würden.

So fand Michelagnolo die Dinge, als er nach Rom zurückkam, und der Papst, der für jetzt sein Grabmal nicht vollenden wollte, machte ihm den Vorschlag, die Decke der Kapelle zu malen. Michelagnolo, der das Grabmal zu vollenden wünschte und dem die Decke der Kapelle eine große und schwierige Arbeit schien, zumal bei seiner geringen Übung in Behandlung der Farben, suchte auf alle Weise dieses Auftrags sich zu entheben und schlug dafür statt seiner Raffael vor. Je mehr er sich indes weigerte, desto mehr stieg des Papstes Verlangen, der in allen seinen Unternehmungen ungestüm war und hier noch durch Michelagnolos Nebenbuhler, vornehmlich durch Bramante, gereizt und angetrieben wurde, sodaß er sich, heftig wie er war, fast wieder mit Michelagnolo erzürnt hätte. Als dieser daher sah, der Papst beharre auf seinem Willen, so entschloß er sich, die Arbeit zu übernehmen, und Bramante erhielt den Auftrag, das Malgerüst aufzurichten. Dieses Gerüst ließ Bramante ganz in Seilen hängen und schlug dazu Löcher in die Wölbung, sodaß Michelagnolo, als er es sah, ihn fragte, wie man denn, wenn er mit Malen fertig sei, die Löcher ausfüllen wolle, worauf jener erwiderte: „Das wird sich finden, anders kann es nicht gemacht werden!" Hieraus entnahm Michelagnolo, daß Bramante entweder wenig Einsicht in diese Dinge oder wenig Freundschaft für ihn habe, ging zum Papst und sagte, das Gerüst sei schlecht und Bramante verstehe dies nicht, worauf Se. Heiligkeit in Gegenwart Bramantes entgegnete, er solle es nach seiner Weise aufrichten. Demnach ließ Michelagnolo sein Gerüst auf Stützen aufrichten, welche die Mauer nicht berührten – ein Verfahren, wodurch er nachmals Bramante und andere lehrte, wie man Wölbungen verkleiden und gute Werke ausführen könne. Die so erübrigten Seile schenkte er einem armen Zimmermann, der das Gerüst aufstellte und der sie verkaufte, und aus dem Erlös die Ausstattung seiner Tochter bestreiten konnte.

Michelagnolo begann die Kartons zu der Decke, und der Papst, der auch die Wandbilder herunterschlagen lassen wollte, welche frühere Meister zur Zeit Sixtus' gemalt hatten, setzte für dies Werk den Preis von fünfzehntausend Dukaten aus, welchen Giuliano von San

Gallo angegeben hatte. Die Größe des Unternehmens zwang Michelagnolo zu dem Entschluß, Hilfe zu nehmen, und er sandte darum nach Florenz um Leute und dachte sich bei diesem Werke als Sieger zu zeigen über diejenigen, welche vor ihm an demselben Orte gearbeitet hatten, und zugleich den neueren Künstlern darzutun, wie man zeichnen und malen müsse. So trieben ihn die Umstände, zu seinem Ruhme und zum Heil der Kunst so hoch zu gehen, und er begann und vollendete die Kartons; als er sie aber in Fresko ausführen wollte und doch vorher in dieser Weise nichts gemalt hatte, kamen einige ihm befreundete Maler von Florenz nach Rom, um ihm Hilfe zu leisten und ihm die Behandlung der Freskofarben zu zeigen, worin sie zum Teil sehr geschickt waren, als: Granacci, Giuliano Bugiardini, Jacopo di Sandro, der alte Indaco, Agnolo di Donnino und Aristotile, und so begann er das Werk, indem er sie einiges zur Probe ausführen ließ. Als er aber ihre Leistungen tief unter seinem Wunsche sah und keineswegs genügend, entschloß er sich eines Morgens, alles herunterzuschlagen, was sie gearbeitet hatten, sperrte sich in der Kapelle ein und wollte ihnen nicht öffnen, noch weniger sich in seinem Hause von ihnen sehen lassen. Um dieser Behandlung willen, die ihnen für einen Spaß zu lange dauerte, entschlossen sie sich kurz und kehrten beschämt nach Florenz zurück. So nahm Michelagnolo das ganze Werk allein über sich und führte es mit allem Aufwand von Fleiß und Studium zum höchsten Ziel, ließ sich aber nirgends sehen, um nicht Anlaß zu geben, seine Arbeit irgendwem zeigen zu müssen. Nachdem das

Werk zur Hälfte fertig war, wollte der Papst, der einigemal, von Michelagnolo unterstützt, auf Leitern dazu hinangestiegen war, es solle alsbald aufgedeckt werden, denn er war ungeduldig und hastig in seinem Tun und konnte nicht ausharren, bis es vollendet, bis, wie man sagt, die letzte Hand daran gelegt war. Kaum stand es aufgedeckt, als ganz Rom herzuströmte, um es in Augenschein zu nehmen, vor allem der Papst, der nicht wartete, bis der Staub vom Niederreißen des Gerüstes sich gelegt hatte. Raffael von Urbino aber, der mit größter Leichtigkeit fremde Manieren annahm, änderte, sobald er es gesehen, alsbald die seinige und malte kurz darauf, seine Kunst zu zeigen, die Propheten und Sibyllen in der Kirche della Pace, und Bramante suchte zu bewirken, daß der Papst die andere Hälfte der Kapelle Raffael übertrage. Als Michelagnolo dies hörte, beschwerte er sich über Bramante und zieh ihn vor dem Papste rücksichtslos vieler Fehler, sowohl im Leben wie in der Baukunst, welche letzteren, wie man nachmals gesehen, durch Michelagnolo bei dem Bau von St. Peter verbessert worden sind. Der Papst indes, der Michelagnolos Kunst jeden Tag höher schätzen lernte, wollte, daß er die Arbeit weiterführe, überzeugt, nachdem er sie aufgedeckt gesehen hatte, daß Michelagnolo bei der anderen Hälfte noch Besseres leisten werden. Dieser aber vollendete in zwanzig Monaten die Kapelle ganz allein ohne irgendeine andere Hilfe als die des Farbenreibers. Michelagnolo hat es bisweilen beklagt, daß er durch die Ungeduld des Papstes gehindert gewesen, dies Werk, wie er wohl gewünscht hätte, nach seiner Weise auszuführen, da der Papst ihn unaufhörlich mit der Frage belästigte, wann er fertig werden würde. Und als er ihm nun einstmals antwortete: „Ich werde enden, wenn ich mir in Rücksicht der Kunst genug getan habe,“ entgegnete ihm der Papst: „Wir aber wollen, daß Ihr uns genügt, und unser Verlangen ist, es schnell gemacht zu sehen,“ und fügte hinzu, wenn solches nicht bald geschehe, werde er ihn von dem Gerüst herabwerfen lassen, worauf denn Michelagnolo, der den Zorn des Papstes fürchtete und auch zu fürchten hatte, das Fehlende ohne Aufenthalt vollendete, die andere Hälfte des Gerüstes fortnahm und am Morgen von Allerheiligen, dem Tage, an welchem der Papst in der Kapelle Messe las, zu großer Befriedigung der ganzen Stadt sein Werk aufdeckte. Michelagnolo hätte gern im Trocknen einiges nachgebessert, wie die älteren Meister bei den unteren Bildern getan hatten, einige Gründe und Gewänder, auch einige Lüfte mit Ultramarinblau übergangen und hier und da ein wenig Gold aufgesetzt, damit das Ganze ein glänzenderes und reicheres Ansehen gewonnen hätte; und der Papst selbst, als er vernahm, daß dies dem Werke noch fehle, das er übrigens von jedermann sehr rühmen hörte, wünschte, Michelagnolo möge das Mangelnde hinzufügen; weil diesem aber das Wiederaufrichten des Gerüstes zu langweilig war, so unterblieb es. Äußerte sodann der Papst, der ihn oft sah, er möge die Kapelle mit Farben und Gold bereichern, sie habe ein armes Aussehen, so entgegnete er vertraulich: „Heiliger Vater, in jenen Zeiten schmückten die Leute sich nicht mit Gold, und die, welche gemalt sind, waren nicht allzu reich, sondern heilige Personen und verschmähten allen Prunk.“ Als Bezahlung für sein Werk erhielt Michelagnolo in verschiedenen Fristen dreitausend Scudi und verwendete davon fünfundzwanzig auf Farben. Er führte die Arbeit unter großer Anstrengung aus, das Gesicht nach oben gekehrt, wodurch er sich die Augen also verdorben hatte, daß er mehrere Monate lang nur von unten nach oben Briefe lesen und Zeichnungen betrachten konnte. Und ich kann Zeugnis ablegen, was das sagen will, da ich fünf große Zimmerdecken im Palast des Herzogs Cosimo gemalt habe. Aber freilich, täglich stärker angegriffen von dem Verlangen, seine Aufgabe zu lösen, und unter den Erfahrungen, mit denen er sich bereicherte, und den Fortschritten, die er machte, merkte er die Anstrengung nicht und empfand kein Ungemach.

Als sein Werk aufgedeckt wurde, strömte alle Welt herbei, um es in Augenschein zu nehmen, und alle erstaunten und verstummten; der Papst aber vollkommen befriedigt und zu größeren Unternehmungen ermutigt, belohnte Michelagnolo mit Geld und reichen Geschenken, der dann bei so ungewöhnlichen Gunstbezeugungen öfters sagte: er sehe wohl, daß der Papst seine Kunst hoch ehre, und wenn er ihm auch als Zeichen seiner Liebe dann und wann eine Grobheit zufüge, so suche er es doch alsbald durch Geschenke und glänzende Gunstbezeugungen wieder gut zu machen. So geschah es z. B. einmal, daß Michelagnolo sich Urlaub ausbat und Geld, um zum S. Johannisfest nach Florenz zu gehen, und der Papst sprach: „Gut! doch wann wird meine Kapelle fertig?" worauf Michelagnolo antwortete: „Sobald ich kann, heiliger Vater!" Da schlug der Papst mit einem Stock, den er in der Hand hatte, nach ihm und rief: „Sobald ich kann, sobald ich kann! Ich will dich wohl dazu bringen, sie fertig zu machen, Ich!" Als aber Michelagnolo darauf nach Hause ging, um alles zur Reise nach Florenz vorzubereiten, schickte sogleich der Papst seinen Kämmerer Cursio mit fünfhundert Scudi zu ihm, um, soviel an ihm lag, ihn wieder zu versöhnen, wobei Cursio den Papst entschuldigte, indem er meinte: dies alles seien ja nur Gunst- und Liebeszeichen gewesen. Und Michelagnolo, der die Weise des Papstes kannte, und im ganzen ihn lieb hatte, lachte darüber, wohl sehend, daß endlich alles zu seinem Gewinn ausschlug und daß der Papst alles aufbot, ihn sich zum Freund zu erhalten.

Nach Vollendung der Kapelle und bevor noch der Papst sich dem Tode nahe fühlte, verfügte er und trug es dem Kardinal Santiquattro und dem Kardinal Aginense, seinem Neffen, auf, sein Grabmal, wenn er gestorben wäre, nach einer einfacheren Zeichnung, als die früheren, vollenden zu lassen. An dies Werk begab sich Michelagnolo aufs neue und fing um so lieber an, als er hoffte, endlich einmal ohne Hindernis damit fertig zu werden, hatte indes nachmals stets Verdruß, Last und Not dabei, mehr als bei irgendeiner seiner Arbeiten, ja wurde sogar lange Zeit auf gewisse Weise des Undankes gegen einen Papst geziehen, von dem er so sehr geliebt und beschützt worden war.

Zu dem Grabmale also zurückgekehrt, arbeitete er unausgesetzt daran und ordnete einen Teil der Zeichnungen, damit er die Fassaden der Kapelle ausführen könne, als ein neidisches Geschick nicht zulassen wollte, daß dieses in so großer Vollkommenheit begonnene Denkmal ein entsprechendes Ende gewinne. Papst Julius starb und sein Grabmal wurde außer acht gelassen wegen der Erwählung von Leo X., der, von nicht minder glänzendem Unternehmungsgeist und Tatkraft als Julius, in seiner Vaterstadt, aus welcher er der erste Papst war, zu seinem und des göttlichen Künstlers, seines Mitbürgers Gedächtnis so Herrliches vollführen lassen wollte, als ein mächtiger Fürst wie er zu tun vermöge. Und als er deshalb Michelagnolo den Auftrag gab, die Fassade von San Lorenzo in Florenz, der Kirche, welche die Medici erbaut hatten, auszuführen, so blieb notwendigerweise die Arbeit am Grabmal von Papst Julius liegen, da er nicht nur seine Meinung und seine Zeichnungen dazu, sondern ihn auch selbst als Oberbaumeister begehrte. Michelagnolo widerstand, soviel er konnte und berief sich darauf, daß er den Kardinälen Santiquattro und Aginense wegen des Grabmales verpflichtet sei, der Papst aber antwortete ihm: er möge deshalb nicht besorgt sein; er habe es selber besorgt und ihm Urlaub ausgewirkt, unter dem Vorbehalt, daß er in Florenz wie früherhin an den Figuren für das Grabmal arbeiten werde; was freilich alles gegen Wunsch und Willen der Kardinäle und Michelagnolos geschah, der mit Tränen von dannen schied.

Michelagnolo entschloß sich, ein Modell zu machen, aber keinen anderen über oder neben sich bei dem Bau anzunehmen. Und dieses entschiedene Zurückweisen jeder Beihilfe war schuld, daß weder von ihm, noch von anderen etwas ins Werk gesetzt wurde, und daß jene Meister die Hoffnungen aufgaben und zu ihren gewohnten Beschäftigungen zurückkehrten. Er dagegen ging nach Carrara mit Aufträgen, für welche von Jacopo Salviati tausend Scudi ausgezahlt werden sollten. Als er indes zu ihm kam, hatte Jacopo sich wegen verschiedener Geschäfte mit einigen Bürgern eingeschlossen, und Michelagnolo, der nicht Lust hatte, die Audienz abzuwarten, reiste alsbald fort, ohne ein Wort zu sagen. Jacopo, von seinem Besuch benachrichtigt, schickte ihm, da er ihn in Florenz nicht fand, tausend Scudi nach Carrara. Der Überbringer verlangte von Michelagnolo einen Empfangschein, erhielt aber zur Antwort: dies Geld sei zu Ausgaben für den Papst und nicht für ihn bestimmt, er möge es wieder mitnehmen, für andere pflegte er nicht Quittungen, noch Empfangsscheine auszustellen; worauf der Bote aus Furcht ohne Schein zu Jacopo heimkehrte.

Der Tod Leos versetzte Künstler und Gewerbetreibende zu Rom und Florenz in so großen Schrecken, daß Michelagnolo in Florenz blieb und an dem Grabmale Giulios arbeitete, so lang Hadrian VI. regierte. Nach Hadrians Tode jedoch wurde Clemens VII. zum Papste erwählt, der wie Leo und seine übrigen Vorgänger durch Werke der Baukunst, Bildhauerei und Malerei ein Gedächtnis von sich hinterlassen wollte. In dieser Zeit, d. h. 1525, wurde Giorgio Vasari in noch kindlichem Alter von dem Kardinal von Cortona nach Florenz gebracht und bei Michelagnolo in die Lehre gegeben. Da indes dieser von Clemens VII. nach Rom berufen ward wegen des Baues der Bibliothek von San Lorenzo und der neuen Sakristei, worin er die Marmorgrabmäler seiner Vorfahren von Michelagnolos Hand gefertigt aufstellen wollte, entschloß er sich, Vasari einstweilen bei Andrea del Sarto unterzubringen, und ging selbst nach dessen Werkstatt, um ihm Vasari zu empfehlen. Michelagnolo reiste ohne Aufenthalt nach Rom, und da er neuerdings von dem Herzoge Francesco Maria von Urbino, dem Neffen von Papst Julius, bedrängt wurde, der sich über ihn beschwerte und sprach: man habe ihm sechzehntausend Scudi für das Grabmal ausgezahlt und er treibe in Florenz, was ihm beliebe, und der drohend hinzufügte, vernachlässige er das Werk, so solle es ihm schlimm gehen, so riet ihm, als er in Rom angelangt war, der Papst Clemens, der sich gern seiner Hilfe bedienen wollte, er solle mit den Agenten des Herzogs Rechnung abschließen, seines Bedünkens wäre er nach dem, was er schon vollbracht habe, eher Gläubiger als Schuldner; und der Handel blieb liegen.

Der Papst besprach sich mit Michelagnolo über viele Dinge, bis man endlich beschloß, die neue Sakristei und Bibliothek von San Lorenzo in Florenz zu vollenden. Er verließ daher Rom und wölbte die Kuppel der Kapelle, wie man sie jetzt sieht und ließ sie in mannigfaltigen Ordnungen ausführen; von dem Goldschmied Piloto ließ er eine schöne Kugel mit zweiundsiebzig Flächen dafür arbeiten. Während er mit diesen Dingen beschäftigt war, sagten ihm einige Freunde: „Ihr solltet

die Laterne Eurer Kapelle ganz anders als jene von Filippo Brunelleschi aufführen.“ Worauf er erwiderte: „Anders wohl, aber nicht besser!“
Im Inneren errichtete er zum Schmuck der Wände vier Grabmäler für die sterblichen Hüllen der Väter der beiden Päpste: für Lorenzo den Alten und für Giuliano, seinen Bruder, dann für Giuliano, den Bruder Leos und für Herzog Lorenzo, seinen Neffen. Und weil er hierbei die alte, von Filippo Brunelleschi erbaute Sakristei nur mit einer neuen Art von Ornamenten nachahmen wollte, so brachte er eine Verzierung in gemischter Ordnung an, die mannigfaltigste, ungewöhnlichste, welche jemals von alten oder neueren Meistern angewendet werden konnte, denn die schönen Gesimse, Kapitäle, Vasen, Türen, Tabernakel und Grabmäler sind völlig verschieden von dem, was die Menschen früher für Maß, Ordnung und Regel geachtet hatten, nach allgemeinem Brauch, nach den Bestimmungen Vitruvs und der Altertümer, dem er sich nicht anschließen mochte. Solche Kühnheit ermutigte diejenigen, welche Michelagnolos Verfahren sahen, ihn nachzuahmen; und neue Erfindungen hat man seitdem gesehen, grotesk vielmehr, als nach herkömmlichem Gesetze der Ornamentik. Daher sind ihm die Künstler zu dauerndem Danke verpflichtet, daß er die Bande und Ketten brach, mit denen belastet alle stets auf der gewöhnlichen Straße fortgegangen waren. Noch besser zeigte er dies und lehrte seine Verfahrungsweise bei dem Baue der Bibliothek von San Lorenzo am selben Ort, bei der schönen Einteilung der Fenster, der Anordnung der Decke und

dem bewundernswürdigen Eingang des Vorsaales. Nie herrschte eine kühnere Anmut in dem Ganzen und in den einzelnen Teilen eines Werkes, in den Tragsteinen, den Tabernakeln und den Gesimsen, und nie sah man eine bequemere Treppe, die obendrein so seltsame Abstufungen hat und so sehr verschieden von der gewöhnlichen Weise ist, daß jedermann erstaunte.

Ungefähr gleichzeitig ereignete sich die Plünderung Roms und die Vertreibung der Medici aus Florenz. Dieser Wechsel veranlaßte die damaligen Befehlshaber ihre Stadt neu zu befestigen und sie ernannten Michelagnolo zum Generalkommissär über sämtliche Befestigungen, als welcher er verschiedene Zeichnungen fertigte und Florenz verschanzen ließ, und endlich noch den Hügel von S. Miniato mit Basteien umgab.

Damals verbrachte er ungefähr sechs Monate auf San Miniato, um die Befestigung dieses Berges zu beschleunigen, weil die Stadt verloren gewesen wäre, wenn die Feinde ihn in Besitz genommen hätten; und förderte diese Unternehmung mit allem Fleiß. Gleichzeitig betrieb er die Arbeiten in der Sakristei, führte sieben Statuen zum Teil ganz aus, übertraf, wie man anerkennen muß, hierbei und bei der Architektur der Grabmäler jeden Meister in den drei Künsten, wie man dies aus den Statuen ersieht, die er entworfen und in Marmor vollendet, und die am genannten Orte sich befinden. Das eine ist die Mutter Gottes in sitzender Stellung, das rechte Bein über das linke gekreuzt, sodaß ein Knie auf dem anderen ruht; das Kind reitet auf dem übergelegten Beine und wendet sich mit schöner

Bewegung, die Brust verlangend, nach der Mutter, die es mit der einen Hand hält, mit der anderen sich stützt um vorgebeugt sie ihm zu geben; und obwohl diese Statue nicht in allen Teilen fertig ist, erkennt man doch in dem unausgeführten, nur gradierten Entwurf die Vollkommenheit des Werkes.

In noch viel größeres Staunen versetzte Michelagnolo jedermann durch die Grabmäler von Herzog Giuliano und Lorenzo von Medici, bei denen er den Gedanken gehabt zu haben scheint, daß nicht allein die Erde diesen Fürsten eine ihrer Größe entsprechende, ehrenvolle Ruhestätte geben könne, sondern daß alle Teile der Welt daran teilhaben sollten, indem er über ihre Sarkophage, sodaß sie sie bedeckten, vier Statuen anbrachte, nämlich: bei dem einen den Tag und die Nacht, bei dem anderen die Morgen- und die Abenddämmerung; Statuen von Form und Haltung, wunderschön und voll Kenntnis der Muskulatur, sodaß die Kunst, ginge sie je wieder verloren, durch sie allein zu dem vormaligen Glanze wieder gebracht werden könnte.

Hätte die Feindschaft, welche zwischen Glück und Kunst besteht, und die Vorzüglichkeit von dieser und der Neid von jener ihn dies Werk zu Ende bringen lassen, so würde die Kunst der Natur gelehrt haben, wie sie ihr in allen Dingen überlegen sei. Während indes Michelagnolo mit allem Fleiß und vieler Liebe an diesem Werke arbeitete, kam (was die Beendigung nur zu sehr aufhielt) im Jahre 1529 die Belagerung von Florenz, weshalb er wenig oder gar nichts mehr daran tun konnte, da die Bürger ihm die Sorge der Befestigung aufgeladen hatten, und zwar nicht allein von San Miniato, sondern von der ganzen Umgegend, wie schon gesagt worden ist. Er hatte der Republik tausend Scudi geliehen, und da er zu dem Kriegsrat der Neune gehörte, so wandte er Sinn und Gedanken ganz der Vervollkommnung jener Festungswerke zu. Indes wurden diese vom feindlichen Heere ringsum eingeschlossen; die Hoffnung auf Hilfe schwand allmählich, die Schwierigkeit, sich zu halten, stieg, und Michelagnolo, der sich nicht an seinem Platze fühlte und für die Sicherheit seiner Person besorgt wurde, beschloß, von Florenz nach Venedig zu gehen, ohne unterwegs sich irgend jemand zu erkennen zu geben. Er verließ daher heimlich, ohne daß irgendwer etwas wußte, auf der Straße des Berges von San Miniato Florenz und nahm nur Antonio Mini, seinen Schüler, und den Goldschmied Piloto, seinen treuen Freund, mit, und jeder von ihnen trug auf dem Rücken, zwischen der Jacke eingenäht, eine Anzahl Scudi.

Michelagnolo wurde dringend gebeten, wiederum nach seiner Vaterstadt zu kommen; man empfahl ihm angelegentlichst, die dortigen Unternehmungen nicht aufzugeben, und schickte ihm sicheres Geleit, sodaß er endlich, von Liebe zur Heimat getrieben, obschon nicht ohne Gefahr seines Lebens, dahin zurückging. Er setzte den Turm von San Miniato in stand, der mit zwei Geschützstücken dem feindlichen Lager so großen Schaden zufügte, daß die Artilleristen ihn im Felde mit starken Kanonen niederzuschießen suchten, ihn auch fast durchbrochen hatten und gänzlich zerstört haben würden,

MICHELAGNO BVONAR. PIT.
SCVLTORE ET ARCHITET.

wenn Michelagnolo ihn nicht mit Wollenballen und starken, an Stricken aufgehangenen Matratzen in einer Weise geschützt hätte, daß er noch steht.

Nach Abschluß des Friedensvertrages erhielt Baccio Valori, als Kommissär des Papstes, den Auftrag, einige der heftigsten Parteigänger unter den Bürgern festzunehmen und ins Bargello (Gefängnis) zu werfen; der Hof selbst ließ nach Michelagnolo in seiner Wohnung suchen; dieser war indes, solches ahnend, heimlich nach dem Hause eines vertrauten Freundes gegangen und hielt sich dort viele Tage verborgen, bis die erste Erbitterung sich gelegt hatte. Da gedachte Papst Clemens der Kunstleistungen Michelagnolos, ließ mit Fleiß nach ihm forschen und gab Befehl, man solle ihm nichts vorwerfen, ihm vielmehr sagen: er werde sein früheres Gehalt bekommen, wenn er zurückkehre und für das Werk von San Lorenzo Sorge trage, über welches Herr Giovann Battista Figiovanni, ein alter Diener des Hauses Medici und Prior von San Lorenzo, zum Oberaufseher ernannt war.

In solcher Weise sichergestellt und um vorerst sich Baccio Valori zum Freunde zu machen, fing Michelagnolo eine drei Ellen hohe Figur in Marmor an, einen Apoll, der einen Pfeil aus seinem Köcher nimmt, und vollendete ihn fast ganz; er befindet sich heutigen Tages im Zimmer des Fürsten von Florenz und ist ein außerordentliches Werk, obwohl nicht völlig ausgeführt.

Michelagnolo fand es angemessen, nach Rom zum Papst Clemens zu gehen, der ihm zwar zürnte, ihm aus Liebe zur Kunst jedoch alles verzieh und ihn beauftragte, nach Florenz zurückzugehen, um die Bibliothek und Sakristei von San Lorenzo ganz zu vollenden; und um dieses Werk schneller zu fördern, verteilte man eine Menge dazu gehörender Statuen an verschiedene Meister. Michelagnolo wollte die Statuen bereits aufstellen, als es dem Papste in den Sinn kam, ihn bei sich zu haben, um die Wände der Sixtinischen Kapelle, deren Decke er für seinen Verwandten Julius II. gemalt hatte, gleichfalls mit Bildern versehen zu lassen; und zwar wollte Clemens, daß er auf der Hauptwand, wo der Altar steht, das Weltgericht darstelle, damit er in diesem Bilde zeigen könnte, was alles der Kunst der Malerei möglich sei.

Während Michelagnolo Auftrag gab, die Zeichnungen und Kartons zu der Wand vom Weltgericht zu machen, hatte er unausgesetzt Händel mit den Agenten des Herzogs von Urbino, die ihn beschuldigten, er habe von Julius II. sechzehntausend Scudi für dessen Grabmal erhalten; und da ihm diese Schuld unerträglich war, wünschte er das Werk doch eines Tages zu vollenden, obschon er bereits alt war, und würde, da die Gelegenheit dazu sich ungesucht geboten, sehr gern in Rom geblieben und nicht wieder nach Florenz gegangen sein, besorgt zumal vor Herzog Alexander von Medici, der ihm, wie er meinte, nicht wohlgesinnt war. Als ihm dieser demnach durch Herrn Alessandro Vitelli sagen ließ: er möge kommen und sehen, welcher Platz sich am besten zur Errichtung des Kastells und der Veste von Florenz eigne, gab er zur Antwort: er wolle nicht ohne Befehl von Papst Clemens von dannen gehen.

Endlich wurde der Vertrag wegen des Grabmales abgeschlossen; es sollte vollendet werden, doch nicht freistehend, in Quadratform, wie anfangs bestimmt war, sondern mit einer Fassade in einer Weise, wie es Michelagnolo gutdünke. Zugleich mußte er versprechen, sechs Statuen von seiner Hand dort aufzustellen; dagegen ging der Herzog von Urbino vertragsmäßig die Bedingung ein, daß Michelagnolo sich verpflichten durfte, vier Monate des Jahres für Papst Clemens zu arbeiten, in Florenz oder wo es sonst Sr. Heiligkeit gefallen möchte. Hierdurch glaubte Michelagnolo Ruhe erlangt zu haben, dennoch vollendete er für jetzt das Werk nicht, weil Clemens, begierig, die letzte Probe seiner Kunst zu sehen, ihn anhielt, sich dem Karton des Weltgerichtes zu widmen. Er aber, sobald er dem Papste die Überzeugung gegeben, daß er damit beschäftigt sei, gab sich dieser Arbeit nicht ganz hin, sondern arbeitete heimlich an den Statuen zu dem Grabmale.

1533 starb Papst Clemens, und der Bau der Sakristei und Bibliothek zu Florenz, den man mit so vielem Eifer zu vollenden gestrebt, blieb wiederum liegen. Damals glaubte Michelagnolo, er sei in Wahrheit frei und könne das Grabmal von Julius II. zum Schluß bringen. Als jedoch Paul III. gewählt war, dauerte es nicht lange, so rief er ihn zu sich, war voll Artigkeiten gegen ihn, machte ihm Anerbietungen und bat: er möge in seine Dienste treten, er wünsche ihn bei sich zu behalten. Dies lehnte Michelagnolo ab, indem er versicherte: er sei bis zur Vollendung des Grabmales dem Herzog von Urbino durch einen Vertrag verpflichtet.

Da geriet der Papst in Zorn und sprach: „Seit dreißig Jahren habe ich dies Verlangen, und nun, wo ich Papst bin, sollte ich ihm nicht Genüge tun? Ich werde den Kontrakt zerreißen und bin entschlossen, daß du mir auf jeden Fall dienen sollst."

Gegenüber einer solchen Art, Beschlüsse zu fassen, fühlte Michelagnolo sich versucht, von Rom fortzugehen, und auf welche Weise es sei, die Möglichkeit zur Vollendung des Grabmales zu gewinnen. Klug jedoch, wie er war, fürchtete er die Macht des Papstes und dachte darauf, wie er ihn, der in Jahren schon so weit vorgerückt war, mit Worten hinhalten könne, ehe es zu etwas komme. Der Papst, der irgendein bedeutendes Werk von Michelagnolo ausführen lassen wollte, ging eines Tages mit zehn Kardinälen nach dessen Hause, wo er alle Statuen zu dem Grabmale von Papst Julius sehen wollte; sie erschienen ihm bewunderungswürdig, vornehmlich der Moses, von dem der Kardinal von Mantua meinte: diese Figur allein genüge, den Papst Julius zu ehren. Und nachdem der Papst sich auch die Kartons und Zeichnungen angesehen, die Michelagnolo unter seiner Leitung für die Wand der Kapelle machen ließ, die ihm ganz erstaunenswert vorkamen, bat er wiederum auf das dringendste, Michelagnolo möge in seinen Dienst treten, und versprach, zu bewirken, daß der Herzog von Urbino sich mit drei Statuen von seiner Hand begnüge und die übrigen nach seinen Modellen von anderen trefflichen Meistern ausführen lasse. Und so, nachdem Se. Heiligkeit die Agenten des Herzogs zu bestimmen gewußt, schloß man einen neuen Vertrag, den der Herzog bestätigte, und Michelagnolo erbot sich freiwillig, die drei fehlenden Statuen zu bezahlen, auch das Grabmal mauern zu lassen, und legte deshalb auf der Bank der Strozzi eintausendfünfhundertachtzig Dukaten nieder.

Michelagnolo hatte sich, da er es nicht vermeiden konnte, entschlossen, dem Papst Paul zu dienen, und dieser wünschte, daß er die von Papst Clemens angeordnete Arbeit fortsetzen möge, ohne an der Erfindung oder dem früheren Plane, der ihm vorgelegt worden, etwas zu ändern, da er die Kunst Michelagnolos hoch achtete und solche Liebe und Ehrfurcht für ihn empfand, daß er ihm nur zu gefallen trachtete. So hätte, um ein Beispiel zu geben, der Papst sehr gern in der Kapelle sein Wappen unter der Statue des Jonas gesehen, da, wo bereits das Wappen von Papst Julius II. angebracht war, und sagte es Michelagnolo; da dieser aber, um das Andenken von Julius und Clemens nicht zu beleidigen, sich weigerte und meinte, es würde sich nicht gut ausnehmen, so ergab sich der Papst darein, nur um ihm nicht zu mißfallen, und erkannte sehr wohl die Trefflichkeit dieses Mannes, der nach Ehre und Recht handelte, ohne Schmeichelei und Kriecherei, was gebietende Herren zu erfahren nicht gewohnt sind. So ließ denn Michelagnolo vor die Hauptwand jener Kapelle eine Vormauer von gut gefügten, ausgewählten, sorgfältig gebrannten Backsteinen aufführen, die vorher nicht dagewesen war, und zwar in schräger Richtung, sodaß sie oben eine halbe Elle vorstand, damit weder Staub noch Schmutz darauf haften könne.

Michelagnolo hatte schon mehr als drei Viertel von dem Bilde vollendet, als Papst Paul kam, um es in Augenschein zu nehmen; Herr Biagio von Cesana, Zeremonienmeister und ein sehr peinlicher Mann, war mit dem Papst in der Kapelle, und befragt, was er von dem Werke halte, entgegnete er: es sei wider alle Schicklichkeit, an einem heiligen Orte so viele nackte Gestalten zu malen, die aufs unanständigste ihre Blößen zeigten, und daß das kein Werk für die Kapelle des Papstes, sondern für eine Badestube oder Kneipe sei. Das verdroß Michelagnolo, und um sich zu rächen, malte er den Zeremonienmeister, sobald er fort war, ohne ihn weiter vor sich zu haben, als Minos in die Hölle, die Beine von einer großen Schlange umwunden, umgeben von einer Schar von Teufeln. Und es half dem M. Biagio nichts, daß er sich an den Papst und Michelagnolo wandte und bat, er möge sein Bild dort wegnehmen; es blieb stehen, zum Gedächtnis dieser Geschichte, wie man es noch jetzt sieht.
Acht Jahre lang arbeitete Michelagnolo an diesem Bilde und deckte es 1541 (wie ich glaube) am Weihnachtsabend auf, zum Verwundern Roms, ja der ganzen Welt, und ich, der jenes Jahr in Venedig war und nach Rom ging, um es zu betrachten, geriet darüber in das größte Erstaunen.
Der Geist und das Talent Michelagnolos konnten nicht müßig bleiben; und da er nicht malen konnte, nahm er ein Stück Marmor, und begann daraus einen Tod Jesu, vier überlebensgroße Figuren zu meißeln, weil es ihm Vergnügen und Zeitvertreib schaffte, und er sich, wie

er zu sagen pflegte, den Leib gesund erhalte, wenn er den Hammer führte. Dieser Christus wird nach der Abnahme vom Kreuz von der Madonna gehalten, wobei Nicodemus, indem er sich darunter stellt und fest auf seinen Füßen steht, sie kräftig unterstützt, und eine der Marien, da sie sieht, daß der Mutter die Kräfte schwinden und sie vom Schmerz überwunden den Leichnam nicht mehr halten kann, ihr beisteht. Einen toten Körper, der diesem Christus vergleichbar wäre, kann man nicht sehen, der niedersinkt mit hingegossenen Gliedern in einer Stellung, die völlig verschieden ist von denen, welche Michelagnolo früher gewählt und welche überall je angebracht worden sind, ein mühevolles Werk, wie selten aus einem einzigen Stein gearbeitet wird und wahrhaft göttlich. Es blieb unvollendet, wie unten gesagt werden wird, und erlebte mancherlei Mißgeschick, obwohl Michelagnolo die Absicht gehabt hatte, es für sein eignes Grab am Fuß des Altars zu benutzen, woselbst er zu ruhen dachte.
1546 starb Antonio von San Gallo, und da es nun an einem Meister fehlte, den Bau von St. Peter zu leiten, gab es viele Verhandlungen zwischen der Baukommission und dem Papste, wem das Amt übertragen werden solle. Endlich beschloß Se. Heiligkeit, wie ich glaube, auf göttliche Eingebung, nach Michelagnolo zu schicken. Auf Befragen, ob er jenes Amt übernehmen wolle, lehnte Michelagnolo es ab, indem er, dieser Last zu entgehen, sagte, daß die Baukunst nicht eigentlich sein Fach sei. Und als hierauf Bitten nichts halfen, so befahl ihm der Papst zuletzt geradezu, das Amt anzu-

nehmen. Demnach mußte er ganz wider seinen Wunsch und Willen auf dies Unternehmen eingehen. Als er nun eines Tages nach S. Pietro kam, um das Holzmodell von San Gallo zu sehen und den Bau der Kirche zu prüfen, fand er dort die ganzen Sangallischen Sippen beisammen, die sich vordrängten und Michelagnolo, so fein sie's vermochten, sagten, wie erfreut sie wären, daß er die Leitung des Baues bekommen habe, und fügten hinzu: daß jenes Modell eine Wiese sei, darauf zu weiden, er niemals unterlassen werde. „Ihr sprecht sehr wahr," entgegnete Michelagnolo, indem er (der Erklärung gemäß, die er einem Freunde gab) dadurch andeuten wollte, sie seien die Schafe und Ochsen, welche nichts von der Kunst verständen. Öffentlich pflegte er dann zu sagen, San Gallo habe dem Bau nicht genug Licht gegeben und außen zu viele Säulenreihen übereinander gehäuft, durch die vielen pyramidenartigen Vorsprünge und gekünstelten Glieder schließe er sich mehr der deutschen, als der guten antiken, oder der schönen, anmutigen und neueren Weise an; auch könne man bei der Ausführung des Baues fünfzig Jahre Zeit und über dreihunderttausend Scudi Kosten sparen, ihn mit mehr Majestät, Größe und Leichtigkeit, nach besserer Zeichnung und Regel, schöner und bequemer aufführen. Dies zeigte er an einem Modell, welches er machte, um der Kirche die Form zu geben, in der sie nunmehr vor uns steht und bewahrheitete damit seine Worte. Sein Modell kostete fünfundzwanzig Scudi und wurde in vierzehn Tagen vollendet; das von San Gallo dagegen hatte viertausend Scudi und viele Jahre Zeit gekostet, wie ich bereits gesagt habe. Und daraus und aus anderen Dingen konnte man sehen, daß dieser Bau als eine Bude angesehen werde, oder als ein Handel um Gewinn, der verlängert wird, mit der Absicht, ihn nicht zu beenden, den jeder, welcher ihn übernimmt, als einen Ankauf betrachtet.

Ein solches Verfahren mußte einem rechtlichen Manne wie Michelagnolo mißfallen, und da der Papst ihn mit Gewalt zum Oberbaumeister von St. Peter gemacht, so beschloß er, sich jene Leute vom Halse zu schaffen, und sagte ihnen eines Tages freimütig: er wisse recht gut, daß sie sich durch Freunde fortzuhelfen suchten, und alles täten, damit er nicht in jenes Amt eintrete; darum solle, sobald er das Amt übernommen, auch nicht einer von ihnen im Baue bleiben. Diese Worte taten ihm, als sie öffentlich bekannt wurden, großen Schaden, wie wohl zu glauben ist, und waren Ursache, daß jene argen Haß wider ihn faßten, der sich Tag um Tag mehrte, als sie sahen, die ganze Anordnung des Werkes werde innen und außen verändert. Sie ließen Michelagnolo nicht in Frieden leben und suchten ihn stets durch andere und neue Vorwände zu quälen.

Endlich stellte der Papst ihm ein Motuproprio aus, worin er ihn zum Haupt des Baues ernannte mit aller Vollmacht, nach Gefallen zu schaffen und einzureißen, hinzuzufügen, fortzunehmen und zu verändern, auch sollte die ganze Baubehörde von seinem Willen abhängig sein; worauf Michelagnolo gegenüber dieser Zuversicht und diesem Vertrauen des Papstes, um seine gute Gesinnung zu zeigen, begehrte, daß in dem Motuproprio erklärt werde: daß er dem Baue um Gottes-willen diene ohne irgendeinen Lohn, obwohl er die Fähre von Parma, die sechshundert Scudi trug und ihm früher vom Papst gegeben war, durch den Tod von Pier Luigi Farnese verloren, und dagegen eine wenig einbringende Kanzleistelle zu Rimini erhalten hatte, was ihn nicht zu bekümmern schien. Auch nahm er das Geld nicht, welches der Papst ihm oftmals als Besoldung schickte, wie Herr Alessandro Ruffini, der damalige Kämmerer des Papstes und Herr Pier Giovanni Aliotti, der Bischof von Forli, bezeugen.

Der Papst genehmigte das Modell Michelagnolos, nach welchem die Peterskirche im Umfang kleiner, in der Wirkung aber um so größer wurde zur Befriedigung aller Einsichtigen, wiewohl gewisse Leute, die sich für Kenner ausgeben, in der Tat aber es nicht sind, es nicht billigen. Er fand, daß die vier von Bramante erbauten und von Antonio von San Gallo unverändert beibehaltenen Hauptpfeiler, welche die Last der Tribune zu tragen hatten, zu schwach waren, füllte sie zum Teil aus und baute daneben zwei Wendel- oder Schneckentreppen mit flachen Stufen, auf denen die Saumtiere emporsteigen, um das Baumaterial bis zur Spitze zu tragen, wie denn auf dem selben Wege Menschen auch bis zur Plattform über den Bögen reiten können.

Im Jahre 1550 hatte Vasari den Druck seines Werkes vollendet, welches die Lebensbeschreibungen der florentinischen Maler, Bildhauer und Baumeister enthält, doch von keinem der noch lebenden, obwohl hochbetagte darunter waren, Bericht erstattet, mit Ausnahme von Michelagnolo, und als er ihm, dem weit älteren und einsichtsvolleren Künstler, durch den er für seine Arbeit viele Mitteilungen über Tatsachen erhalten hatte, sein Werk überreichte, nahm es Michelagnolo mit Freuden an, und sandte auch bald, nachdem er das Buch gelesen hatte, folgendes von ihm gedichtete Sonett an Vasari, welches mir Freude macht zu seinem Gedächtnis und als ein Zeichen seiner mir bewiesenen liebreichen Gesinnung hier beizufügen:

Ist es mit Farb' und Griffel Euch gegeben,
Im Kunstwerk die Natur selbst zu erreichen:
Nein! muß ihr Wert vor jenem noch erbleichen,
Da ihre Schönheit Ihr versteht zu heben:

So stellt Ihr mit geschickter Hand daneben
Ein würdiges Werk nun, in der Sprache Zeichen
Um, was Euch fehlte, jener ganz zu gleichen,
Und gabt, wie sie, an andre neues Leben.

Wo eine Zeit wir Werke schaffen sehen,
Sie kann nicht mit den herrlichen bestehen.
Sie kann ihr kurzes Ziel nicht überschreiten.

Nun aber da durch Euch verloschne Namen
Von sonst und jetzt zu neuem Glanze kamen,
Lebt Ihr, trotz ihr, mit ihnen Ewigkeiten.

Michelagnolo meißelte damals zu seinem Zeitvertreib fast jeden Tag an dem Steine mit den vier Gestalten, von denen schon die Rede war, und zerbrach ihn endlich, weil er viele schwarze Adern hatte, hart war und beim Bearbeiten oft Feuer gab, oder auch weil dieser Mann so strenge Anforderungen stellte, daß er sich nie an dem genügte, was er vollbrachte. Dieses sieht man daraus, daß er im Mannesalter nur wenige Statuen vollendete, daß die, welche er ganz zum Schluß brachte, in der Jugend von ihm ausgeführt sind, als der Bacchus, die Pietà della febbre, die Kolossalstatue in Florenz und der Christus in der Minerva, bei denen nicht möglich wäre, ein Körnlein hinzuzutun oder fortzunehmen, ohne ihnen zu schaden. Die übrigen Statuen dagegen von Herzog Lorenzo und Giuliano, die Nacht, die Aurora, den Moses und die beiden dazu gehörigen Figuren, zusammengenommen nicht einmal elf, die übrigen sage ich, blieben unvollendet und sind deren wohl eine noch viel größere Zahl; auch pflegte er zu sagen: wenn er sich in seinen Werken wirklich hätte genügen wollen, so würde er wenig oder gar nichts ans Licht gebracht haben. So schritten bei ihm Geschick und Einsicht gemeinschaftlich voran, daß deckte er eine Figur auf und erkannte daran den mindesten Fehler, so ließ er sie stehen und nahm einen anderen Marmor zur Hand, in der Meinung, es werde nicht wiederum so kommen; dies aber gab er oftmals als den Grund an, weshalb er so wenige Statuen und Bilder ausgeführt habe.

Beim Baue von St. Peter hatte Michelagnolo siebzehn Jahre lang fast ausschließlich danach getrachtet, ihn von allen Seiten her durchaus fest zu machen, aus Besorgnis, er könne durch neidische Verfolgungen nach seinem Tode eine Änderung erleiden; nunmehr steht er so sicher, daß man ihn ruhig wölben kann. Hieraus sieht man, daß Gott, der Schutz der Guten, ihn, solange er lebte, behütet, und seine waltende Hand über diesem Baue und seinem Meister gehalten hat bis zu seinem Tode.

Pius IV., der noch nach ihm lebte, befahl den Vorstehern: es solle nichts an dem geändert werden, was Michelagnolo bestimmt habe, und mit noch größerer Strenge hielt sein Nachfolger Pius V. daran, indem er, Unordnungen zu verhüten, befahl, daß man sich bei der Ausführung mit unverbrüchlicher Treue an die Zeichnungen Michelagnolos halten solle, obwohl die Architekten Pirro Ligorio und Jacopo Vignolo den Bau zu führen hatten, und so ernst nahm es der Papst, daß Pirro, als er vermessenerweise diesen Befehl umgehen und verletzen wollte, ohne Umstände vom Bau entfernt und Vignola allein dabei gelassen wurde; ja so eifrig war dieser Papst für die Ehre des Baues von St. Peter, wie für die christliche Religion selbst, daß er mit Vasari im Jahre 1565, als dieser kam, Se. Heiligkeit den Fuß zu küssen, und im darauf folgenden Jahre 1566, wo er ihn noch einmal zu sich berief, von nichts anderem sprach, als von der Vorsorge, daß die von Michelagnolo hinterlassenen Zeichnungen genau beachtet würden, und zur Verhütung von Unordnungen dem Vasari befahl, in seinem Auftrag mit Messer Guglielmo Sangaletti, dem geheimen Schatzmeister Sr. Heiligkeit, zu dem Bischof Ferratino, dem Haupt der Kirchenvorsteher von St. Peter, zu gehen und ihm zu sagen: er möge alle wichtigen, ihm durch Vasari mitgeteilten Angaben und Erinnerungen beachten, auf daß niemals durch Reden eines Übelwollenden oder Vermessenen etwas an der Anordnung geändert werde, die Michelagnolo in trefflichen Zeichnungen und schriftlichen Erklärungen zurückgelassen habe, bei welcher Zusammenkunft Messer

Giovan Battista Altoviti, ein naher Freund Vasaris und Verehrer der Kunst, zugegen war. Ferratino aber nahm nach Anhörung von Vasaris Vortrag jede Erinnerung gerne an und versprach unverbrüchlich bei dem genannten Baue jede von Michelagnolo zurückgelassene Zeichnung und Anordnung zu beachten und beachten zu lassen, und überhaupt Beschützer, Verteidiger und Erhalter der Arbeit eines so großen Geistes zu sein.
Zu Michelagnolo zurückzukehren, so hatte Vasari etwa ein Jahr vor dessen Tode heimlich dahin gewirkt, daß Herzog Cosimo von Medici durch Herrn Averardo Serristori, seinen Gesandten, den Papst veranlaßte, jetzt, wo Michelagnolo sehr hinfällig wurde, sorgsam auf diejenigen acht zu haben, die bei ihm waren, ihn pflegten und in seinem Hause aus- und eingingen, dazu Vorkehrungen zu treffen, daß, wenn irgendein plötzlicher Zufall über ihn komme, wie bei alten Leuten zu geschehen pflegt, ein Verzeichnis seiner Sachen, Zeichnungen, Kartons, Modelle, seines Geldes und aller seiner hinterlassenen Güter aufgenommen und alles in Sicherheit gebracht werde, was für den Bau von St. Peter, für die Sakristei, die Bibliothek und die Fassade von San Lorenzo vorrätig sei, und zu verhüten, daß nicht Sachen verschleppt würden, wie oftmals geschieht — eine Sorgfalt, die sich vollkommen rechtfertigte und eines glücklichen Vollzuges zu erfreuen hatte.
Lionardo, der Neffe Michelagnolos, welcher den nahen Tod seines Oheims ahnte, wünschte die kommenden Fasten nach Rom zu gehen, und Michelagnolo war um so lieber damit einverstanden, als er noch vor jener Zeit

an einem langsamen Fieber erkrankt war. Er ließ alsbald durch Daniello schreiben, Lionardo möge kommen; als indes ungeachtet der Pflege seines Arztes, des Herrn Federigo Donati und anderer das Übel zunahm, so machte er bei klarem Bewußtsein sein Testament, und zwar in drei Worten: er übergebe Gott seine Seele, der Erde den Leib, seine Besitztümer den nächsten Anverwandten, und forderte die Seinen auf, ihn beim Sterben an die Leiden Christi zu erinnern, und schied vom Leben am 17. Februar des Jahres 1563 um zwei Uhr nach florentinischer Zeitrechnung, nach römischer 1564, um zu einem besseren Dasein hinüberzugehen.

Michelagnolo war der Kunst leidenschaftlich ergeben, da er sah, daß jede noch so schwierige Sache ihm leicht gelang, denn die Natur hatte ihm einen Geist verliehen, der in der herrlichen Kunst des Zeichnens überaus geschickt und ausdauernd war. Hierin ganz vollkommen zu werden, beschäftigte er sich vielfältig mit Anatomie, indem er selbst viele Leichname sezierte, um die Grundformen und Verbindungen der Knochen, Muskeln, Nerven, Adern zu sehen, die verschiedenen Bewegungen und alle Stellungen des menschlichen Körpers kennen zu lernen, und nicht nur des Menschen, sondern auch der Tiere, vornehmlich der Pferde, deren er sich zu seinem Vergnügen hielt, da er von allem Ordnung und Zusammenhang in bezug auf die Kunst kennen lernen wollte, und zeigte dies so sehr bei dem, was er zu tun hatte, daß derjenige, der sich ausschließlich damit beschäftigt, nicht mehr darin leisten kann. Seine Arbeiten mit dem Pinsel und dem Meißel wurden dadurch fast unnachahmlich; er verlieh, wie schon gerühmt wurde, seinen Werken so viel Kunst, Anmut und Lebendigkeit, daß er (wie ich ohne Kränkung von irgendwem sagen darf) die Alten übertroffen hat; auch wußte er die Schwierigkeiten bei der Arbeit so leicht zu überwinden, daß sie nicht mit Mühe ausgeführt zu sein scheint, obgleich der, welcher seine Sachen zeichnet, sie beim Kopieren wohl darin erkennt.

Die Kunst Michelagnolos fand während seines Lebens und nicht, wie bei vielen zu geschehen pflegt, erst nach seinem Tode Anerkennung, denn wir haben gesehen, daß die hohen Päpste Julius II., Leo X., Clemens VII., Paul III., Julius III. und Pius V. ihn immer in ihrer Nähe haben wollten, und wissen das selbe von Soliman, dem türkischen Sultan, Franz Valois, dem König von Frankreich, Kaiser Karl V., der Signoria von Venedig und Herzog Cosimo von Medici, welche alle sich erboten, ihm ehrenvolles Gehalt zu zahlen aus keiner anderen Ursache, als um Anteil zu haben am Glanze seiner Kunst. Dies geschieht nur Menschen von hohem Wert gleich ihm; man hatte erkannt und gesehen, daß die drei Künste in ihm zu einer Vollkommenheit gediehen seien, wie sie weder bei den alten noch bei den neueren Meistern gefunden wird, und in so vielen und vielen Jahren, als die Sonne kreist, keinem außer ihm von Gott verliehen war. Er besaß eine so gewaltige Einbildungskraft, daß seine Hände die großen und schrecklichen Gedanken nicht darstellen konnten, die sein Geist in der Idee erfaßte, und er oft seine Arbeiten stehen ließ oder richtiger viele verdarb; wie ich denn weiß, daß er kurz vor seinem Tode eine Menge von ihm ausgeführter Zeichnungen, Skizzen und Kartons verbrannte, damit niemand sehe, welche Mühen er aufgewandt und wie er seinen Geist geprüft hatte, um nur Vollkommenes ans Licht zu bringen. Einige in Florenz von mir aufgefundene Zeichnungen seiner Hand sind in meinem Zeichenbuche, und obwohl sie die Größe jenes Geistes kundgeben, erkennt man darin doch auch, daß er, um Minerven aus dem Haupte Jupiters zu heben, des Hammers Vulkans bedurfte. Deshalb pflegte er seine Gestalten von neun bis zehn und zwölf Kopflängen zu arbeiten, aus keiner anderen Absicht, als um bei der Zusammenstellung auf eine gewisse übereinstimmende Anmut zu kommen, die sich in der Natur nicht findet, wobei er dann sagte, man müsse den Zirkel in den Augen und nicht in den Händen haben, da die Hand arbeite und das Auge urteile; und so verfuhr er auch in der Baukunst. Niemand wird es seltsam finden, daß Michelagnolo die Einsamkeit liebte, da er sich so ganz der Kunst gegeben hatte, die den Menschen für sich und seine Gedanken allein haben will, und denen, die ihr sich widmen, zur Pflicht macht, die Gesellschaft zu meiden, da, wer mit ihren Betrachtungen sich beschäftigt, nie allein ist, noch ohne Gedanken, und wer dies für Grillenfängerei und Wunderlichkeit achtet, hat sehr unrecht, da man, um etwas wahrhaft Gutes zu leisten, sich von Sorgen und Widerwillen fernhalten muß. Die Kunst heischt Nachdenken, Einsamkeit und Gemächlichkeit und kann Zerstreuungen nicht vertragen. Bei alledem schätzte Michelagnolo zu rechter Zeit den Umgang mit ausgezeichneten gelehrten und geistreichen Männern sehr hoch und wußte ihre Freundschaft sich zu erhalten, wie die des erhabenen Kardinals Hippolyt von Medici, der ihn so zärtlich liebte, daß er, als er eines Tages hörte, sein türkisches Pferd gefalle Michelagnolo um seiner Schönheit willen wohl, dasselbe ihm sogleich schenkte und ihm zugleich zehn mit Futter beladene Maulesel nebst einem Pferdeknecht sandte, was alles Michelagnolo gern annahm. Sehr befreundet war ihm der erlauchte Kardinal Polo, dessen Tugend und Güte Michelagnolo hoch verehrte; der Kardinal Farnese und Santa Croce, nachmaliger Papst Marcellus, der Kardinal Ridolfo, der Kardinal Maffeo, Monsignore Bembo, Carpi und viele Kardinäle, Bischöfe und Prälaten, die zu nennen nicht nottut; Monsignore Claudio Tolomei, der prachtliebende Ottavian von Medici, sein Gevatter, dem er ein Söhnchen über die Taufe gehalten; Messer Bindo Altoviti (dem er den Karton von dem Bilde in der Kapelle gab, worin Noa berauscht, von einem seiner Söhne verspottet, von den beiden anderen verhüllt wird), M. Lorenzo Ridolfo, Messer Annibale Caro und Messer Ciovan Francesco Lottini aus Volterra; weit mehr als diese alle liebte er jedoch Herrn Tommaso de' Cavalieri, einen römischen Edelmann, der noch jung und der Kunst sehr ergeben war, dem Michelagnolo, damit er zeichnen lerne, eine Menge wundervoller Blätter geschenkt, darauf mit schwarzem und rotem Stift göttliche Köpfe ausgeführt waren; er hatte ihm einen Ganymed, den der Vogel Jupiters emporträgt, gezeichnet, einen Tityos, dem der Geier das Herz frißt, Phaëton, der mit dem Sonnenwagen in den Po stürzt, und ein Bacchanal von Kindern; alles ganz überaus herrliche Blätter, wie man sie sonst nirgends sieht. Michelagnolo stellte Herrn Tommaso in einem großen Karton nach der Natur dar, er, der weder vorher noch nachher jemals ein Bildnis fertigte, da es ihm ein Greuel war, etwas nach dem Leben zu machen, wenn es nicht von höchster Schönheit war. Diese Blätter gaben die Veranlassung, daß Herr Tommaso, ein Verehrer solcher Dinge, noch eine ziemliche Zahl dazu erhielt, welche Michelagnolo früher für Bastiano Veneziano gearbeitet hatte, damit er sie in Farben ausführe. Sie sind bewunderungswürdig, und Herr Tommaso betrachtet sie mit Recht als Reliquien, erlaubt jedoch Künstlern mit großer Gefälligkeit, sie zu benutzen. In Wahrheit wandte Michelagnolo seine Liebe stets edlen, verdienstvollen Personen zu, sodaß er Urteil und Geschmack in allen Dingen zeigte. Herr Tommaso ließ ihn viele Zeichnungen für seine Freunde fertigen; unter anderem für den Kardinal von Cesis die Tafel mit der Verkündigung Mariä; eine neue Komposition, die nachmals von Marcello aus Mantua gemalt und in der Marmorkapelle aufgestellt wurde, die jener Kardinal in der Kirche della Pace erbaut hatte; desgleichen eine andere Verkündigung, die gleichfalls Marcello in Farben ausgeführt auf einer Tafel für die Kirche von S. Giovanni in Laterano und zu welcher die Zeichnung Herzog Cosimo von Medici besitzt, der sie nach Michelagnolos Tode von seinem Neffen Lionardo Buonarroti zum Geschenk erhalten und als ein Juwel achtet, mit einem Christus am Ölberg und vielen anderen Zeichnungen, Skizzen, Kartons von der Hand Michelagnolos, samt der fünf Ellen hohen Statue der Siegesgöttin, die einen Gefangenen unter sich liegen hat, und vier aus dem Gröbsten gearbeitete Gefangene, daraus man lernen kann, wie Figuren sicher aus dem Stein herauszuarbeiten sind, ohne ihn zu verstümmeln. Das Verfahren aber ist folgendes: Nimmt man eine Figur von Wachs oder von einem anderen härteren Stoff und legt sie in ein Becken mit Wasser, so werden, da das Wasser oben von Natur eine ebene Fläche bildet, bei der Figur, wenn man sie gleichmäßig allmählich emporhebt, zuerst die höchsten Teile sichtbar werden und die tiefer liegenden verborgen bleiben, bis endlich die ganze Gestalt heraufkommt. In der selben Weise muß man mit dem Meißel die Figuren aus dem Marmor herausarbeiten, erst die höchsten Teile, dann allmählich die tiefer liegenden – ein Verfahren, welches Michelagnolo, wie man sieht, bei der Gruppe der Gefangenen beobachtete, von denen Se. Exzellenz wünscht, sie möchten seinen Akademikern zum Vorbild dienen.

Michelagnolo liebte die Meister seines Berufes und hatte Umgang mit ihnen; so mit Jacopo Sansovino, Rosso, Puntormo, Daniello da Volterra und Giorgio Vasari aus Arezzo, dem er unendlich viele Freundlichkeiten erwies. Er veranlaßte ihn, sich mit der Baukunst in einer Weise zu beschäftigen, daß er sie einst ausüben könne, unterhielt sich gern mit ihm und sprach zu ihm über Gegenstände der Kunst. Wer Michelagnolo nachsagt, er habe nicht unterrichten mögen, der trägt die

Schuld davon in sich; er tat es bei jedem, mit dem er vertraut war und der seinen Rat begehrte; auch war ich oftmals gegenwärtig, wo dieses geschah, schweige aber aus Rücksicht, um nicht die Fehler anderer aufzudecken. Richtig ist nur, daß er mit denen Mißgeschick hatte, die im Hause bei ihm lernten, da sie sich wenig eigneten, ihn nachzuahmen. Der Pistojese Pietro Urbano, sein Schüler, hatte Talent, wollte sich aber niemals anstrengen. Antonio Mini hätte dies wohl tun mögen, allein es fehlte ihm am Besten, und wo das Wachs hart ist, prägt sich's nicht gut. Ascanio dalla Ripa Transone wandte große Mühe auf, ohne daß man einen Erfolg davon sah, sei es in Werken oder nur in Zeichnungen; er pinselte mehrere Jahre an einer Tafel herum, wozu Michelagnolo ihm den Karton gegeben hatte, und die guten Erwartungen, die man von ihm hegte, lösten sich endlich in Rauch auf. Ich entsinne mich, daß Michelagnolo, seine Not bemitleidend, ihm mit eigner Hand half, es frommte aber wenig. Hätte er (wie er mir mehrmals sagte) jemand gehabt, der dafür geeignet gewesen wäre, so würde er, unbekümmert um sein hohes Alter, oft Leichname anatomiert und zum Nutzen der Künstler über diesen Gegenstand geschrieben haben; von mehreren war er hintergangen worden und mißtraute sich selbst, da er schriftlich nicht wohl zu sagen wußte, was er im Sinn hatte, und im Reden keine Übung besaß, obwohl er in Briefen mit wenig Worten seine Meinung wohl ausdrückte und großes Vergnügen an den Dichtern der Volkssprache fand, vornehmlich an Dante, den er hoch verehrte und in Gedanken wie in Erfindungen nachahmte; ebenso Petrarca, wie er sich selbst damit abgab, Madrigale und sehr ernste Sonette zu dichten, über welche nachgehends Kommentare verfaßt worden sind, und Herr Benedetto Varchi hat in der Florentiner Akademie eine berühmte Vorlesung über das Sonett gehalten, welches beginnt:

Non ha l'ottimo artista alcun concetto
Ch'un marmo solo in se non circonscriva etc.
Ein guter Meister fasset nie Gedanken,
Dafür nicht eines Marmors Maß genüget.

Unzählige Sonette sandte er an die Marquisin von Pescara und erhielt Antwort von ihr in Versen und in Prosa. Er war in ihre Vorzüge so verliebt, wie sie in die seinigen, und häufig kam sie von Viterbo nach Rom, ihn zu besuchen, und Michelagnolo fertigte ihr mehrere Zeichnungen.

Als ein guter Christ fand Michelagnolo großes Gefallen an der Heiligen Schrift und war ein Verehrer der Werke von Fra Girolamo Savonarola, dessen Stimme er von der Kanzel herab vernommen hatte. Menschliche Schönheit liebte er überaus, um sie in der Kunst nachzuahmen, das Schöne vom Schönen auszuwählen, weil nur hierdurch Vollkommenes geleistet werden kann, doch nicht wegen üppiger unehrbarer Gedanken, das hat er durch sein Leben gezeigt. Er war sehr mäßig und begnügte sich, um anhaltend bei der Arbeit zu bleiben, in der Jugend mit ein wenig Brot und Wein und pflegte in späteren Jahren, bis zu der Zeit, wo er das Weltgericht in der Kapelle malte, abends nach vollbrachtem Tagwerk ein sparsames Mahl einzunehmen. Obwohl reich, lebte er gleich einem Armen; nie oder doch selten aß ein Freund mit ihm, auch wollte er von niemand Geschenke annehmen, da er sich demjenigen, der ihm etwas gab, für verpflichtet hielt. Seine Mäßigkeit war Ursache, daß er äußerst wachsam war und nur wenig Schlaf bedurfte; oft stand er nachts auf, wenn er nicht ruhen konnte, um mit dem Meißel zu arbeiten, für welchen Zweck er sich eine Kappe von starkem Papier gemacht hatte, in deren Mitte oben ein brennendes Licht befestigt war, welches überall, wo er arbeitete, einen hellen Schein verbreitete, ohne die Hände zu behindern. Vasari hatte diese Kappe oft gesehen und bemerkt, daß Michelagnolo nicht Wachs-, sondern Talglichte von reinem Ziegenfett dazu verwendete, die vortrefflich sind, weshalb er ihm einstmals deren vier Pakete, vierzig Pfund an Gewicht, zuschickte; sein Diener brachte sie ihm um zwei Uhr des Abends und wollte sie ihm höflich übergeben, aber Michelagnolo weigerte sich, sie anzunehmen. Da nun hierauf der Diener sprach: „Monsignore, die Pakete haben mir auf dem Wege von der Brücke bis hierher die Arme lahm gemacht, und ich habe nicht Lust, sie zurückzutragen, sondern vor Eurer Tür ist dicker Schlamm, worin sie bequem aufrechtstehen werden, dort werde ich sie anzünden," so sagte Michelagnolo: „Lege sie hierher, ich will nicht, daß du vor meiner Tür Possen treibest."

In seiner Jugend hatte Michelagnolo, wie er mir selbst erzählt, oft in Kleidern geschlafen, wenn er ermüdet von der Arbeit sich nicht ausziehen mochte, um sich dann wieder anziehen zu müssen. Einige haben ihn für geizig gehalten, aber mit Unrecht, da er bei Werken der Kunst und anderen Besitztümern das Gegenteil bewiesen hat. Kunstsachen schenkte er, wie wir wissen, Herrn Tommaso de' Cavalieri, gab Messer Bindo und Fra Bastiano Zeichnungen von vielem Wert, Antonio Mini, seinem Schüler, aber seine sämtlichen Zeichnungen und Kartons, das Bild der Leda und alle Wachs- und Erdmodelle, die er je arbeitete. Worin mag man nun diesen Mann des Geizes anklagen, nachdem er so viele Dinge weggegeben hat, aus denen Tausende von Scudi hätten gewonnen werden können? Was läßt sich da sagen? Nicht zu gedenken, daß ich weiß und sah, wie er eine Menge Zeichnungen fertigte und Bilder und Gebäude prüfte, ohne je etwas dafür anzunehmen. Kommen wir nun auf die Gelder, die er mit Anstrengung gewonnen hat, nicht durch Einkünfte, nicht durch Handel, sondern durch Fleiß und Arbeit, so frage ich, kann man geizig nennen, wer gleich ihm vielen Armen Hilfe leistete? viele Mädchen in der Stille verheiratete, und diejenigen bereicherte, welche ihm bei seinen Arbeiten nützlich waren oder ihm sonst beistanden, wie Urbino seinen Diener, der durch ihn sehr vermögend wurde, nachdem er ihm lange Zeit als sein Schüler hilfreich gewesen war. „Wenn ich sterbe," fragte er Urbino, „was fängst du an?" „Ich werde einem anderen dienen," entgegnete er. „O, du Armer!" sprach Michelagnolo, „ich will deiner Not abhelfen und schenkte ihm auf einmal zweitausend Scudi, eine Weise, wie Kaiser und hohe Personen zu verfahren pflegen. Überdies gab er seinem Neffen zu drei oder vier Malen tausend Scudi und hinterließ ihm, als er starb, außer den Besitztümern in Rom, ein Vermögen von zehntausend Scudi.

Michelagnolo hatte ein sehr gutes, vielumfassendes Gedächtnis. Er brauchte die Arbeiten anderer nur einmal zu sehen, um sie ganz zu behalten und sich ihrer in einer Weise zu bedienen, daß niemand es je gewahr wurde; auch hat er nie etwas ausgeführt, das einem seiner früheren Werke ähnelte, weil er sich alles dessen erinnerte, was er gearbeitet hatte. In seiner Jugend, da er einmal mit befreundeten Malern zusammen war, scherzten sie beim Abendessen, wer eine Figur darstellen könne, die gar keine Zeichnung habe, die häßlich sei, gleich den Fratzen derjenigen, die gar nichts verstehen und die die Mauern besudeln. Hier half ihm sein Gedächtnis, denn er erinnerte sich, auf einer Mauer eine derartige tölpische Figur gesehen zu haben, er stellte sie dar, gleich als ob sie ihm eben erst vor Augen gewesen sei und übertraf alle jene Maler damit; eine schwierige, nicht leicht mit Geschick zu lösende Sache für einen in der Zeichnung so herrlichen und an ausgesuchte Dinge gewöhnten Meister.

Er war zornmütig und dies gerechterweise gegen diejenigen, welche ihn beleidigten, niemals aber strebte er nach Rache, war viel eher geduldig, bescheiden in seinen Sitten, im Sprechen sehr verständig, gab Antworten voll Weisheit und Ernst und führte bisweilen auch sinnreiche, lustige und scharfe Reden. Wir haben eine Menge seiner Äußerungen aufgezeichnet und wollen

einige davon hier anführen, weil es zu lange dauern würde, alle wiederzugeben.
Einst, da ein Freund vom Tode mit ihm redete und sagte, er müsse wohl mit Schmerz an ihn denken, da er in beständigen Mühen für die Kunst lebe und nie Ruhe habe, antwortete er: „Durchaus nicht! denn wenn das Leben uns gefällt, muß auch der Tod, der von der Hand des selben Meisters kommt, uns nicht mißfällig sein.“ Ein Bürger, der ihn von Or San Michele in Florenz stehen und den St. Marcus von Donato betrachten sah, fragte: was er von dieser Figur halte? Nie, antwortete Michelagnolo, habe er eine Figur gesehen, welche mehr das Gepräge eines rechtlichen Mannes an sich trage, und wenn St. Marcus so ausgesehen habe, könne man wohl glauben, was von ihm geschrieben sei. Einstmals wies man ihm eine Zeichnung, die Arbeit eines Kindes, welches eben zu lernen angefangen hatte, und empfahl ihm dies, indem einige entschuldigend hinzufügten: es treibe die Kunst erst seit kurzem. „Das merkt man,“ antwortete Michelagnolo. In ähnlicher Weise sprach er zu einem Maler, der eine Pietà dargestellt und sich nicht gut dabei gehalten hatte: es sei wirklich eine Pietà, sie anzusehen. Ein Maler hatte mit großer Mühe und vielem Zeitaufwand ein Bild zustande gebracht, und als er es aufdeckte, reichlichen Gewinn davon. Als man Michelagnolo fragte, was er von dem Urheber des Werkes halte? erwiderte er: „Der wird, wie viel Mühe er sich geben mag, reich zu werden, ewig arm bleiben.“ Einer seiner Freunde, der sonst Messe las und Mönch war, kam nach Rom im Büßergewand mit dem Stachel-

gürtel; er grüßte Michelagnolo, dieser stellte sich aber, als sehe er ihn nicht, und der Freund war gezwungen, ihm seinen Namen zu nennen. Da zeigte sich Michelagnolo verwundert, ihn in solchem Kleid zu sehen und fügte fast freudig hinzu: „Ihr seid schön; wenn Ihr innerlich ausseht, wie äußerlich, so wird es Eurer Seele zum Gewinn gereichen." Der selbe Mönch empfahl ihm einen seiner Freunde, welchen Michelagnolo eine Statue hatte arbeiten lassen, und bat ihn, zu bewirken, daß jener etwas mehr bezahlt erhalte. Dies tat Michelagnolo höchst liebevoll, der neidische Freund aber, der sich an ihn gewendet hatte, in der Meinung, er werde nicht tun, was er verlangte und nun sah, daß es doch der Fall gewesen war, beschwerte sich über ihn. Michelagnolo, dem dies erzählt wurde, entgegnete: „Solche Cloakenmenschen mißfielen ihm gründlich, mit denen, um im Gleichnis der Baukunst zu bleiben, wegen doppelter Mündung schlecht zu verkehren sei." Ein Freund fragte ihn über sein Urteil über einen Künstler, der einige der gefeiertesten antiken Statuen in Marmor nachgebildet hatte und sich rühmte, er habe die Alten hierbei weit übertroffen. „Wer anderen nachgeht," sprach Michelagnolo, „kommt ihnen nie voraus, und wer für sich nicht etwas Gutes zu leisten vermag, weiß die Werke anderer nicht wohl zu benutzen." Ein Maler, ich weiß nicht welcher, hatte ein Bild ausgeführt, worin ein Ochse um vieles besser gemalt war, als alles übrige. Man fragte Michelagnolo, weshalb dieser mehr Leben habe, als die anderen Gegenstände: „Weil," antwortete er, „jeder Maler sich selbst gut darstellt." Als er einstmals an San

Giovanni in Florenz vorüberging, fragte man ihn, was er von diesen Türen meinte: „Sie sind so schön," antwortete er, „daß sie die Pforten des Paradieses sein könnten." Er diente einem Fürsten, der jeden Tag seine Pläne änderte und bei keinem Ding beharrte: „Der Sinn dieses Gebieters," sagte Michelagnolo zu einem Freunde, „gleicht einer Wetterfahne, bei jedem Winde, der dagegen bläst, dreht sie sich." Einst da er ein Bildwerk betrachtete, das vollendet war und an seinen Ort gestellt werden sollte, gab sich der Bildhauer sehr viel Mühe, das Licht durch die Fenster so hereinfallen zu machen, daß seine Arbeit ein gutes Ansehen gewinne. Da sagte Michelagnolo: „Bemühe dich nicht, nur das Licht auf dem Platze wird von Bedeutung sein," und wollte damit andeuten, daß wenn die Sachen öffentlich aufgestellt werden, das Volk urteilt, ob sie gut oder schlecht sind. In Rom war ein angesehener Fürst, der für einen Baumeister gelten wollte und einige Nischen hatte mauern lassen, in der Absicht, Figuren darin aufzustellen. Eine jede war drei ihrer Bodenflächen hoch und hatte ganz oben einen Ring; er versuchte verschiedene Statuen hineinzubringen, da sie sich jedoch nicht gut darin ausnahmen, fragte er Michelagnolo, was wohl hineinpasse? „Hängt Bündel Aale in dem Ring oben auf," erwiderte er. Den Aufsehern über den Bau von St. Peter wurde ein Herr beigesellt, welcher sich einen Beruf daraus machte, sich auf den Vitruvius zu verstehen und den Zensor dessen abzugeben, was ausgeführt war: „Ihr habt einen Mann beim Baue, sagte man zu Michelagnolo, der einen großen Geist besitzt."

„Das ist wahr,“ antwortete er, „aber er hat einen schlechten Verstand.“ Ein Maler hatte ein Bild ausgeführt, dessen Gegenstände verschiedenen Blättern und Gemälden entnommen waren, sodaß in dem Werke nichts ihm eigen gehörte. Man zeigte es Michelagnolo, und ein naher Freund fragte ihn, was ihm davon dünke: „Es ist gut gemacht,“ antwortete er, „aber ich weiß nicht, was am jüngsten Tage, wenn jeder Körper seine Glieder sammelt, aus diesem Bilde werden soll, es wird ihm nichts bleiben;“ eine Warnung für diejenigen, welche die Kunst üben, daß sie sich gewöhnen, selbst zu schaffen. Einstmals, als er durch Modena kam, sah er viele schöne von dem modenesischen Bildhauer Antonio Bigarino geformte Figuren von gebrannter Erde, denen dieser Künstler Marmorfarbe gegeben hatte; sie schienen ihm herrlich, und da jener Bildhauer nicht in Marmor arbeiten konnte, sprach er: „Wenn diese Erde Marmor würde, dann wehe den antiken Statuen!“ Man sagte Michelagnolo, er solle sich doch gegen Nanni di Baccio Bigio rühren, der jeden Tag mit ihm zu wetteifern trachte; er aber entgegnete: „Wer mit solchen streitet, die nicht viel haben, gewinnt gar nichts.“ Ein Priester, der sein Freund war, sagte ihm: „Es ist schade, daß Ihr nicht eine Frau genommen habt, Ihr würdet viele Kinder bekommen und ihnen den ehrenvollen Lohn so langer Mühen als Erbe hinterlassen haben.“ „Nur zu viel,“ antwortete er, „habe ich mit einer Frau zu schaffen gehabt, das ist die Kunst, die mich stets gequält hat, und meine Kinder sind die Werke, die von mir zurückbleiben, die, wenn sie auch nichts taugen, doch eine Zeitlang leben. Wehe dem guten Lorenzio

di Bartoluccio Ghiberti, wenn er die Türen von San Giovanni nicht gearbeitet hätte, denn seine Kinder und Neffen haben verkauft und zugrunde gehen lassen, was er hinterließ; die Türen aber sind noch da."
Vasari wurde einstmals in später Nachtstunde von Papst Julius III. zu Michelagnolo geschickt, um eine Zeichnung von ihm zu fordern. Dieser war gerade damit beschäftigt, an der Pietà von Marmor zu meißeln, welche er nachmals zerschlug, erkannte jedoch an der Weise des Pochens, wer vor der Tür sei, stand von der Arbeit auf, indem er eine Lampe beim Henkel in die Hand nahm, sandte, von Vasaris Begehren unterrichtet, Urbino nach oben, um die Zeichnung zu holen, und kam sodann auf andere Gegenstände des Gespräches. Da wandte Vasari die Blicke nach dem Beine des Christus, an dem Michelagnolo meißelte, um es zu verändern; er wollte nicht, daß Vasari dies gewahr werde, ließ die Lampe auf die Erde fallen, sodaß sie im Dunkeln standen, rief dann nach Urbino, daß er Licht bringen solle, und sprach, aus dem Verschlag getreten, wo die Arbeit stand: „Ich bin so alt, daß der Tod mich oft am Käppchen zupft und mich mahnt, mit ihm zu kommen; nächstens werde ich niederfallen wie diese Lampe, und das Licht meines Lebens wird erlöschen." Bei alledem hatte er Freude an gewissen Leuten nach seinem Geschmack, als z. B. dem Dutzendmaler Menighella aus Valdarno, einem dummen, aber sehr drolligen Menschen, der bisweilen zu Michelagnolo kam, damit er ihm die Zeichnung zu einem St. Rochus oder St. Antonius fertige, die er für Landleute zu malen hatte. Michelagnolo, der

schwer daran ging, für einen König etwas zu arbeiten, ließ alles liegen und machte ihm eine Zeichnung, wie sie für seine Manier und seinen Geschmack paßte, wie Menighella sich ausdrückte. Unter anderem erhielt dieser von ihm das sehr schöne Modell zu einem Kruzifix, machte eine Form darüber, preßte Kruzifixe darin von Pappe und anderen Substanzen und ging auf dem Lande umher, sie zu verkaufen, was Michelagnolo lachen machte, daß er bersten wollte, vornehmlich, wenn jenem lustige Dinge begegneten, wie mit einem Landmann, der einen St. Franciscus bei ihm bestellt hatte und sich dann unzufrieden zeigte, ihn in ein graues Gewand gekleidet zu sehen, da er es von schönerer Farbe gewünscht habe; worauf ihm Menighella einen Regenmantel von Brokat darüber malte und den Landmann vollkommen zufriedenstellte. Doch um es kurz zu machen, füge ich nur noch hinzu: Michelagnolo hatte einen sehr gesunden Körper, mager, mit guten Nerven ausgestattet. Als Kind war er schwächlich und mußte als Mann zwei bedeutende Krankheiten durchmachen, ertrug indes jede Beschwerde leicht und hatte kein Übel, als daß er im Alter an Nierenschmerzen litt, weshalb Herr Realdo Colombo, sein naher Freund, ihn jahrelang ärztlich behandelte und sorgfältig kurierte. Er war von mittlerer Größe, hatte breite Schultern, die jedoch in richtigem Verhältnis zu seinem Körperbau standen. Als er alt wurde, trug er Stiefel von Hundefellen monatelang fortgesetzt über den bloßen Füßen, sodaß oft, wenn er sie endlich ausziehen wollte, die Haut mit herunterging. Über den Strümpfen pflegte er zum Schutze gegen Feuchtigkeit innen zugeschnallte

Stiefel von Corduan zu tragen. Sein Gesicht war rund, die Stirn eckig und frei, mit sieben Furchen quer überhin. Die Schläfen ragten weiter vor als die Ohren; die Ohren waren eher ein wenig groß und von den Wangen abstehend. Der Körper hatte richtiges Verhältnis zum Gesicht und war eher groß; die Nase ein wenig gequetscht, da sie ihm Torrigiano mit der Faust einschlug. Die Augen waren mehr klein als groß, rabenschwarz, mit gelblichen und hellblauen Punkten untermischt. Die Augenbrauen hatten wenig Haare, die Lippen waren fein, die untere dicker und ein wenig vorstehend; das Kinn stimmte gut zu dem übrigen Gesicht, Haupt- und Barthaare waren schwarz, mit vielen grauen untermischt, der Bart nicht sehr lang, gabelartig geteilt und nicht sehr dick.

Michelagnolo wurde mit ehrenvollen Exequien, unter Zuströmen der ganzen Kunstgenossenschaft, aller seiner Freunde und der Florentiner Gemeinde, im Angesicht von ganz Rom, in einer Gruft von St. Apostolo beigesetzt, da Se. Heiligkeit die Absicht hatte, ihm in St. Peter in Rom ein besonderes Denkmal und Grabmal zu errichten.

Sein Neffe Lionardo kam an, nachdem alles vorüber war, obwohl er mit der Post reiste; und als Herzog Cosimo die Nachricht von dem, was sich begeben, erhielt, beschloß er, da er Michelagnolo lebend nicht hatte haben und ehren können, die Leiche nach Florenz bringen zu lassen, um ihm im Tode mit aller Pracht die höchsten Ehren zu erweisen. Wie ein Kaufmannsgut in einem Ballen verpackt, schaffte man ihn heimlich fort, damit in Rom nicht Lärm gemacht und man vielleicht verhindert werde, ihn von dort weg nach Florenz zu bringen. – –

Die plötzliche und fast unerwartete Ankunft der Leiche Michelagnolos gestattete nicht, alsbald zu veranstalten, was nachmals geschah. Man trug den Sarg, sowie er nach Florenz kam, das war eines Sonnabends, den 11. März, auf Verlangen der Abgeordneten nach dem Lokal der Gesellschaft der Himmelfahrt Mariä unter dem Hauptaltar und den Treppen hinter San Pietro maggiore, ohne irgend etwas damit vorzunehmen. Tags darauf, am Sonnabend in der zweiten Woche der Fasten, versammelten sich alle Maler, Bildhauer und Baumeister in aller Stille bei St. Peter, wohin sie nichts als eine ganz mit Gold verzierte und durchnähte Samtdecke brachten, um sie über die Bahre und den Sarg zu legen, auf welchem ein Kruzifix lag. Nachts um zwölf Uhr ungefähr umstanden alle dicht die Leiche; die älteren und vorzüglichsten Meister ergriffen plötzlich eine Menge Fackeln, welche ihnen zugereicht wurden, und die jüngeren hoben die Bahre so schnell empor, daß sich glücklich pries, wer herzutreten und die Schulter darunterschieben konnte, um des Ruhmes willen in kommenden Zeiten sagen zu können: sie hätten die Gebeine des größten Meisters getragen, der je ihrem Berufe angehört habe. Diese Versammlung bei St. Peter veranlaßte, wie bei derlei Gelegenheiten zu geschehen pflegt, daß viele Personen stehenblieben, um so mehr, als die Nachricht sich verbreitete: die Leiche Michelagnolos sei angelangt und werde nach Santa Croce gebracht werden. Obwohl daher, wie ich eben sagte, alle Sorgfalt angewendet war, damit die Sache nicht bekannt werde und, in der Stadt verbreitet, eine Menge herbeilocke, die unabweislich eine gewisse Unruhe und Verwirrung herbeiführen mußte, obwohl man wünschte, das Wenige, was jetzt geschehen, möge mit mehr Stille als Pomp vor sich gehen und alles übrige für eine passendere und bequemere Zeit verspart bleiben, geschah doch von beidem das Gegenteil. Denn was die Menge anlangt, so füllte sich, indem die Neuigkeit von Mund zu Mund ging, die Kirche augenblicklich in solchem Maße, daß zuletzt der Sarg nur mit großer Mühe von dort nach der Sakristei getragen werden konnte, woselbst man ihn von der Umhüllung freimachen und nach der dafür bestimmten Gruft bringen wollte. Was aber die Ehren anlangt, so ist zwar nicht zu leugnen, daß es ein prächtiges, köstliches Ding sei, bei feierlichen Leichenbegängnissen eine Menge Geistlicher, viele Wachskerzen und viele verhüllte und in Trauer gekleidete Personen zu sehen, gewiß aber war es auch ein großes, als die trefflichen Männer, welche jetzt hochberühmt sind und es in Zukunft noch mehr sein werden, sich mit so liebevoller Dienstbeflissenheit und Zuneigung unvorbereitet um jene Leiche scharten.

Die Zahl der Künstler (die sich alle einfanden) ist zu jeder Zeit in Florenz sehr groß gewesen, weil die Künste dort stets in einer Weise geblüht haben, daß ich glaube, man könne ohne Beleidigung anderer Städte sagen: Florenz sei ihre eigentlichste Wiege und Heimat, gleichwie Athen es vordem für die Wissenschaften gewesen ist; außer den Künstlern aber folgten der Leiche so viele Bürger und so viele Leute von den Straßen, durch welche sie getragen wurde, als nur Raum fanden. Ja, was mehr ist, man hörte von jedermann die Verdienste Michelagnolos feiern und sagen: Wahre Kunst übe eine solche Macht, daß sie, wenn man bereits alle Hoffnung auf Ruhm und Gewinn durch einen Künstler habe aufgeben müssen, dennoch um ihrer Natur und Vorzüge willen geliebt und geehrt werde.

Durch alle diese Dinge hatten jene Ehrenbezeugungen mehr Leben und Wert, als Prunk und Gold und Teppiche ihnen hätten verleihen können. Nachdem die Leiche unter so schönem Gefolge nach Santa Croce gebracht war, feierten die Mönche die bei Verstorbenen üblichen Zeremonien, und man trug sie durch die herzuströmte Volksmenge hindurch nicht ohne Schwierigkeit nach der Sakristei. Der Prorektor, der sich gemäß seines Amtes dort befand, beschloß, den Sarg öffnen zu lassen, überzeugt, dies werde vielen sehr lieb sein, und von dem Wunsche getrieben (wie er nachmals bekannte), den Anblick desjenigen wenigstens im Tode zu haben, den er lebend nie oder doch in so frühem Alter gesehen hatte, daß ihm keine Erinnerung davon geblieben war. Es geschah, und während er und wir alle, die wir gegenwärtig waren, einen verwesten Körper erwarteten (denn schon war er fünfundzwanzig Tage tot und hatte zweiundzwanzig Tage im Sarge gelegen), fanden wir ihn in allen Teilen wohl erhalten und so ganz frei von jedem üblen Geruch, daß wir fast des Glaubens wurden, er liege in einem sanften und ruhigen

Schlaf. Nicht nur waren seine Züge genau wie zur Zeit, da er lebte (ausgenommen, daß sein Angesicht ein wenig Leichenfarbe hatte), sondern es war auch an keinem Gliede eine Beschädigung oder Unsauberkeit zu sehen, und fühlte man Kopf und Wangen an, so glaubte man, er sei erst vor wenigen Stunden gestorben.

Nachdem das Gedränge des Volkes vorüber war, wurde Anordnung getroffen, ihn durch die Tür, die nach dem Klostergang des Kapitels führt, in eine Gruft der Kirche neben dem Altar der Cavalcante zu bringen. Es hatte sich jedoch unterdessen das Gerücht dieser Begebenheit in der Stadt verbreitet, und es strömte eine solche Menge junger Leute herbei, um die Leiche zu sehen, daß man das Grab nur mit Mühe schließen konnte. Ja, wäre es Tag gewesen, wie es Nacht war, so hätte man es, um der Menge Genüge zu tun, viele Stunden offen lassen müssen.

Am folgenden Morgen, während Maler und Bildhauer zu den kommenden Ehrenbezeugungen Anstalt zu treffen begannen, beeilten sich viele schöne Geister, an denen Florenz stets überreich war, Verse in Latein und in der Volkssprache an das Grab zu heften, und dies geschah lange Zeit, obwohl die Zahl der damals gedruckten Gedichte im Vergleich zu den vielen später verfaßten gering war.

Als die Kirche, die von den Mitgliedern der Akademie in reichster Weise mit plastischen Arbeiten und Gemälden, alle auf den großen Toten bezüglich und für diesen Tag hergestellt, geschmückt, mit Kerzen erleuchtet und von einer unendlichen Volksmasse erfüllt war, indem jedermann die Sorgen des Lebens hinter sich warf, um solch ehrenreichem Schauspiel zuzuströmen, trat der Zug in die Kirche; voraus der Prorektor der Akademie, dann, begleitet von dem Capitano und den Hellebardieren des Herzogs, die Konsuln und Akademiker, kurz alle Maler, Bildhauer und Baumeister der Stadt Florenz. Sie nahmen zwischen dem Katafalk und dem Hauptaltar Platz, wo sie von einer sehr großen Zahl hoher Personen und Edelleute erwartet wurden, die alle nach Folgereihen ihres Ranges bequem nebeneinander saßen, und es begann eine feierliche Totenmesse mit Musik und jeder Art Gepränge. Nach ihrer Beendigung stieg Sgr. Varchi auf die Kanzel, um ein Amt zu vollziehen, welches er zuletzt für die durchlauchtige Herzogin von Ferrara, Tochter des Herzogs Cosimo, und seitdem nicht wieder ausgeübt hatte; er verkündete von dort herab mit der ihm eignen Zierlichkeit der Rede und wohltönender Stimme das Lob, die Verdienste, das Leben und die Werke des göttlichen Michelagnolo Buonarroti.

TIZIAN VON CADORE

Geboren 1477 zu Pieve di Cadore. Gestorben am 27. August 1576 zu Venedig

Tizian wurde im Jahre 1477 zu Cadore, einem kleinen Kastell an der Piave, fünf Meilen von der Klause der Alpen, aus der Familie der Vecelli, einem der vornehmsten Häuser jener Gegend geboren. Im zehnten Jahre kam er, ausgerüstet mit glänzendem Geist und Geschick, nach Venedig zu seinem Oheim, einem angesehenen Bürger. Dieser erkannte des Knaben Lust zur Malerei und gab ihn bei Gian Bellino, einem damals trefflichen, und wie ich schon früher sagte, in der Kunst sehr berühmten Meister in die Lehre. Unter seiner Aufsicht übte sich Tizian im Zeichnen, und lieferte bald den Beweis, daß die Natur ihn mit allen Gaben des Geistes und Verstandes ausgerüstet habe, deren die Kunst der Malerei bedarf. Gian Bellino und die anderen Maler jenes Landes, denen das Studium der Antiken fehlte, pflegten alles, was sie darstellten, ganz vornehmlich, oder richtiger ausschließlich nach dem Leben zu zeichnen, doch nach trockner, harter, steifer Manier und auch

Tizian erlernte vorerst jene Weise. Als aber um das Jahr 1507 Giorgione da Castelfranco nach Venedig kam, begann er, da ihn das bezeichnete Verfahren nicht befriedigte, seine Werke mit mehr Rundung und Weichheit in schönerer Manier auszuführen, ohne jedoch das Studium von Leben und Natur zu vernachlässigen; ja er suchte sie so gut als möglich in Farben nachzuahmen und durch kalte und warme Tinten zu schattieren, wie man es in der Wirklichkeit sieht, ohne eine Zeichnung zu machen, weil er der festen Meinung war, das richtige und beste Verfahren und wahre Zeichnung sei, wenn man nur mit Farben arbeite, ohne weitere Zeichenstudien auf dem Papier vorzunehmen. Hierbei vergaß er, daß niemand seine Kompositionen wohl verteilen und ordnen kann, ohne sie erst in verschiedener Weise auf ein Blatt zu entwerfen, um zu sehen, wie alles zusammenstimmt. Die Phantasie vermag nicht in sich selbst die Erfindung vollkommen zu schauen, sie muß ihren Gedanken den leiblichen Augen eröffnen, die ihr helfen, ein richtiges Urteil darüber zu fällen. Überdem fordern nackte Körper großes Studium, wenn man richtige Einsicht davon gewinnen will, und man kann diese nicht erlangen, ohne auf Papier zu zeichnen. Will man darauf bestehen, nackte oder auch bekleidete Gestalten stets beim Malen vor sich zu haben, so wird man immer in großer Abhängigkeit bleiben, während der, welcher anfangs auf Papier zeichnet, allmählich mit größerer Leichtigkeit im Zeichnen und Malen Gegenstände zur Ausführung bringen lernt. Übung in der Kunst wird dadurch gewonnen, Manier und Einsicht werden vollkommen, und die Mühe und Anstrengung schwindet, mit welcher Malereien in der oben genannten Weise ausgeführt sind. Hierzu kommt noch, daß Zeichnungen dem Geiste Reichtum an schönen Gedanken geben, daß sie lehren, alle Gegenstände der Natur frei darzustellen, ohne sie stets vor Augen zu haben, oder den Mangel der Zeichnung unter dem Reiz der Farben verbergen zu müssen, wie viele Jahre lang die venetianischen Maler getan: Giorgione, Palma, Pordenone und andere, die weder in Rom noch sonst wo ganz vollkommene Werke gesehen haben.

Tizian, der die Manier Giorgiones kennen lernte, suchte sich von der des Gian Bellino frei zu machen, obwohl er sich lange Zeit daran gewöhnt hatte, und näherte sich der ersteren; er ahmte die Arbeiten Giorgiones in kurzer Zeit so gut nach, daß seine Malereien bisweilen irrig für Werke jenes Meisters gehalten wurden, wie weiter unten berichtet werden wird. Reifer an Jahren, Übung und Einsicht, führte Tizian eine Menge Bilder in Fresko aus, die man nicht der Reihe nach aufzählen kann, weil sie an verschiedenen Orten verstreut sind. Es genügt, daß viele Leute von Verstand urteilten, es werde ihm in der Kunst der Malerei herrliches gelingen, gleich wie nachmals wirklich geschehen ist.

Im Anfang, da er der Manier Giorgiones zu folgen begann, und erst achtzehn Jahre alt war, fertigte er das Bildnis von einem Edelmanne aus der Familie Barbarigo, seinem Freunde, welches für sehr schön galt, denn die Treue des Kolorits war eigentümlich und natürlich, jedes einzelne Haar war so fein gemalt, daß man sie hätte zählen können, und das selbe gilt von den Punkten einer Atlasjacke in dem selben Bilde. Kurz es war so gut und fleißig ausgeführt, daß man es für eine Arbeit Giorgiones gehalten haben würde, hätte Tizian nicht auf den dunklen Grund seinen Namen gesetzt.

1507, während Kaiser Maximilian mit den Venezianern Krieg führte, malte Tizian, wie er selbst erzählt, in der Kirche von San Marziliano den Engel Raphael, Tobias und einen Hund, in der Ferne eine Landschaft mit einem Gebüsch, darin kniet St. Johannes der Täufer, der betend zum Himmel emporschaut und von einem Glanz aus der Höhe erleuchtet wird. Dies Bild, glaubt man, sei früher von ihm ausgeführt, als er die Wand beim Tuchgewölbe der Deutschen begann. Mehrere Edelleute, die weder wußten, daß Giorgione nicht weiter an jenem Orte arbeite, noch daß Tizian (der schon einen Teil seines Werkes aufgedeckt hatte) daselbst beschäftigt sei, begegneten Giorgione und wünschten ihm als Freunde Glück, indem sie sprachen: er halte sich bei der Wand nach der Merceria zu besser, als er es bei der oberhalb des großen Kanals getan; worüber Giorgione solchen Verdruß empfand, daß er sich, bis Tizian seine Arbeit ganz vollendet hatte und als Maler derselben ganz bekannt war, nicht viel sehen ließ und von da ab nicht mehr wollte, daß derselbe ihn besuche oder für seinen Freund gelte.

Durch den Tod Giovan Bellinos war ein Bild im großen Ratssaale unvollendet geblieben: Papst Alexander, welcher dem vor ihm knieenden Friedrich Barbarossa bei der Kirchentüre von S. Marco den Fuß auf den Nacken

setzt. Dies kam durch Tizian zum Schluß, indem er viele Dinge veränderte und viele Bildnisse nach der Natur darin anbrachte, mehrere seiner Freunde und andere Personen. Er verdiente, daß der Senat ihm zur Vergeltung dafür ein Amt im Tuchgewölbe der Deutschen gab, welches das Makleramt heißt und des Jahres dreihundert Scudi einträgt. Die Signoren pflegten es dem trefflichsten Maler ihrer Stadt zuzuteilen, wogegen er sich verpflichten muß, von Zeit zu Zeit, wenn ihr Fürst oder Doge erwählt wird, dessen Bildnis um den Preis von acht Scudi zu malen. Diese bezahlt der Fürst, und das Bild wird zu seinem Gedächtnis im Palaste von San Marco aufgestellt.
Bembo, dessen Bildnis Tizian früher gefertigt hatte, war damals Sekretär vom Papst Leo X. und berief ihn zu sich, damit er Rom, Raffael von Urbino und andere kennen lerne; Tizian verschob jedoch die Sache von heute auf morgen; bis endlich Leo und im Jahre 1520 auch Raffael starb und er nicht hinkam. Er malte für die Kirche Santa Maria Maggiore einen St. Johannes in der Wüste, umher einige Felsen, ihm zur Seite einen Engel, der wie lebend erscheint, in der Ferne ein kleines Stück Landschaft mit einigen sehr zierlichen Bäumen, die am Ufer eines Flusses stehen. Nach dem Leben von ihm ausgeführt sind die hochberühmten Bildnisse des Fürsten Grimani und Loredanos und nicht lange nachher das von König Franz, der Italien verließ, um nach Frankreich zurückzukehren.
1530, als Kaiser Karl V. in Bologna war, wurde Tizian, wie man sagt, durch Vermittlung des Aretiners Pietro

von dem Kardinal Hippolyt von Medici nach jener Stadt berufen und fertigte ein schönes Bild von Sr. Majestät ganz in Waffenschmuck. Es gefiel dem Kaiser so wohl, daß er ihm tausend Scudi zahlen ließ; die Hälfte davon mußte er jedoch dem lombardischen Bildhauer Alfonso geben, der ein kleines Modell gearbeitet hatte, um eine Marmorbüste des Kaisers danach zu fertigen. Nicht lange nachher, da Kaiser Karl mit dem Heere aus Ungarn zurückgekehrt und noch einmal nach Bologna kam, um sich mit Papst Clemens zu besprechen, wollte er wiederum von Tizian gemalt sein. Dieser hatte vor seiner Abreise nach Bologna auch den Kardinal Hippolyt von Medici in ungarischer Tracht und zum zweiten Male in einem kleineren Bilde ganz in Waffen dargestellt, beide Gemälde aber befinden sich heutigen Tages in der Garderobe Herzog Cosimos. Gleichzeitig fertigte er das Bildnis des Marchese del Vasto Alfonso Davolos und des genannten Pietro aus Arezzo, welcher ihn damals bei Federigo Gonzaga, dem Herzog von Mantua, in Dienst und Gunst brachte. Er begleitete diesen Fürsten nach seinen Staaten und malte sein Bildnis so treu, daß es wie lebend erscheint; auch das vom Kardinal, seinem Bruder, und nach dessen Vollendung zwölf sehr schöne Brustbilder der zwölf Cäsaren zum Schmuck eines Zimmers, zwischen denen, welche Giulio Romano verziert hat. Dieser malte späterhin unter jedem Kaiser ein Bild von dessen Taten.

1541 fertigte er das Bildnis von Don Diego von Mendozza, dem damaligen Abgesandten Kaiser Karls V. in Venedig; er ist stehend in ganzer Figur abgebildet, eine sehr schöne Gestalt. Von da an begann Tizian einige Bildnisse in ganzer Figur zu malen, wie nachmals mehrfach in Brauch gekommen ist. Er fertigte in der selben Weise das Bildnis des Kardinals von Trient, als dieser noch jung war, und für Francesco Marcoloni das von Messer Pietro aus Arezzo, es gelang ihm jedoch minder gut als das frühere, das Messer Pietro selbst an Herzog Cosimo von Medici geschenkt hatte. Diesem sandte er außerdem das Brustbild des Signore Giovanni von Medici, Vater des genannten Herzogs, nach einer Maske gemalt, die in Mantua, wo er gestorben, von der Leiche abgenommen und in den Besitz des Aretiners gekommen war. Beide Bildnisse sind in der Garderobe Sr. Exzellenz unter vielen anderen zu rühmenden Gemälden aufgestellt.

In dem selben Jahre hielt sich Vasari dreizehn Monate in Venedig auf, um eine Deckenverzierung für Messer Giovanni Cornaro und einiges andere für die Brüderschaft der Calza zu arbeiten, und Sansovino, der den Bau von Santo Spirito leitete, ließ ihn die Zeichnungen zu den drei großen Ölbildern für die Decke fertigen, die er in Farben ausführen sollte. Als Vasari jedoch fort war, übertrug man jene drei Bilder Tizian, der sie sehr schön malte, indem er mit vieler Einsicht acht hatte, die Figuren von unten auf zu verkürzen. Auf dem einen ist Abraham, der Isaak opfert, auf dem anderen David, der Goliath den Kopf abschlägt, auf dem dritten Abel, den Kain, sein Bruder, erschlagen hat.

Damals fertigte Tizian sein eignes Bildnis, um es seinen Kindern als Andenken zu hinterlassen. 1546 wurde er von dem Kardinal Farnese nach Rom berufen und fand dort Vasari, der von Neapel zurückgekehrt war, um im Auftrag jenes Herrn den Saal der Cancelleria zu verzieren. Der Kardinal empfahl Tizian an Vasari, und dieser leistete ihm mit großer Freude Gesellschaft und zeigte ihm die Merkwürdigkeiten Roms. Nach einigen Tagen der Ruhe gab man Tizian Wohnung im Belvedere und beauftragte ihn, noch einmal ein Bildnis in ganzer Figur von Papst Paul, eines von Farnese und eines von Herzog Ottavio zu malen, welche alle trefflich und sehr zur Zufriedenheit jener Herren von ihm ausgeführt wurden. Auf ihr Zureden malte er als Geschenk für Se. Heiligkeit einen Christus in halber Figur, ein Ecce homo. Sei es indes, daß die Arbeiten Michelagnolos, Raffaels, Polidoros und anderer ihm Schaden brachten, oder daß sonst ein Grund obwaltete, es schien den Malern, obwohl an sich gut, doch nicht von gleicher Trefflichkeit wie andere seiner Arbeiten, vornehmlich seine Bildnisse.

Eines Tages, als Michelagnolo und Vasari ins Belvedere gingen, um Tizian zu suchen, sahen sie dort ein in der Zeit von ihm gemaltes Bild, eine unbekleidete weibliche Gestalt, eine Danae, in deren Schoß Jupiter als Goldregen niederfällt, und rühmten (wie man's macht, wenn der Künstler gegenwärtig ist) sein Werk sehr. Beim Nachhausegehen redeten sie über seine Verfahrungsweise, und Buonarroti lobte sie und sprach: Tizians Kolorit und Manier gefalle ihm sehr wohl, es sei nur schade, daß man in Venedig nicht von Anfang an gut zeichnen lerne und daß jene Meister nicht in einer besseren Weise Studien machten: „Wenn diesem Manne

TIZIANO DA CADOR
PITTORE.

(sagte er weiter) Kunst und Zeichnung Hilfe leisteten gleich der Natur, vornehmlich bei Nachahmung des Lebens, so könnte nicht mehr und Besseres geleistet werden, da sein Geist herrlich und seine Manier reizend und feurig ist.“ Dies ist gewißlich wahr, denn wer nicht genug zeichnet und auserlesene, antike oder neue Werke studiert, kann durch Übung allein das Richtige nicht treffen, kann nicht verbessern, was nach dem Leben gezeichnet wird, noch ihm die Grazie und Vollkommenheit der Kunst leihen, gegen die Regel der Natur, welche einzelne Teile gewöhnlich unschön hervorbringt.

Endlich verließ Tizian Rom, wo er von den oben genannten Herren viele Geschenke, vornehmlich aber für Pomponio, seinen Sohn, ein Amt von gutem Einkommen erhalten hatte, und machte sich auf den Weg nach Venedig, nachdem Orazio, sein zweiter Sohn, das Bildnis von Messer Battista Ceciliano, einem trefflichen Violinspieler, ein sehr gutes Werk und einige andere Bildnisse für Herzog Guidobaldo von Urbino gemalt hatte. In Florenz angelangt, erstaunte er nicht minder über die seltenen Kunstwerke jener Stadt, als es bei den römischen der Fall gewesen war. Er besuchte Herzog Cosimo zu Poggio a Caiano und erbot sich, sein Bildnis zu fertigen; Se. Exzellenz achtete jedoch nicht sehr darauf, vielleicht um den vielen edlen Künstlern jener Stadt und seines Gebietes nicht unrecht zu tun.

Nach Venedig zurückgekehrt, vollendete Tizian ein Gemälde für den Marchese del Vasto, eine „Allocution“ (so nannten sie es), die dieser Herr an seine Soldaten hält, und fertigte ihm die Bildnisse von Kaiser Karl V.,

von dem katholischen König und vielen anderen Personen.
Er fertigte, wie ich schon sagte, mehrere Male das Bild von Kaiser Karl V., wurde deshalb endlich an dessen Hof berufen und malte ihn, wie er damals in seinen fast letzten Jahren aussah, und so gefiel diesem höchst siegreichen Kaiser die Weise Tizians, daß er von der Zeit an, da er ihn kennen lernte, von keinem Maler außer ihm mehr dargestellt werden wollte. So oft er dessen Bild ausführte, erhielt er tausend Goldscudi zum Geschenk, und Se. Majestät ernannte ihn zum Ritter mit einem Gehalte von zweihundert Scudi, der auf die Kammer von Neapel angewiesen war.
Als er König Philipp von Spanien, den Sohn Karls, gemalt, erhielt er auch von dort zweihundert Scudi fortlaufenden Gehalt; rechnet man zu diesen vierhundert die dreihundert, die ihm auf das Tuchgewölbe der Deutschen von den venetianischen Signoren gezahlt wurden, so hatte er, ohne sich zu mühen, jedes Jahr siebenhundert Scudi feste Einnahme. Die Bildnisse von Kaiser Karl V. und von Philipp sandte Tizian an Herzog Cosimo und sie sind in dessen Garderobe aufgestellt. Tizian malte für die Königin Maria einen Prometheus, der an den Kaukasus geschmiedet, von dem Adler Jupiters zerhackt wird, Sisyphus in der Hölle, der einen Stein trägt, und Tytius, den der Geier zerreißt. Diese mit Ausnahme des Prometheus erhielt Ihre Majestät und zugleich einen Tantalus in der selben Größe, das heißt lebensgroß auf Leinwand in Öl gemalt. In einem bewunderungswürdigen Bilde stellte er Venus und Adonis

dar. Venus ist ohnmächtig und der Jüngling will eben von ihr gehen, ihm folgen einige sehr treu nach der Natur gemalte Hunde.
Auf einem gleich großen Bilde sieht man Andromeda, die an den Felsen gefesselt, durch Perseus vom Meerungeheuer erlöst wird, ein über alles reizendes Gemälde. Das selbe gilt von einer anderen Diana, die mit ihren Nymphen im Quell badet und Actäon in einen Hirsch verwandelt; außerdem malte er eine Europa, die auf dem Stiere durchs Meer reitet. Alle diese Bilder aber werden von Se. katholischen Majestät sehr wert geachtet, indem Tizian durch den Reiz der Farben den Figuren fast wirkliches Leben verliehen hat. Wahr ist bei alledem, daß seine Verfahrungsweise in den letzten Lebensjahren von der seiner Jugend sehr verschieden war, indem er seine ersten Arbeiten mit einer gewissen Feinheit und mit unglaublichem Fleiß ausführte, sodaß man sie nahe wie ferne betrachten kann, während die des späteren Alters im Fluge, grob und fleckig gemalt sind, in der Nähe nicht gesehen werden dürfen, in der Ferne aber eine vollkommene Wirkung machen. Und diese Verfahrungsweise war Ursache, daß von vielen, welche ihn hierin nachahmen und Übung zeigen wollten, häßliche Malereien gefertigt worden sind, und zwar geschieht dies, weil es ihnen scheint, jene Bilder wären ohne Mühe vollendet, ob dies auch keineswegs der Fall ist und sie sich im Irrtum befinden; denn man erkennt, Tizian überarbeitete sie und ging mit den Farben so oft darüber, daß die dabei aufgewandte Sorgfalt sich wohl kundgibt. Eine höchst einsichtsvolle, schöne und er-

staunenswürdige Manier, wodurch die Malereien sehr lebendig erscheinen und mit großer Kunst ausgeführt sind, während ihre Mühen verborgen bleiben.

Für den katholischen König malte er eine heilige Magdalena in halber Figur (bis zur Hüfte); ihre Haare sind aufgelöst und fallen ihr über die Schultern, Hals und Brust, während sie Haupt und Blicke unverwandt dem Himmel zukehrt, durch ihre roten Augen Reue und durch ihre Tränen Schmerz über ihre begangenen Sünden kundgibt. Jeder, der dies Bild sieht, fühlt sich dadurch sehr bewegt und, was mehr ist, obwohl überaus schön, regt es doch nicht zu Üppigkeit, sondern zu Mitleid an. Als es vollendet war, gefiel es Silvio ......, einem venezianischen Edelmanne, so wohl, daß er, als ein großer Verehrer der Kunst, Tizian hundert Scudi gab, damit er es ihm überlasse, und dieser war gezwungen, für den katholischen König ein zweites auszuführen, welches nicht minder schön gelang.

Diese und viele andere Werke, welche wir nicht anführen, um nicht zu ermüden, hat er bis jetzt gearbeitet, wo er etwa sechsundsiebzig Jahre alt ist. – Tizian war stets gesund und so glücklich wie je ein anderer Meister seines Berufes; der Himmel gab ihm nur Glück und Heil. In seinem Hause in Venedig sah man alle Fürsten, Gelehrten und vorzüglichen Personen, die zu seiner Zeit nach jener Stadt kamen oder dort lebten; denn nicht nur ist er trefflich in der Kunst, sondern auch sehr liebenswürdig, ist vorzüglich durch Sitten und zeichnet sich durch ein gefälliges Wesen und Betragen aus. Er hatte in Venedig einige Nebenbuhler, doch nicht von großer Bedeutung, sodaß er sie leicht übertreffen konnte, in der Kunst sowohl als in der Gabe, sich mit Angesehenen geschickt zu unterhalten und ihnen angenehm zu sein. Der Gewinn, den er von seinen Arbeiten zog, war groß, da sie ihm sehr gut bezahlt wurden; wohlgetan wäre indes gewesen, wenn er in seinen letzten Jahren nur zum Zeitvertreib gemalt hätte, um nicht durch minder vorzügliche Werke den Ruf besserer Jahre zu schmälern, wo er noch nicht durch Abnahme der Kräfte Unvollkommeneres leistete.

1566, da Vasari, der Verfasser dieser Geschichten, nach Venedig kam, besuchte er Tizian als seinen lieben Freund; er fand ihn, obwohl hoch an Jahren, die Pinsel in der Hand, mit Malen beschäftigt und hatte große Freude, seine Werke zu sehen und sich mit ihm zu unterhalten. Durch ihn lernte Vasari Messer Gian Maria Verdezzotti, einen venezianischen Edelmann, kennen, als einen Jüngling von großem Talent, Freund Tizians und recht guten Zeichner und Maler, wie er durch einige sehr schön ausgeführte Landschaften bewiesen hat. Dieser besitzt von der Hand Tizians, welchen er gleich einem Vater liebt und ehrt, zwei Figuren: einen Apoll und eine Diana, innerhalb zweier Nischen in Öl gemalt.

Tizian, der die Stadt Venedig, ja ganz Italien und andere Teile der Erde durch treffliche Malereien geschmückt hat, verdient von Künstlern geliebt und beachtet und in vielen Dingen bewundert und nachgeahmt zu werden, als jemand, der Werke ausgeführt und noch ausführt, die eines unendlichen Lobes würdig sind und dauern werden, solange das Andenken berühmter Menschen bestehen kann. Zwar haben sich viele bei ihm in die Lehre begeben, doch ist die Zahl derer, welche man wirklich seine Schüler nennen kann, nicht groß, indem er nicht viel Anweisung gab, jeder aber mehr oder weniger lernte, je nachdem er es verstand, die Werke des Meisters zu nutzen.

INHALTSVERZEICHNIS

Nachwort

Giorgio Vasari, am 30. Juli 1511 in Arezzo geboren und am 27. Juni 1574 in Florenz gestorben, Maler, Zeichner, Architekt, Fest- und Theaterdekorateur und Schriftsteller – er war als Mensch und Künstler der typische Repräsentant seiner Zeit, der Renaissance.

Luca Signorelli, Meister der Fresken im Dom von Orvieto, erkennt als erster das Talent des Jungen. Bereits 1524 kommt Giorgio auf Empfehlung von Kardinal Silvio Passarini von Cortona nach Florenz. Bei Baccio Bandinelli lernt er Zeichnen, pflegt künstlerische Beziehungen zu Andrea del Sarto und Freundschaft mit Francesco Salviati. So prüft und übt er alles, beschäftigt sich mit dem Stil der hohen Renaissance und dem faszinierend vielgesichtigen Manierismus. Und er erkennt bald, daß er kein ganz Großer werden kann – vor allem, weil er seinen Maßstab schon früh sehr hoch ansetzt. Michelangelo Buonarroti, den Vielseitigsten, Unerreichbaren, ihn wählt er sich zum Vorbild, und das macht ihn ungenügsam, ungeduldig. Giorgio Vasari ist zur Unzeit nach Florenz gekommen. Die Medici, berühmt als Mäzene vielversprechender Talente, werden 1527 aus der Stadt vertrieben. Vater Vasari ruft seinen Sohn wieder nach Hause.

Sicher, Arezzo ist eine von Piero della Francescas eleganten, perspektivisch perfekten Domfresken geadelte Stadt, Giovanni Battista Rosso, der sich Fiorentino nennt und die manieristischen Tendenzen pflegt, wird ein anregender Umgang. Doch Vasari genügt das nicht. 1529 ist er wieder in Florenz und empfindet es als Glücksfall, als ihn, nach kurzen Zwischenaufenthalten in Pisa und in der Heimatstadt, Kardinal Ippolito da Medici um die Jahreswende 1530/31 nach Rom beruft.

Hier erwartet ihn eine Fülle von Aufträgen. Daneben studiert er Neues; er will nicht nur malen. Architektur interessiert ihn, auch Festungsbau, Dekoration, Wand- und Deckenmalerei. Sein Name spricht sich herum. 1536 steht Giorgio Vasari auf der Liste der Maler der »Compagnia di S. Luca«; Bildungsreisen führen ihn nach Bologna und Venedig. Von 1542 bis 1544 lebt er abwechselnd in Florenz und Rom. Vor allem aber lernt er Michelangelo kennen und darf im Winter 1542/43 nach dessen Kartons zwei Bilder malen.

Vasari kann und will sich auf solchen Lorbeeren nicht ausruhen. Er gilt als schneller Künstler, vielseitig, verfügbar, stets gern bereit, Arbeiten der unterschiedlichsten Art, auch gemeinsam mit Kollegen, rasch und pünktlich auszuführen. Aber eben dieser »gute Ruf« peinigt seinen

Ehrgeiz; er wartet auf etwas Besonderes, das ihn über das Mittelmaß hinaushebt, außer Konkurrenz mit dem Üblichen.

Im Jahr 1546 geschieht es wirklich. Vasari, ein geselliger Mann, geht nach getaner Arbeit gern aus und speist gelegentlich auch bei Kardinal Farnese, an dessen Tisch sich viele einfinden, »um ihn durch schöne, ehrenvolle Gespräche zu unterhalten«, wie der Künstler in seiner Autobiographie schreibt. In dieser Runde reift ein Plan, die Lebensgeschichten der berühmtesten Meister der bildenden Künste zu verfassen. »Was sagt Ihr, Giorgio, wird das nicht ein schönes Werk und eine schöne Arbeit sein?« fragt der Kirchenfürst. Vasari verbirgt geschickt seine Enttäuschung, als zunächst ein anderer, Giovanni Giovio, den Auftrag erhält und er selber nur ein Inhaltsverzeichnis und »geordnete Notizen über alle jene Künstler und ihre Werke nach der Folge der Zeit« liefern soll. Aber Giovio kommt bald zu Vasari und bittet ihn, die Sache ganz zu übernehmen. »Mir fehlt der Mut dazu«, gesteht er ganz ohne Eitelkeit. »Ich bin unbekannt in den verschiedenen Manieren und einer Menge Einzelheiten, die Ihr wissen könnt.«

Giorgio Vasari ergreift die Gelegenheit ohne Zögern. Er ist glücklich, denn jetzt muß er nicht mehr mit den Großen ohne Chance auf Gleichmaß konkurrieren, er darf sie beschreiben, ihre Werke beurteilen, sie werden Objekt für ihn, und er ist ihr Chronist. Er reist durch ganz Italien, um an den Originalschauplätzen zu recherchieren. 1549 lebt er in Bologna und Florenz, heiratet die schöne Niccolosa Bacci, und innerhalb vier Jahren schreibt er die zweibändigen ›Vite de' più eccellenti architetti, pittori e scultori italiani, da Cimabue insino a'tempi nostri‹. Sie erscheinen 1550. Der Autor hat alle erreichbaren Fakten zusammengetragen, auch mündliche Berichte gesammelt, sich in jedes Detail vertieft, manches wohl auch frei hinzugefügt, um Lücken zu schließen oder ein Bild abzurunden. 1568 erscheint unter dem veränderten Titel ›Le Vite de' più eccellenti pittori, scultori e architetti‹ eine zweite, um einen voluminösen dritten Band erweiterte Ausgabe. Diese zweite Fassung wird in fast alle Kultursprachen übersetzt, Quellenwerk für die Epoche und Vorbild aller späteren Künstlerbiographien.

Die erste Version ist – im Vergleich zur ausführlicheren und lockeren zweiten – in der Anlage deutlicher, knapper. Vasari berichtet vom Verfall der Kunst, nachdem sie im alten Rom höchsten Standard erreicht hatte, wie sie dann unter dem toskanischen Meister Giotto wieder aufblühte und in seinem, Vasaris eigenem Zeitalter, mit Michelangelo einen neuen Höhepunkt erreichte. In der Ausgabe von 1550 ist Michelangelos Lebensgeschichte die einzige, die der Autor einem Künstler seiner

Gegenwart widmet. Die spätere Ausgabe enthält neben Vasaris Autobiographie noch andere zeitgenössische Meister.

Vasari hat neben seiner Arbeit als Schriftsteller nie das künstlerische Schaffen vernachlässigt. Er arbeitet für Papst Julius III. in Rom; erst gegen Ende 1554 läßt er sich mit seiner Familie in Florenz nieder und befaßt sich, wieder im Dienst der Medici, viel mit Architektur. Viele Florentiner Paläste tragen seine Handschrift, daneben ist ihm weiterhin die Freskokunst wichtig. Er erhält viele Aufträge vom Adel, auch aus Arezzo, und als in Rom Pius V. sein Regiment beginnt, tritt Vasari in dessen Dienst. Überall ist seine Kunst willkommen, aber begrüßt wird er immer zuerst als der Verfasser der ›Vite‹.

In der hier vorliegenden Auswahl sind die bekanntesten Künstler der italienischen Gotik und Renaissance versammelt. Sie gibt ein lebendiges Bild dieser Meister, nachgezeichnet von einem einfühlsamen Kollegen, der als fachkundiger Autor erworben hat, was ihm als Maler versagt geblieben ist – eine Ausnahmestellung in der Kunstgeschichte.

Marianne Bernhard

Kunst im Diogenes Verlag

● Alfred Andersch
Einige Zeichnungen. Grafische Thesen am Beispiel einer Künstlerin. Mit 25 Zeichnungen von Gisela Andersch und einem Nachwort von Wieland Schmied. detebe 20399

● Fernando Botero
Gemälde, Aquarelle, Pastelle. Herausgegeben von Jean Jouvet. Mit einem Essay von Erwin Leiser. kunst-detebe 26080

● Wilhelm Busch
Schöne Studienausgabe in 7 Bänden: *Balduin Bählamm / Maler Klecksel – Gedichte – Hans Huckebein / Fipps der Affe / Plisch und Plum – Die fromme Helene – Max und Moritz – Prosa – Tobias Knopp.* Herausgegeben von Friedrich Bohne, in Zusammenarbeit mit dem Wilhelm-Busch-Museum, Hannover
detebe 20107-20113

● Paul Cézanne
Briefe. Die neue, ergänzte und verbesserte Ausgabe der gesammelten Briefe von und an Paul Cézanne. Aus dem Französischen übersetzt und herausgegeben von John Rewald. Mit vielen Reproduktionen von Bildern, Zeichnungen, Fotos und anderen Dokumenten. detebe 21655

● Friedrich Dürrenmatt
Bilder und Zeichnungen. Ausgewählt von Christian Strich. Mit einer Einleitung von Manuel Gasser und Kommentaren von Friedrich Dürrenmatt
Minotaurus. Eine Ballade. Mit Zeichnungen des Autors. detebe 21792

● Paul Flora
Hungerburger Elegien. Zeichnungen 1943 bis 1974. Mit einem Vorwort des Künstlers
Nocturnos. Dreiundfünfzig romantische Erzählungen
Penthouse. Zeichnungen
Die Raben von San Marco. 72 venezianische Augenblicke
Die verwurzelten Tiroler und ihre bösen Feinde
Vergebliche Worte. Von Dichtern und Denkern
Die welke Pracht. Mit einem Essay des Autors

● Edward Gorey
Die wahnsinnigen Werke des Edward Gorey in 33 Bänden. Deutsche Übersetzungen von Jörg Drews, Wolfgang Hildesheimer, Walter E. Richartz, Urs Widmer, Hans Wollschläger, Dieter E. Zimmer u.v.a. kunst-detebe 26501

● Francisco Goya
Caprichos. Mit 81 Radierungen und einem Vorwort von Urs Widmer. detebe 20037
Desastres de la Guerra. Mit 81 Radierungen und einem Vorwort von Konrad Farner
detebe 20038

● Grandville
Eine andere Welt. Mit dem deutschen Text von Plinius dem Jüngsten. Nachwort von Marianne Bernhard. kunst-detebe 26002

● Hildi Hess
Ein Querschnitt durch das Werk der bedeutenden Schweizer Bildhauerin. Mit Texten von Dorothea Christ und Friedrich Dürrenmatt und dem Briefwechsel zwischen Hildi Hess und Germaine Richier. Herausgegeben von Daniel Keel

● David Hockney
Bilder und Zeichnungen. Ausgewählt und herausgegeben von Nikos Stangos. Mit einer Einleitung und Kommentaren von David Hockney. Aus dem Englischen von Marianne Bernhard und Thomas Bodmer

● Anna Keel
Bilder und Zeichnungen. Eine Porträtgalerie durchschauter Mitmenschen. Mit einem Vorwort von Federico Fellini
Zeichnungen
Porträtzeichnungen 1977 bis 1979. Mit einer biographischen Notiz. kunst-detebe 26012

● Henri Matisse
Über Kunst. Sämtliche Aufsätze, Interviews, Statements und Radiosendungen des Meisters. Nach der Edition von Jack D. Flam. Aus dem Amerikanischen und Französischen von Elisabeth Hammer-Kraft. Mit 52 Abbildungen
detebe 21457
Der Zeichner. Hundert Zeichnungen und Graphiken 1898 bis 1952. Herausgegeben von Jean Jouvet. Mit einem Essay von Hans Hildebrandt. detebe 21653

● Pablo Picasso

Über Kunst. Aus Gesprächen zwischen Picasso und seinen Freunden ausgewählt von Daniel Keel. Mit sieben Zeichnungen des Meister. detebe 21674

Der Zeichner. Hundert Zeichnungen und Graphiken 1898–1952. Herausgegeben von Jean Jouvet. Essays von Werner Spies, Maurice Jardot und Richard Häsli. Mit einer Biographie und einer Auswahlbibliographie. detebe 21747

Außerdem liegen vor:
Françoise Gilot & Carlton Lake
Leben mit Picasso. Aus dem Amerikanischen von Anne-Ruth Strauß. Mit 23 Reproduktionen von Bildern, Zeichnungen und Fotos detebe 21584
Fernande Olivier
Picasso und seine Freunde. Erinnerungen aus den Jahren 1905–1913. Vorwort von Paul Léautaud. Aus dem Französischen von Gertrud Droz-Rüegg. Mit Reproduktionen von 30 Bildern, Plastiken, Dokumenten und 28 Fotos auf Tafeln und 16 Zeichnungen im Text detebe 21748

● Auguste Rodin

Die Kunst. Gespräche des Meisters, gesammelt von Paul Gsell. Mit zahlreichen Zeichnungen und Fotos. Aus dem Französischen von Paul Prina und Trude Fein

● Roland Topor

Tagträume. Mit einem Vorwort von Arrabal
Therapien. Zeichnungen 1970–1981. Herausgegeben von Christian Strich
Topor, Tod und Teufel. Herausgegeben von Wolfgang Till, Christoph Stölzl und Gina Kehayoff. Mit über 400 Abbildungen, davon mehr als 150 Farbtafeln
Tragödien. Zeichnungen 1958–1968. Mit einem Vorwort des Künstlers kunst-detebe 26011

● Roberto Trulli

Femme Fatale. Ein Skizzenbuch aus viktorianischer Zeit

● Tomi Ungerer

Rigor Mortis. Totentänze der Neuzeit
Fornicon. Mit einem Vorwort von Walther Killy
The Poster Art of Tomi Ungerer. Edited by Jack Rennert
Freut Euch des Lebens. 101 Studien für ein deutsches Volks und Kinderliederbuch. Mit einem Nachwort des Künstlers
Totempole. Erotische Zeichnungen
Babylon. The Book To End All Books
Slow Agony
Tomi Ungerer's Frauen
Warteraum. Wiedersehen mit dem Zauberberg
Schutzengel der Hölle
Derby. Mit einem Vorwort von Tomi Ungerer
Schnipp Schnapp oder Was ist Was?
politrics. Posters, Cartoons 1960–1979 Herausgegeben von Anton Friedrich kunst-detebe 26010
The Party. kunst-detebe 26018
The Underground Sketchbook. Vorwort von Jonathan Miller. Aus dem Amerikanischen von Elizabeth Gilbert. kunst-detebe 26069
Das Tomi Ungerer Bilder- und Lesebuch. Mit Beiträgen von Erich Fromm bis Walther Killy. Mit zahlreichen Zeichnungen, Chronik und Bibliographie. Herausgegeben von Daniel Keel. detebe 20487
Heute hier, morgen fort. Aus dem Amerikanischen von Hans-Joachim Hartstein und Christa Hotz. detebe 21632

● Félix Vallotton

Holzschnitte und Gemälde. Auswahl von Anton Friedrich. Einleitung und Anhang von Rudolf Koella. kunst-detebe 26006

● Giorgio Vasari

Lebensgeschichten der berühmtesten Maler, Bildhauer und Architekten der Renaissance Nach Dokumenten und mündlichen Berichten dargestellt von Giorgio Vasari. Mit 27 ganzseitigen Porträts. Herausgegeben von Ernst Jaffé. Mit einem Nachwort von Marianne Bernhard. detebe 21320

● Ambroise Vollard

Erinnerungen eines Kunsthändlers. Aus dem Französischen von Margaretha Freifrau von Reischach-Scheffel. Mit der vollständigen Bibliographie der Editions Ambroise Vollard von Bernard Gheerbrant. Reproduktionen von 29 Bildern, 22 Zeichnungen, 10 Fotos und 15 Dokumenten. detebe 21749

Klassiker im Diogenes Verlag

Deutsche Literatur

● Angelus Silesius

Der cherubinische Wandersmann
Geistreiche Sinn- und Schlußreime. Herausgegeben und mit einem Nachwort von Erich Brock. detebe 20644

● Ulrich Bräker

Leben und Schriften
in 2 Bänden. Herausgegeben von Samuel Voellmy und Heinz Weder.
detebe 20581–20582

● Georg Büchner

Werke und Briefe
Herausgegeben und mit einem Vorwort von Franz Josef Görtz. Mit einem Nachwort von Friedrich Dürrenmatt. detebe 21656

● Wilhelm Busch

Studienausgabe
in 7 Bänden. Herausgegeben von Friedrich Bohne. detebe 20107–20113

● Das Diogenes Lesebuch klassischer deutscher Erzähler

Band I:
Geschichten von Wieland bis Kleist

Band II:
Geschichten von Eichendorff bis zu den Brüdern Grimm

Band III:
Geschichten von Mörike bis Busch

Alle drei Bände herausgegeben von Christian Strich und Gerd Haffmans
detebe 20727, 20728, 20669

● Meister Eckehart

Deutsche Predigten und Traktate
Herausgegeben von Josef Quint
detebe 20642

● Joseph von Eichendorff

Aus dem Leben eines Taugenichts
Novelle. Mit einem Vorwort von Thomas Mann. detebe 20516

Wem Gott will rechte Gunst erweisen
Die schönsten Gedichte. Ausgewählt von Franz Sutter. detebe 21607

Meistererzählungen
detebe 21608

● Theodor Fontane

Gedichte · Erinnerungen · Aufsätze
Nachwort von Kurt Tucholsky
detebe 21074

Schach von Wuthenow · L'Adultera · Stine
Drei Romane. Nachwort von Werner Weber
detebe 21075

Irrungen Wirrungen · Frau Jenny Treibel
Zwei Romane. Nachwort von Otto Brahm
detebe 21076

Effi Briest
Roman. Nachwort von Max Rychner
detebe 21077

Der Stechlin
Roman. Nachwort von Thomas Mann
detebe 21073

● Johann Wolfgang Goethe

Gedichte I
detebe 20437

Gedichte II
Gedankenlyrik / Westöstlicher Diwan
detebe 20438

Faust
Der Tragödie erster und zweiter Teil
detebe 20439

Die Leiden des jungen Werther
Roman. detebe 21366

Gedanken und Aussprüche
Herausgegeben und mit einem Vorwort von Ernst Freiherr von Feuchtersleben. Nachwort von Hans Tabarelli. detebe 21673

● **Jeremias Gotthelf**
Ausgewählte Werke
in 13 Bänden. Herausgegeben von Walter Muschg. detebe 20561–20572

● **Brüder Grimm**
Märchen der Brüder Grimm
Mit Zeichnungen von Maurice Sendak
detebe 21350

● **Wilhelm Hauff**
Lichtenstein
Romantische Sage aus der württembergischen Geschichte. Mit einem Nachwort von Friedrich Pfäfflin. detebe 21448

● **Heinrich Heine**
Gedichte
Ausgewählt, eingeleitet und kommentiert von Ludwig Marcuse. detebe 20383

● **Immanuel Kant**
Deines Lebens Sinn
Eine Auswahl aus dem Gesamtwerk. Herausgegeben und mit einem Vorwort von Wolfgang Kraus. detebe 21552

● **Gottfried Keller**
Zürcher Ausgabe
Werke und Materialien in 9 Bänden. Edition von Gustav Steiner. detebe 20520

● **Heinrich von Kleist**
Die Marquise von O...
Sämtliche Erzählungen. Mit einem Nachwort von Stefan Zweig. detebe 21886

● **Conrad Ferdinand Meyer**
Jürg Jenatsch / Der Heilige
Roman / Novelle. Mit einem Essay von Hans Mayer. detebe 20965

● **Eduard Mörike**
Mozart auf der Reise nach Prag
Eine Novelle. detebe 21611

● **Thomas Müntzer**
Schriften und Briefe
Herausgegeben und mit einem Vorwort von Gerhard Wehr. detebe 21809

● **Johann Nepomuk Nestroy**
Und 's ist alles nicht wahr
Ausgewählt und herausgegeben von Helmut Lohner. Mit einem Nachwort von Egon Friedell. detebe 21649

● **Friedrich Nietzsche**
Vom Nutzen und Nachteil der Historie für das Leben
Herausgegeben und mit einem Nachwort von Michael Landmann. detebe 21196

Brevier
Ausgewählt, herausgegeben und mit einem Vorwort von Wolfgang Kraus. detebe 21550

● **Novalis**
Geleit auf allen Wegen
Aus dem Gesamtwerk ausgewählt und mit einem Vorwort von Wolfgang Kraus
detebe 21885

● **Joseph Viktor von Scheffel**
Ekkehard
Roman. Mit einem Nachwort des Autors
detebe 21292

● **Friedrich Schiller**
Unsterbliche Hoffnung
Eine Auswahl aus den Briefen und dem Prosawerk. Herausgegeben und mit einem Vorwort von Wolfgang Kraus. detebe 21672

● **Arthur Schopenhauer**
Zürcher Ausgabe
in 10 Bänden nach der historisch-kritischen Ausgabe von Arthur Hübscher. Editorische Materialien von Angelika Hübscher
detebe 20421–20430

Aphorismen zur Lebensweisheit
Textidentisch mit Band 8 der ›Zürcher Ausgabe, Werke in zehn Bänden‹. Herausgegeben von Arthur Hübscher. Mit einem Nachwort von Egon Friedell. detebe 21555

● **Adalbert Stifter**
Meistererzählungen
detebe 21609

● **Rodolphe Toepffer**
Meistererzählungen
Ausgewählt und aus dem Französischen von H. Graef. Mit einem Vorwort von Maurice Aubry. detebe 21505

● **Walther von der Vogelweide**
Liebsgetön
Minnelieder, frei übertragen von Karl Bernhard. Diogenes Evergreens

Englische, irische und amerikanische Literatur

● James Boswell

Dr. Samuel Johnson
Leben und Meinungen. Deutsch von Fritz Güttinger. detebe 20786

● Charlotte Brontë

Jane Eyre
Eine Autobiographie. Roman. Deutsch von Bernhard Schindler. Mit einem Essay von Klaus Mann. detebe 21581

● Erskine Caldwell

Wo die Mädchen anders waren
Ausgewählte Geschichten. Deutsch von Inge M. Artl, Elisabeth Schnack und Joachim Marten. detebe 21186

● James Fenimore Cooper

Lederstrumpf in 5 Bänden
Vollständige Ausgabe. detebe 21820

● Daniel Defoe

Robinson Crusoe
Roman. detebe 21364

● Charles Dickens

Ausgewählte Romane und Geschichten
in 7 Bänden. In der deutschen Übertragung von Gujstav Meyrink. detebe

Weihnachtslied
Eine Gespenstergeschichte. Deutsch von Richard Zoozmann. Mit Zeichnungen von Tatjana Hauptmann. detebe 21834

● Arthur Conan Doyle

Sherlock Holmes Geschichten
Deutsch von Margarete Nedem
detebe 21211

● Ralph Waldo Emerson

Natur
Essay. Neu übersetzt von Harald Kiczka. Mit einem Nachruf auf Emerson von Herman Grimm. detebe 21657

Essays
Herausgegeben und übersetzt von Harald Kiczka. Mit zahlreichen Anmerkungen und einem ausführlichen Index. detebe 21071

Repräsentanten der Menschheit
Sieben Essays. Deutsch von Karl Federn. Mit einem Vorwort von Egon Friedell
detebe 21696

● Katherine Mansfield

Das Puppenhaus
Ausgewählte Erzählungen. Auswahl, Nachwort und Übersetzung von Elisabeth Schnack. detebe 21705

● Herman Melville

Moby-Dick
Roman. Deutsch von Thesi Mutzenbecher und Ernst Schnabel. detebe 20385

Billy Budd
Erzählung. Deutsch von Richard Moering
detebe 20787

● Edgar Allan Poe

Erzählungen
in 4 Bänden: Die rote Katze – Die Maske des roten Todes – Der Teufel im Glockenstuhl – Der Untergang des Hauses Usher. Herausgegeben von Theodor Etzel. Deutsch von Gisela Etzel, Wolf Durian u.a.
detebe 21182–21185

Die denkwürdigen Erlebnisse des Arthur Gordon Pym
Roman. Deutsch von Gisela Etzel. Mit einem Nachwort von Jörg Drews. detebe 21267

Meistererzählungen
Ausgewählt und mit einem Vorwort von Mary Hottinger. Deutsch von Gisela Etzel
detebe 21721

● Walter Scott

Ivanhoe
Roman. Deutsch von Benno Tschischwitz
Mit einem Nachwort von Hermann Meier
detebe 21321

● William Shakespeare

Dramatische Werke
in 10 Bänden. Übersetzung von Schlegel / Tieck. Edition von Hans Matter. Illustrationen von Heinrich Füßli
detebe 20631–20640

Sonette
Englisch und deutsch. Übertragen von Karl Kraus. detebe 20381

● **Laurence Sterne**
Tristram Shandy
Roman. Deutsch von Rudolf Kassner. Anmerkungen von Walther Martin. detebe 20950

● **R. L. Stevenson**
Werke
in 12 Bänden. Edition und Übersetzung von Curt und Marguerite Thesing
detebe 20701–20712

● **Henri David Thoreau**
Walden
oder Leben in den Wäldern
Deutsch von Emma Emmerich und Tatjana Fischer. detebe 20019

Über die Pflicht zum Ungehorsam gegen den Staat
Ausgewählte Essays. Deutsch von Walter E. Richartz. detebe 20063

● **Mark Twain**
Werke
in bisher 13 Bänden. detebe

● **Lewis Wallace**
Ben Hur
Eine Erzählung aus der Zeit Christi. Deutsch und mit einem Nachwort von Hugo Reichenbach. detebe 21291

● **Walt Whitman**
Grashalme
Nachdichtung von Hans Reisiger. Mit einem Essay von Gustav Landauer. detebe 21351

● **Oscar Wilde**
Der Sozialismus und die Seele des Menschen
Ein Essay. Deutsch von Gustav Landauer und Hedwig Lachmann. detebe 20003

Sämtliche Erzählungen
Mit Zeichnungen von Aubrey Beardsley. Herausgegeben und mit einem Nachwort von Gerd Haffmans. detebe 20985

Das Bildnis des Dorian Gray
Roman. Deutsch von W. Fred. detebe 21411

De profundis
Briefe aus dem Zuchthaus sowie Die Ballade vom Zuchthaus zu Reading. Deutsch von M. Meierfeld. Mit einem Nachwort von Jorge Luis Borges. detebe 21499

Extravagante Gedanken
Eine Auswahl. Herausgegeben und mit einem Vorwort von Wolfgang Kraus. Auswahl und Übersetzung von Candida Kraus
detebe 21648

Französische, italienische, spanische und lateinamerikanische Literatur

● **Pedro Antonio de Alarcón**
Meistererzählungen
Herausgegeben und mit einem Nachwort von Werner Bahner. Deutsch von Georg Spranger. detebe 21703

● **Honoré de Balzac**
Die großen Romane
in 10 Bänden. Deutsch von Emil A. Rheinhardt, Otto Flake, Franz Hessel, Paul Zech u.a. detebe 20901–20910

Erzählungen
in 3 Bänden: Pariser Geschichten – Liebesgeschichten – Mystische Geschichten. Deutsch von Otto Flake u. a. detebe 20896, 20897, 20899

Das ungekannte Meisterwerk
Erzählungen. Deutsch von Heinrich E. Jacob und Hete Maass. detebe 20477

Das Mädchen mit den Goldaugen
Erzählung. Deutsch von Victor von Koczian
detebe 21447

Tolldreiste Geschichten
Übersetzung und Nachwort von Herbert Kühn. Mit vielen Bildern von Gustave Doré
detebe 21751

● **Charles Baudelaire**
Die Tänzerin Fanfarlo / Der Spleen von Paris
Sämtliche Prosadichtungen. Deutsch von Walther Küchler. detebe 20387

Die Blumen des Bösen
Gedichte. Deutsch von Terese Robinson
detebe 20999

● **Giovanni Boccaccio**
Der Decamerone
in 5 Bänden. Sämtliche 100 Novellen in der berühmten Propyläen-Edition. Aus dem Italienischen von Heinrich Conrad. Mit den Kupfern und Vignetten von Gravelot, Boucher und Eisen der Ausgabe von 1757
detebe 21060–21064

● **Calderón**

Das große Welttheater

In einer Nachdichtung von Joseph von Eichendorff. Mit einem Nachwort von Bernhard Michael Steinmetz. detebe 21537

● **Cervantes**

Leben und Taten des scharfsinnigen Edlen Don Quixote von la Mancha

In der ungekürzten deutschen Übertragung von Ludwig Tieck. Mit einem Essay von Heinrich Heine. detebe 21496

● **P.A.F. Choderlos de Laclos**

Gefährliche Liebschaften

Roman. Aus dem Französischen von Franz Blei. Mit einem Nachwort von Renate Briesemeister. detebe 21271

● **Charles de Coster**

Die Geschichte von Ulenspiegel

Roman. Deutsch von Karl Wolfskehl. Mit einem Nachwort von Peter Müller
detebe 21269

Die Hochzeitsreise

Roman. Mit Zeichnungen von Max Schwimmer und einem Nachwort von Stefan Zweig
detebe 21752

● **Erckmann-Chatrian**

Es lebe der Kaiser

Geschichte eines Rekruten aus den Napoleonischen Kriegen. Roman. Mit einem Vorwort von V.S. Pritchett. Deutsch von J. von Harten, K. Henniger und Tatjana Fischer. detebe 21199

● **Gustave Flaubert**

Werke – Briefe – Materialien

in 8 Bänden. Jeder Band mit einem Anhang zeitgenössischer Rezensionen. detebe

Jugendwerke

Erste Erzählungen. Herausgegeben und übersetzt von Traugott König. Leinen

November

Jugendwerke II. Herausgegeben und übersetzt von Traugott König. Leinen

● **Franz von Assisi**

Die Werke

Edition und Übersetzung von Wolfram von den Steinen. detebe 20641

● **Ein französisches Hexameron**

Sechzig alte französische Novellen und Schwänke, ausgewählt, übertragen und mit einem Nachwort versehen von Walter Widmer
detebe 21392

● **Victor Hugo**

Der letzte Tag eines Verurteilten

Aus dem Französischen und Vorwort von W. Scheu. detebe 21234

Der Glöckner von Notre Dame

Roman. Deutsch von Philipp Wanderer. Mit einem Nachwort von Arthur von Riha
detebe 21290

Die Elenden

in 5 Bänden. Deutsch von Paul Wiegler und Wolfgang Günther. Mit einem Nachwort von Hans Grössel und einem Aufsatz von Charles Baudelaire. detebe 21438–21442

Das Teufelsschiff

Roman. Deutsch von Hans Kauders. Mit einem Nachwort von Christian Schäfer
detebe 21549

● **Joris-Karl Huysmans**

Gegen den Strich

Roman. Deutsch von Hans Jacob. Einführung von Robert Baldick. Essay von Paul Valéry. detebe 20921

Tief unten

Roman. Deutsch von Gustav Gugitz. Mit einem Nachwort von Manfred Ach
detebe 21446

● **François de La Rochefoucauld**

Spiegel des Herzens

Seine sämtlichen Maximen. Herausgegeben und mit einem Vorwort von Wolfgang Kraus. Aus dem Französischen von Fritz Habeck
detebe 21647

● **Joaquim Maria Machado de Assis**

Meistererzählungen

Herausgegeben, übersetzt und mit einem Nachwort von Curt Meyer-Clason
detebe 21504

● **Guy de Maupassant**
Erzählungen
in 5 Bänden: Das Haus Tellier – Hoch zu Roß – Mamsell Fifi – Die kleine Roque – Mein Freund Patience. Deutsch von Georg von der Vring und Walter Widmer. Jeder Band mit zeitgenössischen Illustrationen. detebe

Meistererzählungen
Ausgewählt, übertragen und mit einem Nachwort von Walter Widmer. detebe 21897

● **Prosper Mérimée**
Carmen
Novelle. Deutsch von Arthur Schurig
detebe 21188

Die Venus von Ille
Novellen. Deutsch von Arthur Schurig
detebe 21246

Eine tragische Liebschaft
Novellen. Deutsch von Arthur Schurig
detebe 21247

● **Molière**
Komödien
in 7 Bänden. Neuübersetzung von Hans Weigel. detebe

● **Michel de Montaigne**
Zum Zeitvertreib und um die Phantasie zu tummeln
Aus den Essais gezogen von Karl Bernhard
detebe 21282

● **Blaise Pascal**
Größe und Nichtigkeit des Menschen
Aus dem Französischen von Theodor Tagger
detebe 21876

● **Luigi Pirandello**
Meistererzählungen
Auswahl und Nachwort von Lisa Rüdiger. Aus dem Italienischen von Percy Eckstein, Hans Hinterhäuser und Lisa Rüdiger
detebe 21527

● **Ernest Renan**
Das Leben Jesu
Vom Verfasser autorisierte Übertragung aus dem Französischen. detebe 20419

● **Stendhal**
Werke
in 10 Bänden. Deutsch von Franz Hessel, Franz Blei, Arthur Schurig u. a.
detebe 20966–20975

● **Teresa von Avila**
Die innere Burg
Edition und Übersetzung von Fritz Vogelgsang. detebe 20643

● **Giorgio Vasari**
Lebensgeschichten
der berühmtesten Maler, Bildhauer und Architekten der Renaissance. Herausgegeben von Ernst Jaffé. Mit einem Nachwort von Marianne Bernhard und 27 ganzseitigen Porträts
detebe 21320

● **Jules Verne**
Die Hauptwerke
ungekürzt, originalgetreu, mit allen Stichen der französischen Erstausgabe. Bisher liegen 24 Bände vor. detebe

● **François Villon**
Lieder und Balladen
Das kleine Testament, Die Balladen, Das große Testament. Ins Deutsche übertragen und mit einem biographischen Anhang von K.L. Ammer. detebe 21494

● **Voltaire**
Gedanken regieren die Welt
Eine Auswahl. Herausgegeben und mit einem Vorwort von Wolfgang Kraus. detebe 21553

Russische und polnische Literatur

● **Anton Čechov**
Das erzählende Werk
In der Neuedition von Peter Urban
detebe 20261–20270

Das dramatische Werk
In der Neuedition und -übersetzung von Peter Urban. detebe

Meistererzählungen
Ausgewählt von Franz Sutter. Deutsch von Ada Knipper, Herta von Schulz und Gerhard Dick. detebe 21702

Briefe – Chronik – Tagebücher. Notizbücher – Über Čechov – Das Anton Čechov Lesebuch
Übersetzt und herausgegeben von Peter Urban

● **Fjodor Dostojewskij**
Meistererzählungen
Herausgegeben und übersetzt von Johannes von Guenther. detebe 20951

● **Nikolai Gogol**
Die toten Seelen
Roman. Deutsch von Philipp Löbenstein detebe 20384

Die Nase
Ausgewählte Erzählungen. Auswahl, Vorwort und Übersetzung von Sigismund von Radecki. detebe 20624

● **Iwan Gontscharow**
Ein Monat Mai in Petersburg
Ausgewählte Erzählungen. Deutsch von Johannes von Guenther und Erich Müller-Kamp. detebe 20625

Briefe von einer Weltreise
Deutsch von Erich Müller-Kamp detebe 21008

● **Michail Lermontow**
Ein Held unserer Zeit
Roman. Deutsch von Arthur Luther detebe 21006

● **Nikolai Lesskow**
Meistererzählungen
Ausgewählt von Anna von Guenther Deutsch von Johannes von Guenther detebe 21651

● **Wladimir F. Odojewskij**
Russische Nächte
Mit einem Nachwort von Heinrich A. Stammler. Aus dem Russischen von Johannes von Guenther und Heinrich A. Stammler detebe 21235

● **Alexander S. Puschkin**
Meistererzählungen
Aus dem Russischen von André Villard. Mit einem Fragment ›über Puschkin‹ von Maxim Gorki. detebe 21526

● **Wassilij Rosanow**
Solitaria
Ausgewählte Schriften. Deutsch von Heinrich A. Stammler. detebe 21301

● **Heinrich Sienkiewicz**
Quo Vadis
Eine Erzählung aus der Zeit Neros. Deutsch von E. Pathory. Mit einem Nachwort von Monika Wöhlken. detebe 21270

● **Leo Tolstoi**
Anna Karenina
Aus dem Russischen von Arthur Luther detebe 21371

Gesammelte Erzählungen in 6 Bänden
detebe 21357–21362

Denken mit Tolstoi
Über Krieg und Frieden, Gott und die Welt. Zusammengestellt von Peter Bukowski Diogenes Evergreens

● **Iwan Turgenjew**
Meistererzählungen
Herausgegeben und Deutsch von Johannes von Guenther. detebe 21051

Griechische und lateinische Literatur

● **Die Bergpredigt**
Ausgewählte Texte aus dem Neuen Testament. Mit einem Vorwort von H.G. Wells. Diogenes Evergreens

● **Epiktet**
Handbüchlein der Moral und Unterredungen
Herausgegeben und mit einer Einführung von Wolfgang Kraus. detebe 21554

● **Erasmus von Rotterdam**
Das Lob der Narrheit
Mit einem Nachwort von Stefan Zweig detebe 21495

● **Homer**
Ilias und Odyssee
Übersetzung von Johann Heinrich Voss Edition von Peter Von der Mühll detebe 20778–20779

● **Thomas Morus**
Utopia
Deutsch von Alfred Hartmann
detebe 20420

● **Das Neue Testament**
in 4 Sprachen: Lateinisch, Griechisch Deutsch und Englisch. detebe 20925

● **Thomas a Kempis**
Die Nachfolge Christi
Ein kernhafter Auszug aus ›De imitatione Christi‹. Nach dem lateinischen Urtext bearbeitet und mit Anmerkungen herausgegeben von E.A. Kernwart. detebe 21487

Schwedische Literatur

● **August Strindberg**
Dramen in 3 Bänden
Herausgegeben von Arthur Bethke. Aus dem Schwedischen von Arthur Bethke und Anne Storm. detebe 21790

Fräulein Julie
und fünf andere Dramen. detebe 21777

Nach Damaskus
und drei andere Dramen. detebe 21778

Gespenstersonate
und sechs andere Dramen. Mit einem Essay von Ernst Wendt. detebe 21779

Chinesische, indische und arabische Literatur

● **Also sprach der Erhabene**
Eine Auswahl aus den Reden Gotamo Buddhos. Übertragen von Karl Eugen Neumann detebe 21443

● **Chinesisches Novellenbuch**
Herausgegeben von Jan Tschichold
Mit einer literarischen Notiz und Anmerkungen von Eduard Grisebach sowie einem Nachwort von Jan Tschichold. Deutsch von Eduard Grisebach. detebe 21177

● **Djin Ping Meh**
Ein Sittenroman aus der Ming-Zeit. Mit 200 Holzschnitten einer Ausgabe von 1755. Deutsch von Otto und Artur Kibat. Herausgegeben und mit einer Einleitung von Herbert Franke. 5 Bände und 1 Kommentarband detebe 21712

● **Lao Tse**
Tao-Te-King
Neu ins Deutsche übertragen von Hans Knospe und Odette Brändli. Mit einem Vorwort von Knut Walf. detebe 21875

● **Mohammed**
Die Stimme des Propheten
Aus dem Koran ausgewählt, herausgegeben und mit einem Vorwort von Wolfgang Kraus detebe 21551

● Walter Nigg

Große Heilige
Von Franz von Assisi bis Therese Lisieux
Mit ausführlichem Quellennachweis
detebe 21459

Das Buch der Ketzer
Von Simon Magus bis Leo Tolstoi. Mit ausführlichem Quellennachweis. detebe 21460

Vom Geheimnis der Mönche
Von Bernhard von Clairvaux bis Teresa von Avila. Mit ausführlichem Quellennachweis
detebe 21844

● W. Somerset Maugham

Damals und heute
Ein Machiavelli-Roman. Aus dem Englischen von Hans Flesch und Ann Mottier
detebe 20164

● Andrzej Szczypiorski

Eine Messe für die Stadt Arras
Roman. Aus dem Polnischen von Karin Wolff. Leinen

Die schöne Frau Seidenman
Roman. Deutsch von Klaus Staemmler
Leinen

Amerikanischer Whiskey
Erzählungen. Deutsch von Klaus Staemmler
Leinen

Notizen zum Stand der Dinge
Deutsch von Klaus Staemmler. Leinen

● Thomas Morus

Utopia
Aus dem Lateinischen von Alfred Hartmann
detebe 20420

● Giorgio Vasari

Lebensgeschichten der berühmtesten Maler, Bildhauer und Architekten der Renaissance
Nach Dokumenten und mündlichen Berichten dargestellt von Giorgio Vasari. Mit 27 ganzseitigen Portraits. Herausgegeben von Ernst Jaffé. Mit einem Nachwort von Marianne Bernhard. detebe 21320

● Victor Hugo

Der letzte Tag eines Verurteilten
Aus dem Französischen und Vorwort von W. Scheu. detebe 21234

Die Elenden
in 5 Bänden in Kassette. Deutsch von Paul Wiegler und Wolfgang Günther. detebe 21404

● Henry David Thoreau

Über die Pflicht zum Ungehorsam gegen den Staat
und andere Essays. Herausgegeben, aus dem Amerikanischen und mit einem Nachwort von Walter E. Richartz. detebe 20063

● Anton Čechov

Die Insel Sachalin
Ein politischer Reisebericht. Aus dem Russischen von Gerhard Dick. detebe 20270

● Lydia Tschukowskaja

Sofja Petrowna
Roman. Aus dem Russischen von
Eva Mathay. detebe 21896

Untertauchen
Roman. Deutsch von Swetlana Geier
detebe 20393

● Albert Einstein & Sigmund Freud

Warum Krieg?
Ein Briefwechsel. Mit einem Essay von Isaac Asimov. detebe 20028

● George Orwell

Mein Katalonien
Bericht über den Spanischen Bürgerkrieg
Aus dem Englischen von Wolfgang Rieger
detebe 20214

Tage in Burma
Roman. Deutsch von Susanna Rademacher
detebe 20308

● Vercors

Das Schweigen des Meeres
Erzählung. Aus dem Französischen von Kurt Stern und Werner De Haas. detebe 21288

● Alfred A. Häsler

Das Boot ist voll
Die Schweiz und die Flüchtlinge 1933-1945
Mit einem Nachwort von Friedrich Dürrenmatt. detebe 21699

● Das Günther Anders Lesebuch

Herausgegeben von Bernhard Lassahn
detebe 21232

● Ludwig Marcuse

Ein Panorama europäischen Geistes
Texte aus drei Jahrtausenden, ausgewählt und vorgestellt von Ludwig Marcuse. Mit einem Vorwort von Gerhard Szczesny
I. Von Diogenes bis Plotin
II. Von Augustinus bis Hegel
III. Von Karl Marx bis Thomas Mann
detebe 21168